教育部立项推荐

高等职业教育物流管理专业紧缺人才培养指导方案配套教材

物流法律法规知识

（第 2 版）

周艳军　编著

中国财富出版社

图书在版编目（CIP）数据

物流法律法规知识/周艳军编著 . —2 版 . —北京：中国财富出版社，2015.4
（教育部立项推荐高等职业教育物流管理专业紧缺人才培养指导方案配套教材）
ISBN 978 - 7 - 5047 - 5574 - 2

Ⅰ.①物… Ⅱ.①周… Ⅲ.①物流—物资管理—法规—中国—高等职业教育—教材
Ⅳ.①D922.29

中国版本图书馆 CIP 数据核字（2015）第 044233 号

| 策划编辑 | 张 茜 | | 责任印制 | 何崇杭 |
| 责任编辑 | 曹保利 禹 冰 | | 责任校对 | 杨小静 |

出版发行	中国财富出版社		
社　　址	北京市丰台区南四环西路 188 号 5 区 20 楼	邮政编码	100070
电　　话	010 - 52227568（发行部）	010 - 52227588 转 307（总编室）
	010 - 68589540（读者服务部）	010 - 52227588 转 305（质检部）
网　　址	http://www.cfpress.com.cn		
经　　销	新华书店		
印　　刷	中国农业出版社印刷厂		
书　　号	ISBN 978 - 7 - 5047 - 5574 - 2/D・0117		
开　　本	787mm×1092mm 1/16	版　　次	2015 年 4 月第 2 版
印　　张	15.5	印　　次	2015 年 4 月第 1 次印刷
字　　数	387 千字	定　　价	35.00 元

前　言

　　近几年来，我国物流业进入了一个高速发展的时期，但是我国物流业发展的瓶颈问题也日益凸显，其中一个非常重要的原因就是缺乏完善的、内在和谐统一的物流法律制度进行规制和引导。

　　现代物流业的持续发展必然以良好的法律制度环境为依托和动力。市场经济是法制经济，离开相对完善的法律制度，任何行业或产业都不可能得到健康、持续的发展。物流业亦是如此，特别是在物流业进行结构性的升级换代过程中，一国所制定的物流法律制度环境尤为重要。只有健全物流法律制度，同时配合市场机制的正常发挥，现代物流业才能得以健康、持续地发展。

　　物流活动涉及采购、生产、流通领域中物品流动的各方面，从法律层面调整物流活动是物流发展的必然要求和必然结果。我国现行调整物流的法律法规涉及采购、运输、仓储、包装、配送、搬运、流通加工和信息等各个方面，有法律、法规、部门规章等不同层次，但从法律体系化角度审视，现行的物流法律法规存在着严重的缺陷：层次较低，效力不强，价值目标难以协调，缺乏系统性和专门性，立法滞后，立法空白，体系的开放性不足。到目前为止，我国对物流法律制度的研究还很少，至于调整物流活动的法律是否为一个独立的法律部门更未有权威论述。而事实上，目前所有与物流直接相关的法律规范，即物流法律规范，散见于各个部门法之中，尚未形成像"物流法"这样一个意味着所有物流法律规范有机结合而形成的一个独立的法律部门，而只能是一个基本的行业法律规范集合。

　　我国自清末进行法律改制以来，一直受到大陆法系法律传统的深刻影响。大陆法系法律传统的核心是什么？可以说，是法律的体系化。法律的体系化可以是形式意义上的，也可以是思维意义上的。形式意义上的法律体系化往往变为追求制定某某法典，而思维意义上的法律体系化是一种体系化的思考方式，以追求法律结构之间的和谐为目标的一种法学思考方法。思维意义上的法律体系化包括追求法律理念之间的和谐和逻辑上的和谐两个内容，它既是学者们为了理论研究的目的而对物流法律规范进行的归纳、分析和综合，又是立法者制定物流法律规范时的一种立法技术。当前，我们对物流法律的体系化应该是思维意义上的而非形式意义上的法律体系化。

　　本书力图从构建物流法律法规体系的角度入手，系统性地阐释物流法律法规知识。本书概念清晰，逻辑结构严密，内容全面、丰富而又深入，贴近物流实务。本书共分12章，分别阐述了物流法律制度的基本概念、物流法律制度的渊源、物流法律关系，民事法律行为和代理，物流法律制度的现状与发展，物流主体法律制度，物流行为法律制度，物流活动国家调控法律制度，物流争议解决程序法律制度等，涉及采购、运输、仓储、包装、配送、搬运、流通加工、保险和信息等物流活动的各个方面。

本书适合于大专院校的师生、科研机构的研究人员以及法律实务部门、物流实务部门的工作人员，也适合于对物流法学感兴趣的一般读者。在写作本书的过程中，编者参阅了大量的相关资料和文献，在此向有关专家致以深深的谢意。同时，限于编者的理论和实践水平，书中难免有疏漏和不足之处，敬请各位读者批评指正。

编　者

2015 年 1 月

目 录

第一篇　物流法律制度概述

第一章　物流法律制度概述

学习目的与要求

1. 了解物流法律制度的概念、特点、调整对象和范围。
2. 掌握物流法律制度的国内法渊源和国际法渊源。
3. 理解和熟悉物流法律关系的主体、内容和客体，物流法律关系的发生、变更和终止。

第一节　物流法律制度的概念、特征和调整对象

一、物流法律制度的概念

物流法律制度是指调整在物流活动中产生的，以及与物流活动有关的社会关系的法律规范的总和。物流活动涉及采购、运输、仓储、包装、流通加工、配送、销售等环节物品流动的各方面，从法律层面调整物流活动，是物流发展的必然要求和必然结果。但到目前为止，我国对物流法律制度的研究还很少，至于调整物流活动的法律是否为一个独立的法律部门更未有权威论述。而事实上，目前所有与物流直接相关的法律规范，即物流法律规范，散见于各个部门法之中，尚未形成像"物流法"这样一个意味着所有物流法律规范有机结合而形成的一个独立的法律部门，而只能是一个基本的行业法律规范集合。①

二、物流法律制度的特点

1. 技术性

由于物流活动由采购、运输、仓储、装卸搬运、包装和流通加工、销售等多个技术性较强的物流环节组成，整个物流活动过程都需要运用现代管理技术和现代信息技术，所以物流活动自始至终都体现较高的技术含量。而物流法律制度作为调整物流活动、规范物流市场的法律规范，必然涉及从事物流活动的专业用语、技术标准、设备标准以及操作规程等，因而具有技术性的特点。如运输中货物的配载积载、保管和照料；包装中的包装材料、包装方法的标准化；仓储中仓库设置、货物保管、分拣技术等。

2. 广泛性

物流活动的参与者往往涉及不同行业、不同部门，如采购商、批发商、承运人、仓储

---

① 因为从法律分类的角度看，独立的法律部门需要它具有自己独特的调整对象和调整方法。目前，物流法律规范尚没有共同的、且区别于其他部门法的独特的调整对象和方法。

配送的经营商、包装加工的承揽商、信息服务商等。他们的活动既要受社会经济活动的一般准则制约，又要受到行业法律法规和惯例的制约，这些决定了物流法律制度的广泛性。

3. 综合性

物流活动涵盖了从采购原材料到半成品、产成品的生产，直至最后产品通过运输、流通环节到达消费者手上的全过程，同时，还包括物品的回收和废弃物的处理过程，涉及采购、运输、仓储、装卸、搬运、包装、流通加工、配送、信息处理等诸多环节。而物流法律制度应当对所有这些环节中产生的关系进行调整，因此，物流法律制度具有综合性的特点。

4. 多样性

物流法律制度内容的综合性决定了物流法律制度不可能仅限于某一效力层次，或某一表现形式。法律法规有许多表现形式，有国际公约和国际惯例，有最高国家权力机关制定的宪法、法律，有地方国家权力机关制定的地方法规，有国务院发布的行政法规，也有各级政府和各主管部门规定的规章、办法，还有有关的技术标准和行业惯例。这些不同的法律法规的表现形式使得物流法律制度的层次、效力有高有低。

5. 国际性

现代物流在很大程度上是经济全球化发展的产物。国际物流的出现和发展，使得物流超越了一国和某一区域的界限而走向国际化。与国际物流相适应，物流法律制度亦呈现出国际化的趋势，表现在一些领域内出现了全世界通用的国际标准，包括托盘、货架、装卸机具、车辆、集装箱的尺度规格、条码、自动扫描等技术标准和工作标准等。

三、物流法律制度的调整对象

法的调整对象是指某一法律所调整的特定的社会关系，它和法律规范的调整方法共同构成划分法律部门的基本依据和出发点。不同的法律部门有不同的调整对象。虽然目前我国物流法律制度尚未形成独立的法律部门，但随着物流行业的迅速发展，物流法律制度已构成一个具有相对独立性的法律规范集合体，它有其相对独立的调整对象或内容。其中最基本或最直接的调整对象是在物流企业之间以及物流企业与其服务对象之间因物流活动而引起的各种经济关系。另外，还包括国家在规划、管理以及调控物流产业或物流经济过程当中发生的各种经济关系。

第二节　物流法律制度的渊源

物流法律制度的渊源即物流法律制度的表现形式，是指不同国家机关依法制定或认可的具有不同法律效力的有关物流活动的规范性文件，包括国内法渊源和国际法渊源。

一、国内法渊源

1. 宪法

宪法是由全国人民代表大会制定的国家根本大法，具有最高的法律效力。宪法关于经济制度和经济管理的规定，是对物流关系进行法律调整的基本依据。

2. 法律

法律是指由全国人民代表大会及其常务委员会按照立法程序制定和颁布的规范性文件。在有关物流法律制度的各种表现形式中，法律具有最重要的地位，如《民法通则》《合同法》《公路法》《铁路法》《航空法》等。

3. 行政法规

行政法规是指由最高国家行政机关即国务院根据宪法和法律所制定的一种规范性文件，其法律地位和法律效力仅次于宪法和法律。目前，我国执行的有关物流方面的行政法规包括直接规范物流活动或者与物流有关的活动的法规，从内容和行业管理上看包括采购，海、陆、空的运输管理，仓储、销售等多方面。

4. 部门规章

部门规章是指由国务院所属各部、各委员会根据法律和国务院的行政法规、决定、命令在本部门的权限内制定的法律文件。如由国家原铁道部、交通运输部、工业和信息化部和商务部所颁布的条例、办法、规定和通知都有涉及物流的内容。

5. 地方法规和政府规章

地方各级人民代表大会和地方各级人民政府，在法律规定的权限内制定的调整物流关系的地方性法规和政府规章，也是物流法律制度的渊源，但地方法规和政府规章仅在制定机关所辖区域内有效。

二、国际法渊源

1. 国际条约

国际条约是指两个或两个以上国家所签订具有法律约束力的书面协议。根据"约定必须遵守"的国际法原则，当一国签署、批准或加入有关物流的国际条约时，该有关物流的国际条约就对该国具有法律约束力，成为该国物流法律制度的表现形式，当事人必须予以遵守。我国缔结或者参加的国际条约与我国法律有不同规定的，除我国在签署、批准或加入有关国际条约时有声明保留的条款外，适用该国际条约的规定，即国际条约具有优先于国内法的效力。

2. 国际惯例

国际惯例是指在有关国际关系中，因对同一性质的问题所采取的类似行为，经过长期反复实践逐渐形成的，为大多数国家所接受的，具有法律约束力的不成文的行为规则。在物流活动中，国际惯例多体现为任意性规范，即只有在当事人通过协商方式在有关协议中明确表示采用该规则时，才对当事人具有法律约束力。国际惯例作为物流法的一种表现形式，可以补充国内立法、国际条约的不足，它也是我国物流法的表现形式之一。我国《民法通则》第 142 条第 3 款规定："中华人民共和国法律或中华人民共和国缔结或参加的国际条约没有规定的，可以适用国际惯例。但是适用国际惯例不得违背中华人民共和国的社会公共利益。"

三、物流法律制度的其他渊源

1. 司法解释

在我国，还有一种比较独特的法律渊源，即最高人民法院和最高人民检察院的司法解释。根据全国人民代表大会常务委员会于 1981 年 6 月 10 日做出的《关于加强法律解释工作的决议》规定："凡属于法院审判工作中具体应用法律、法令的问题，由最高人民法院进行解释。凡属于检察院检察工作中具体应用法律、法令的问题，由最高人民检察院进行解释"。因此，最高人民法院和最高人民检察院制定并发布的司法解释，是具有当然法律效力的。

2. 判例

普通法系的英美等国，判例也是法的表现形式之一，即根据"遵守先例"的原则，上级法院（或同级法院先前的）的判决作为先例，对下级法院（或同级法院）具有约束力，起着法律的作用。我国不承认判例是法的表现形式，但是也不否认判例对人民法院审理同类案件所起的借鉴作用。特别是在目前我国物流法律制度尚未健全的情况下，法院对物流活动引起的新类型纠纷的判决，对其他法院判决的借鉴作用就更不能忽视，而且目前最高人民法院在推行案例指导制度，每年发布一系列指导案例。

3. 权威学说与法理

权威学者的学说和法理对一国立法有重大影响，对审判实践也有不可忽视的指导作用。因此，有人认为权威学者的学说、法理也是法的表现形式。但在我国，任何一种学说及法理，不具有法律约束力，不应看作是物流法的表现形式。但在目前我国物流法律制度尚未健全的情况下，权威学说与法理对完善物流立法具有一定的指导意义，也同时对尚无明确法律规定的物流案例的判决不可避免地具有一定的影响。

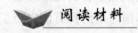 **阅读材料**

指导性案例

指导性案例，是指由我国最高司法机关确定并统一发布的，已经发生法律效力并由最高司法机关宣称具有普遍性参照、指导意义的案例。1985 年，《最高人民法院公报》开始刊登具有指导意义的案例。1989 年，《最高人民检察院公报》也开始发布典型案例。这些典型案例的发布，对指导司法机关正确理解和执行法律、妥善办理案件发挥了重要作用。2010 年最高人民检察院和最高人民法院分别发布了《关于案例指导工作的规定》，同时，公安部也出台了相关规定，建立了案例指导制度。最高院和最高检的《关于案例指导工作的规定》明确了指导性案例的范围、指导性案例的发布主体、推荐和征集程序以及指导性案例的效力等方面的内容，使我国的案例指导制度有了明确的法律依据。

指导性案例与以往《最高人民法院公报》《最高人民检察院公报》，以及地方法院、检察院自行发布的案例等，在效力上是有很多区别的。典型案例最多具有参考作用而已，但根据最高人民法院的《关于案例指导工作的规定》第 7 条规定："最高人民法院发布的指导性案例，各级人民法院审判类似案例时应当参照。"和最高人民检察院《关于案例指导工作的规定》第 15 条规定："指导性案例发布后，各级人民检察院在办理同类案件、处理同类问题时，可参照执行。"我国的指导性案例具有准司法解释的效力。

建立案例指导制度和发布指导性案例，对于我国统一司法理念，统一裁判尺度，进一步规范司法行为，规范自由裁量权，避免少数案件"同案不同判"和滥用自由裁量权的现象出现，提高整体司法水平等方面具有重要意义。

第三节 物流法律关系

物流法律关系即物流法律规范所调整的具有权利义务内容的具体社会关系。物流法律关系包括主体、客体和内容三个要素。

一、物流法律关系的主体

物流法律关系的主体，即物流法律关系中权利和义务的承担者，它分为权利主体和义务主体。其中，在物流法律关系中享有权利的一方为权利主体，在物流法律关系中负有义务的一方为义务主体。

1. 自然人

自然人是指按照自然规律出生的人。自然人包括本国公民、外国人和无国籍人。自然人具有民事主体资格，可以作为物流法律关系的主体。但自然人作为物流法律关系的主体必须注意：由于物流是商业活动，并且法律对一些物流行业的主体有特殊规定，因此，一般而言，自然人成为物流服务的提供者将受到很大的限制。但现代物流涉及的领域较为广泛，自然人在一些情况下可以通过接受物流服务，而成为物流法律关系的主体。

2. 法人

根据我国《民法通则》第 36 条的规定，法人是指具有民事权利能力和民事行为能力，依法享有民事权利和承担民事义务的组织。

根据我国法律规定，法人应具备以下四个条件：①法人是依法成立的一种社会组织。法人首先表现为一种人的组织体，这是法人与自然人最大的区别。但并非任何社会组织都能取得法人资格，只有那些依法成立获得法律认可的组织才能取得法人资格。②法人拥有独立的财产或经费。拥有独立的财产或经费，是法人作为一个独立民事主体的前提和条件，也是法人独立享有民事权利和承担民事义务的基础。③法人具有自己的名称、组织机构和活动场所。法人的名称是其拥有独立于其成员的人格的标志，也是将法人特定化，以区别于其他法人的标志。法人的名称还是其商誉的载体，因此，法人的名称权是财产性的权利，可以转让、出卖。法人的名称应包括其所在地、责任形式、经营范围等内容，以便于交易相对人联系和识别。法人组织机构的健全是法人开展正常活动的必要条件，具有完备的组织机构才可成为法人。如在股份有限公司中，应设股东大会、董事会、监事会三个机关。法人的住所是法人的主要办事机构所在地。④法人独立承担民事责任。法人独立承担民事责任，是指法人仅以自身的财产对外承担债务或其他民事责任。由于法人的财产是独立的，故其民事责任也由其独立承担。

法人是物流法律关系主体的主要部分。随着国际物流、区域物流及国内物流活动的广泛开展，法人在物流法律关系中占有越来越重要的地位。法人包括企业法人、事业法人和机关法人。其中，企业法人是物流法律关系的最主要参与者，如综合性的物流企业、运输企业、仓储企业、货代企业等。但我国法律对一些物流行业的准入规定了限制条件，不是具备了法人资格就可以从事任何物流活动。如《中华人民共和国国际海运条例》对成为无船承运人的资格作了规定，即使具有法人资格，但如果不具有无船承运人资格，也不能从事无船承运人业务。

3. 其他组织

其他组织是指合法成立、有一定的组织机构和财产，但不具备法人资格，不能独立承担民事责任的组织。其他组织作为民事主体，在我国《合同法》中已得到明确的认可，从而为其成为物流法律关系的主体奠定了基本的条件。在我国，其他组织包括：①依法登记领取营业执照的个体工商户、个人独资企业、合伙组织。②依法登记领取营业执照的合伙型联营企业。③依法登记领取我国营业执照的中外合作经营企业、外资企业。④经民政部门批准登记领取社会团体登记证的社会团体。⑤依法设立并领取营业执照的法人分支机构。⑥经核准登记领取营业执照的乡镇、街道、村办企业。其他组织必须符合相应的法律规定，取得一定的经营资质，才能从事物流业务。

4. 国家机关

物流法律关系中的主体国家机关主要为对从事物流业务的企业、其他组织进行监督管理的国家行政机关及授权的事业单位，如工商行政管理部门、交通运输部、原铁道部、商品检验检疫局、海关等。

二、物流法律关系的客体

物流法律关系的客体即物流法律关系的主体享有的权利和承担的义务所共同指向的对象。物流法律关系的多样性，决定了成为物流法律关系的客体的广泛性。物流法律关系的客体通常为物、行为和智力成果。如运输公司的运送行为，工商行政管理部门对设立物流企业的审核、批准行为等。

三、物流法律关系的内容

物流法律关系的内容，是指物流法律关系主体在物流活动中享有的权利和承担的义务。权利是指权利主体能够凭借法律的强制力或合同的约束力，在法定限度内自主为或不为一定行为以及要求义务主体为或不为一定行为，以实现其实际利益的可能性。义务是指义务主体依照法律规定或应权利主体的要求必须为或不为一定行为，以协助或不妨碍权利主体实现其利益的必要性。例如物流企业收取运费的权力，托运人或者收货人支付运费的义务，收货人提取货物的义务。

四、物流法律关系的发生、变更和终止

（一）物流法律关系的发生

物流法律关系的发生，又称物流法律关系的设立，是指因某种物流法律事实的存在而在物流主体之间形成了权利和义务关系。物流法律事实，是指由民法所规定的，能引起物流法律关系发生、变更和消灭的现象。物流法律事实分为事件和行为两大类。事件是指发生的某种客观情况，行为则是指物流法律主体实施的活动。

物流法律关系的发生原因，首先取决于某种物流法律事实的存在，如取得道路货物运输许可证、当事人之间订立运输合同、交通事故导致货损出现等。

物流法律关系的发生，还有赖于法律的规定和合同约定的存在，如法律规定的承运人赔偿限额，仓储合同中确定的当事人双方的权利和义务内容。

（二）物流法律关系的变更

物流法律关系的变更，又称物流法律关系的相对消灭，是指因某种物流法律事实的出现而使物流主体之间已经发生的物流法律关系的某一要素发生改变。

物流法律关系的变更原因，是法律所规定的或者合同中约定的某种物流法律事实的出现。如发生了法律规定的可以变更的物流行为，当事人协议约定改变货物运输的标的。

物流法律关系变更的结果，是使业已存在的物流法律关系的主体、客体和内容发生了某种变化。如经过托运人的同意，承运人改变运输线路，因而相应增加或减少运费。

（三）物流法律关系的终止

物流法律关系的终止，又称物流法律关系的绝对消灭，是指因某种物流法律事实的出现而导致业已存在的物流法律关系归于消灭。

物流法律关系终止的原因，是出现了某种物流法律事实，如货运代理合同关系中委托人取消了委托或者受托人辞去了委托，导致该货运代理合同关系终止。

物流法律关系终止的法律后果，是指原本存在的某种物流法律关系不复存在。如某公司的危险货物道路运输许可证被吊销，原来签订的危险货物运输合同关系消灭。

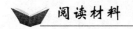 **阅读材料**

最高人民法院关于货物运输合同连带责任问题的复函

（1992 年 7 月 25 日　法函〔1992〕103 号）

甘肃省高级人民法院：

你院甘法经上（1992）11 号请示报告收悉，经研究认为：

连带责任是债务方为二人以上的一种债的关系，而货物运输合同虽有三方当事人：托运人、承运人和收货人，但当事人之间的权利义务关系是围绕运输合同的标的运输行为而产生的，表现为在运输过程的不同阶段上，承运人与托运人或收货人之间的权利义务关

系。托运人与收货人之间不发生运输行为，不存在运输合同关系。因此，在货物运输合同当事人之间债的关系中，承运人是单一的债权人或债务人。一、二审将托运人向承运人作为货物运输合同诉讼的共同被告；二审判决承运人承担连带责任不符合货物运输合同的法律关系。

本案承运人违反铁路运输规章关于集装箱货物由托运人确定重量，承运人抽查的规定，在货物运单上确定货物重量，因此应对货物短少负违约责任。但由于已查明货物短少系托运人私自掏箱所致，根据《经济合同法》第41条的规定①，承运人可免负赔偿责任。

 思考题

一、名词解释

物流法律制度；物流法律关系；物流法律关系的发生；物流法律关系的变更；物流法律关系的终止

二、问答题

1. 简述物流法律制度的概念、特征和调整对象。
2. 简述物流法律制度的渊源。
3. 试述物流法律关系的三个要素。

---

① 《经济合同法》第41条"违反货物运输合同的责任

二、托运方的责任

（4）在托运方专用线或在港、站公用专用线、专用铁道自装的货物，在到站卸货时，发现货物损坏、短少，在车辆施封完好或无异状的情况下，应赔偿收货人的损失。"

第二章   我国物流法律制度的现状与体系化

 学习目的与要求

1. 了解我国物流立法的现状及现行物流立法存在的问题。
2. 理解我国物流法律制度的体系化发展。

第一节   我国物流立法的现状

一、我国现行物流立法概况

我国现行调整物流的法律法规涉及采购、运输、仓储、包装、配送、装卸搬运、流通加工和信息等各个方面,有法律、法规、规章等不同层次。从内容看,主要包括以下三个方面。

(一)调整物流主体和物流市场准入的法律规范

1. 调整物流主体的法律规范

调整物流主体的法律规范主要有《公司法》《中外合资经营企业法》《中外合资经营企业法实施细则》《中外合作经营企业法》《中外合作经营企业法实施细则》《外商独资企业法》《外商独资企业法实施细则》《个人独资企业法》《合伙企业法》等。

2. 调整物流市场准入的法律规范

我国制定了系列有关内外资物流企业的市场准入的法规。主要有《国内水路运输经营资质管理规定》《国内投资民用航空业规定》《外商投资道路运输业管理规定》《外商投资铁路货物运输业审批与管理暂行办法》《外商投资国际海运业管理规定》《外商投资民用航空业规定》《快递业务经营许可管理办法》《外商投资国际货物运输代理企业管理办法》等。

(二)调整物流活动环节的法律规范

在我国,广泛适用于物流活动各环节的法律主要有《民法通则》和《合同法》。适用于物流活动某一环节的法律规范有以下几方面。

1. 采购环节的法律规范

采购环节的法律规范主要有《政府采购法》《招标投标法》。

2. 运输环节的法律规范

(1)公路运输。主要有《公路法》《道路交通安全法》《道路运输条例》《收费公路管理条例》《汽车货物运输规则》《道路危险货物运输管理规定》等。

(2)铁路运输。主要有《铁路法》《铁路运输安全保护条例》《铁路货物运输规程》

《铁路危险货物管理规则》《铁路货物运输合同实施细则》《最高人民法院关于审理铁路运输损害赔偿案件若干问题的解释》等。

（3）航空运输。主要有《统一国际航空运输某些规则的公约》（1999 蒙特利尔公约）、《民用航空法》《中国民用航空货物国内运输规则》《中国民用航空货物国际运输规则》《中国民用航空危险品运输管理规定》《国内航空承运人赔偿责任限额规定》等。

（4）水路运输。主要有《港口法》《水路运输管理条例》《国内水路货物运输规则》《水路货物运输合同实施细则》《内河交通安全管理条例》《水路危险货物运输规则（第一部分）水路包装危险货物运输规则》《国内水路货物运输规则》。

（5）海上运输。主要有《海商法》《海上交通安全法》《国际海运条例》等。

（6）多式联运。主要有《国际集装箱多式联运管理规则》。

（7）快递。主要有《邮政法》《邮政法实施细则》《快递市场管理办法》《快递业务经营许可管理办法》等。

3. 搬运、装卸环节的法律规范

有关搬运、装卸环节的法律规范主要为国务院各主管部门制定的规章，如《铁路装卸作业安全技术管理规则》《铁路装卸作业组织管理规则》《集装箱汽车运输规则》《国内水路集装箱货物运输规则》《港口货物作业规则》。

4. 包装环节的法律规范

目前，我国关于包装环节的规范主要体现为对包装标准的规定主要有：《一般货物运输包装通用技术条件》（GB/T 9174—2008）、《危险货物运输包装通用技术条件》（GB 12463—2009）、《运输包装收发货标志》（GB/T 6388—1986）、《包装储运图示标志》（GB/T191—2008）、《危险货物包装标志》（GB 190—2009）等。

5. 仓储环节的法律规范

仓储环节的法律规范主要有《合同法》第 13 章租赁合同、第 19 章保管合同及第 20 章仓储合同的相关规定。同时，国家相关部门对某些货物的仓储环节和某些特殊仓库制定了法律规定，如《粮油仓储管理办法》《中华人民共和国海关对保税仓库及所存货物的管理规定》《仓库防火安全管理规则》等。

6. 流通加工环节的法律规范

流通加工环节的法律规范主要是《合同法》第 15 章承揽合同的相关规定以及国家对加工贸易的一些法律规范，如《中华人民共和国海关对加工贸易货物监管办法》《中华人民共和国海关加工贸易单耗管理办法》等。

（三）调整物流争议的程序规范

有关调整物流争议的程序规范主要有《民事诉讼法》《仲裁法》《海事诉讼特别程序法》及最高人民法院的一些相关司法解释。

二、我国现行物流立法存在的问题

1. 层次较低，效力不强

我国直接具有操作性的法规多由各部委、各地方制定颁布，规范性不强，一般缺乏法律责任的制约作用。由于大多以"办法""条例""通知"等形式存在，在具体运用中缺乏普遍适用性，多数只适合作为物流主体进行物流活动的参照性依据，带有地方、部门分割色彩，不利于从宏观上引导物流业的发展，也缺乏对物流主体行为的必要制约。

2. 缺乏系统性和专门性

目前，我国实施的物流方面的法规或与物流有关的法规，在行业管理和内容上分散于海、陆、空运输，消费者权益保护，企业管制，合同等领域，在形式上散见于各类民事、行政法律法规以及各部门分别制定的有关规则和管理办法上，形成多头而分散的局面，缺乏具有针对性的、系统性的物流行业法律规定。况且这些立法涉及众多部门，如交通、铁道、航空、商务、邮政、工商等，这些部门之间协调不够，在制定相关法规时基本上是各自为政，进而导致各法规缺乏统一性，甚至出现相互冲突的现象，长此以往，将阻碍我国物流业的发展。

3. 立法滞后

我国现行的不少物流方面的法律法规已经不适应现代物流业的发展，更不能适应我国加入WTO后物流国际化发展的需要。我国大部分物流法律法规是在过去计划经济体制或从计划经济向市场经济体制过渡的社会经济环境下制定并被沿用下来的，而当前物流业存在和发展所依托的经济体制、管理体制、市场环境等都已经发生根本性的变化，物流业作为一个新兴的产业，其含义和实际内容也与以前大为不同。先前制定的法律法规有相当部分并没有因此而做出修订。我国已经加入世界贸易组织（WTO），物流作为一个主要的服务业将逐步开放，物流业也逐渐变得国际化。在这种情形下，原有的物流法律法规存在的问题就更多了，这将阻碍物流业的快速发展。

4. 立法空白

现代物流业经过充分的发展，其含义与业务已经远远超出了传统运输、仓储这些狭小范围。对现代物流带来的新业务、新问题，原有的物流法律规范均没有对其进行规范。例如，针对物流标准化问题，我国目前只是颁布了《国家标准物流术语》，对于物流计量标准、技术标准、数据传输标准、物流设施和装备标准、物流作业和服务标准等都还没有制定法定标准；对于物流市场的准入法律制度、物流企业的资质问题等也没有制定相关的法律法规。这一问题的存在，将直接导致物流业在许多领域无法可依，可能出现一定的混乱局面，不利于物流业的健康发展。

5. 体系开放性难以保持

随着物流产品、物流技术、物流服务方式的不断创新，新型物流行为客体不断涌现，单行法之间泾渭分明、条块分割的传统界限已被突破，交叉综合保护日益重要。而中国的现行立法在这些领域颇为薄弱，缺乏协调性和前瞻性。

第二节　现代物流法律的体系化

一、物流法律制度对现代物流业发展的影响

现代物流业的持续发展必然以良好的法律制度环境为依托和动力。市场经济是法制经济，离开相对完善的法律制度，任何行业或产业都不可能得到健康、持续的发展。物流业

亦是如此，特别是在物流业进行结构性的升级换代的过程中，政府的物流发展政策与一国所制定的物流法律制度环境尤为重要。只有健全物流法律制度，同时配合市场机制的正常发挥，现代物流业才能得以健康、持续地发展。

在物流业相对发达的国家，政府普遍对物流产业发展的政策指引、合理规划和法规建设给予高度重视。1990 年，日本颁布的《物流法》对物流业的发展起到了极大的推动和保障作用。美国、德国、英国、荷兰、比利时等国家也非常重视物流法律制度的建设，都通过适时制定符合各自国情的物流产业政策和法律制度，对物流产业进行合理规划、积极引导、严格规范，从而使物流业得以健康、快速地发展。

可见，现代物流业的健康、持续发展离不开良好的市场法制环境，需要政府通过制定和实施完善的法律制度加以有效干预。建立相对完善的物流法律制度是我国物流业发展得以提升的重要条件。近几年来，我国物流业进入了一个高速发展的时期，但是我国物流业发展瓶颈问题也日益凸显。导致这一问题的重要原因之一就是缺乏合理、统一的发展规划，缺乏明确的政策指导，缺乏完善的物流法律制度。特别是在加入 WTO 后，我国物流业将逐步向外国投资者开放，外资物流企业能凭借其先进的物流技术、高度的专业化管理以及雄厚的资金注入我国物流业，将对我国现有物流企业构成强大的冲击。我国物流业应在近两年完成物流产业的结构调整与升级，建立起能参与国际竞争的大型物流企业，提高物流企业的物流管理水平和物流服务水平，否则将会遭遇严重的打击。要完成这一任务，必须要制定合理、统一的物流发展政策，建立完善的物流法律制度。针对世贸组织倡导的贸易自由化原则、公平竞争原则，以及针对现代物流业的发展趋势和特点，我们应对原有的法律法规及时进行清理、修改，并制定新的物流法律规范，从而建立和完善物流法律制度，促进解决物流业发展的瓶颈问题，实现我国物流业发展的飞跃或提升。

二、现代物流法律体系化的应然选择

物流法律的体系化，就是要使现行的和未来的物流法律规范构成一个有机的内在和谐统一的整体。当前，物流法律的体系化符合我国的实际情况，是我国现代物流业的持续、健康发展的必然选择。

我国自清末进行法律改制以来，一直受到了大陆法系法律传统的深刻影响。大陆法系法律传统的核心是什么？可以说，是法律的体系化。法律的体系化可以是形式意义上的，也可以是思维意义上的。形式意义上的法律体系化往往变为追求制定某某法典，而思维意义上的法律体系化是一种体系化的思考方式，以追求法律结构之间的和谐为目标的一种法学思考方法。思维意义上的法律体系化包括追求法律理念之间的和谐和逻辑上的和谐两个内容，它既是学者们为了理论研究的目的而对物流法律规范进行的归纳、分析和综合，又是立法者制定物流法律规范时的一种立法技术。当前，我们对物流法律的体系化应该是思维意义上的而非形式意义上的法律体系化。

构建相对独立的法律体系是现代物流业的一个发展趋势，但构建现代物流业的法律体系并不是脱离传统的法律思想另起炉灶，而是应当继承传统法律的合理内核，尤其是基础价值判断（如公平和效率等价值），并与传统法律保持密切关系。基于以上考虑，在对现代物流业的法律体系的构建中，首先应当考虑原有法律对现代物流行为的适用，对于原有法律不能适应现代物流业发展的，应从以下途径着手改造。

1. 制定新的法律规范

现代物流法律体系应是本土化和国际化的内在融合。在制定新的物流法律规范时，一方面要与国际惯例、国际规范及国际标准相衔接，借鉴国际先进的物流法制经验；另一方面要从中国现代物流业发展的独特性出发，切实反映我国现代物流业的发展规律，进而保障我国的经济利益，同时，努力把它推广为世界各国能够接受的法律准则。

2. 清理、修改或扩张解释已有的物流法律规范

我国目前尚缺少基本层面的物流立法，主要法律规范表现为层级较低的行政法规和规章以及地方法规，且不少规定已经不适应新的物流发展形势。因此，应抓紧对这些规范进行清理。一方面，对于陈旧的且已经不再适应物流新发展的法律规范应及时废止；对于相互重复或相互冲突的法律规范应及时进行整合，制定新的层级较高的法律规范来代替；对于层级本来就较高的法律规范，应及时进行修改、补充和完善；另一方面，由于我国传统立法的体系化和理论化的特点，原有的法律规范具有一定的宽泛性，因此，对于许多新兴的现代物流业活动可以主要通过修改或扩张解释已有法律规范的方式来加以规范。这样做的好处是实现物流法律体系的稳定性与适应性，在法律适应现代物流业之特殊性的同时，保持法律的稳定性，不至于过大地影响商家的交易习惯和经济安排，也降低了现代物流业的法律风险。

3. 创造有利于现代物流业发展的配套法律体系和政策体系

这个配套体系必须有针对性地帮助克服现代物流业发展的障碍，构建良好的物流法律环境。

三、现代物流法律体系化的实然选择

物流法律制度是指调整在物流活动中产生的，以及与物流活动有关的社会关系的法律规范的总和。虽然目前我国物流法律制度尚未形成独立的法律部门，但随着物流行业的迅速发展，物流法律制度已构成一个具有相对独立性的法律规范集合体，它有其相对独立的调整对象或内容。其中最基本或最直接的调整对象是在物流企业之间以及物流企业与其服务对象之间因物流活动和物流服务而引起的各种民事关系，具体包括物流活动关系、物流服务关系。其另一重要调整对象为国家在规划、管理以及调控物流产业或物流经济过程当中发生的各种经济关系，具体包括物流组织关系、物流经济管理关系。

物流法律作为综合物流服务的法律规范，既要涵盖采购、运输、仓储、配送、包装、搬运、销售等物流活动和物流市场管理的基本法律规范，又要体现系统性的物流法律体系的特性。由于现代物流活动涉及的领域和环节众多，这一体系下的物流法律规范的内容也就非常广泛。如何建立这个体系，人们存在着不同的认识，我们认为我国的物流法律体系应当由以下三部分组成。

1. 总论

规定物流法律的基本问题。其中包括物流法律的概念、对象、渊源、本质、范围和作用以及与相邻法律部门的关系；物流法律的基本原则；物流法律关系等。

2. 各论

（1）物流主体法律制度。物流主体法律制度是指调整物流企业及相关管理机关的法律规范。包括现有的《公司法》《合伙企业法》《三资企业法》和《个人投资企业法》等基本的企业法律制度和物流行业准入法律制度等。

（2）物流相关客体法律制度。物流相关客体法律制度是指物流法律制度所指向的对象，包括物、行为、智力成果。其中，以物流行为法律制度最为重要。物流行为法律制度包括在采购、销售、仓储、装卸搬运、运输、配送、包装、流通加工、保险等各个物流活动环节中发生的社会关系的法律规范。客体物的法律制度包括了运输工具、港口、物流信息等相关法律制度。智力成果方面法律制度包括了物流活动中所涉及的专利权、商标权、商业秘密保护等。

（3）物流经济调控法律制度。物流经济调控法律制度是指调整国家在对物流市场进行宏观调控和微观管理过程中发生的经济关系的法律规范。在宏观调控方面，主要包括物流基本建设法律制度、税收法律制度、对外贸易法律制度等。微观管理方面主要包括《消费者权益保护法》《反不正当竞争法》《反垄断法》《价格法》《广告法》等法律制度。

3. 物流争议解决程序

物流争议解决程序法律制度是指调整在解决物流争议时所发生的各种社会关系的法律规范。它主要包括物流争议诉讼和物流争议仲裁法律规范。

 思考题

一、名词解释

物流法律的体系化；物流主体法律制度；物流相关客体法律制度；物流争议解决程序

二、问答题

1. 简述我国现行物流立法存在的问题。

2. 列举我国当前调整物流活动环节的法律规范名称。

3. 试述我国现代物流法律体系化。

第二篇　物流主体法律制度

第三章 物流企业法律制度

 学习目的与要求

1. 掌握我国内资投资物流企业和外商投资物流企业的市场准入条件，了解我国内资投资物流企业市场准入和外商投资物流企业市场准入的相关法律法规和政策。

2. 了解物流企业设立的含义及其法律效力，掌握物流企业的设立方式和设立程序，了解非公司形态的物流企业设立程序和外商投资物流企业设立登记的特别规定。

3. 了解物流企业的变更、消灭和清算。

第一节 物流企业的市场准入制度

一、我国内资投资物流企业的市场准入条件

内资物流企业市场准入是指我国内资在什么条件下可以进入物流市场，参与市场活动的条件。在一般情况下，我国内资进入物流市场的基本准入条件是具备法人的条件，即内资应当在成为企业法人后才能从事物流经营活动。

1. 普通物流企业类型的市场准入

对于内资投资从事普通的物流行业，如货代、仓储、物流咨询等行业的市场准入是没有特殊限制的，不需要相应主管机关的审批核准，只要在设立相应企业时有与拟经营的物流范围相适应的固定的生产经营场所、必要的生产经营条件，以及与所提供的物流服务相适应的人员、技术等，就可以到工商登记机关申请设立登记。

2. 特殊物流企业类型的市场准入

特殊物流企业类型是指成立此类企业时，需要相应主管机关审批后，才能到工商登记管理机关进行设立登记的物流企业类型。目前，我国大多数物流企业都必须经相应的行业主管部门审批核准。如根据我国《道路运输条例》规定，"从事危险货物运输经营以外的货运经营的，向县级道路运输管理机构提出申请；从事危险货物运输经营的，向设区的市级道路运输管理机构提出申请。"根据《海运条例》及其实施细则规定，在中国境内投资设立国际海上运输业务的物流企业，其经营国际船舶运输业务必须经交通运输部审批。

3. 关系国计民生的物流企业的市场准入

对于一些涉及我国经济命脉的特殊物流企业，如铁路运输、航空运输等企业，必须经国务院特许才能设立。此类物流企业由于对国家经济、军事、政治等各个方面都是影响很大的，甚至涉及国家领土、领空主权的完整等，因此，其市场准入必然十分严格。

二、我国内资投资物流企业市场准入的相关法律法规和政策

我国目前对内资投资物流企业的市场准入进行规范的法律法规，包含了对市场主体组织形式以及对物流主体业务经营范围的市场准入的法律法规两个方面。既有《民法通则》《公司法》《合伙企业法》等一般法律，还有一些对有关运输、仓储、搬运装卸、货运代理、快递等具体业务进行专门规定的法律法规等。

（一）主体组织形式市场准入的法律法规

1. 《民法通则》

《民法通则》第37条对各类法人的设立规定了条件：①依法成立；②有必要的财产或者经费；③有自己的名称、组织机构和场所；④能够独立承担民事责任。这也是所有法人型物流企业在市场准入时应具备的基本条件。同时，《民法通则》第26条规定了公民在法律允许的范围内，依法经核准登记，从事工商业经营的，为个体工商户。个体工商户可以起字号。我国部分物流业务允许个体工商户经营。

2. 《全民所有制工业企业法》

《全民所有制工业企业法》针对国有企业，对其设立的条件作了规定。即设立全民所有制工业企业，必须依照法律和国务院规定，报请政府或者政府主管部门审核批准。经工商行政管理部门核准登记，发给营业执照，取得法人资格。设立国有工业企业的条件：①产品为社会所需要。②有能源、原材料、交通运输的必要条件。③有自己的名称和生产经营场所。④有符合国家规定的资金。⑤有自己的组织机构。⑥有明确的经营范围。⑦法律、法规规定的其他条件。

3. 《公司法》

《公司法》调整在中国境内设立的有限责任公司和股份有限公司的行为，并分别规定了设立有限责任公司和股份有限公司应具备的条件。

4. 《合伙企业法》

《合伙企业法》规定了设立合伙型物流企业的基本要求，合伙企业设立的手续一般比较简便，合伙企业一般基于合伙人之间订立的合伙合同而成立。合伙合同是规定合伙人之间权利义务的法律文件，是确定合伙人在出资、利润的分配、风险及责任的分担、经营等方面权利义务的基本依据，对每一合伙人都有约束力。

5. 《个人独资企业法》

《个人独资企业法》规定了设立个人独资企业应当具备的条件：①投资人为一个自然人；②有合法的企业名称；③有投资人申报的出资；④有固定的生产经营场所和必要的生产经营条件；⑤有必要的从业人员。同时规定，个人独资企业不得从事法律、行政法规禁止经营的业务；从事法律、行政法规规定须报经有关部门审批的业务，应当在申请设立登记时提交有关部门的批准文件。

（二）具体业务经营范围市场准入的法律法规

1. 《水路运输管理条例》

《水路运输管理条例》确定了我国从事内河运输的国内物流企业的市场准入条件。《水路运输管理条例》把我国的水路运输业务分为国内水路运输以及水路运输辅助业务两大

类，并规定了不同的市场准入条件。国内水路运输（以下简称水路运输），是指始发港、挂靠港和目的港均在中华人民共和国管辖的通航水域内的经营性旅客运输和货物运输。水路运输辅助业务，是指直接为水路运输提供服务的船舶管理、船舶代理、水路旅客运输代理和水路货物运输代理等经营活动。

《水路运输管理条例》规定，申请经营水路运输业务，除个人可以申请经营内河普通货物运输业务规定的情形外，申请人应当符合下列条件：①具备企业法人条件；②有符合本条例规定的船舶，并且自有船舶运力符合国务院交通运输主管部门的规定；③有明确的经营范围，其中申请经营水路旅客班轮运输业务的，还应当有可行的航线营运计划；④有与其申请的经营范围和船舶运力相适应的海务、机务管理人员；⑤与其直接订立劳动合同的高级船员占全部船员的比例符合国务院交通运输主管部门的规定；⑥有健全的安全管理制度；⑦法律、行政法规规定的其他条件。《水路运输管理条例》规定，个人可以申请经营内河普通货物运输业务。申请经营内河普通货物运输业务的个人，应当有符合本条例规定且船舶吨位不超过国务院交通运输主管部门规定的自有船舶，并应当有健全的安全管理制度以及符合法律、行政法规规定的其他条件。经营水路运输业务，应当按照国务院交通运输主管部门的规定，经国务院交通运输主管部门或者设区的市级以上地方人民政府负责水路运输管理的部门批准。取得水路运输业务经营许可的，持水路运输业务经营许可证件依法向工商行政管理机关办理登记后，方可从事水路运输经营活动。

对于水路运输辅助业务，《水路运输管理条例》规定，"申请经营船舶管理业务，申请人应当符合下列条件：①具备企业法人条件；②有健全的安全管理制度；③有与其申请管理的船舶运力相适应的海务、机务管理人员；④法律、行政法规规定的其他条件。经营船舶管理业务，应当经设区的市级以上地方人民政府负责水路运输管理的部门批准。取得船舶管理业务经营许可的，持船舶管理业务经营许可证件依法向工商行政管理机关办理登记后，方可经营船舶管理业务。船舶代理、水路旅客运输代理业务的经营者应当自企业设立登记之日起 15 个工作日内，向所在地设区的市级人民政府负责水路运输管理的部门备案。"

2.《国内水路运输经营资质管理规定》

《国内水路运输经营资质管理规定》规定了在中华人民共和国沿海、江河、湖泊及其他通航水域内从事营业性运输的企业和个人的经营资质管理。港口作业区内为船舶、旅客和货物提供服务的驳运和拖轮经营不适用本规定。国内水路运输经营按照航行区域分为沿海运输和内河运输。国内水路运输经营按照经营船舶的种类分为货船运输和客船运输。货船运输分为普通货船运输和散装液体危险品船运输，散装液体危险品船运输分为液化气体船运输、化学品船运输和油船（含沥青船）运输。客船运输分为普通客船（含客渡船、旅游客船）运输、客滚船（含车客渡船、载货汽车滚装船）运输和高速客船运输。从事国内水路运输的企业和个人，应当依照本规定达到并保持相应的经营资质条件，并在核定的经营范围内从事水路运输经营活动，不得转让或者变相转让水路运输经营资质。各级人民政府交通主管部门依法对国内水路运输经营资质实施管理，其设置的航运管理机构可以承担具体工作。除经营单船 600 总吨以下的内河普通货船运输外，经营国内水路运输应当取得企业法人资格。自然人经营单船 600 总吨以下的内河普通货船运输应当办理个体工商户登记。

3. 《水路运输服务业管理规定》

《水路运输服务业管理规定》规定了中华人民共和国境内为国内水路运输提供水路运输服务及相关业务的活动的市场准入条件。该规定所称水路运输服务业，是指接受旅客、托运人、收货人以及承运人的委托，以委托人的名义，为委托人办理旅客或货物运输、港口作业以及其他相关业务手续并收取费用的行业，分为船舶代理业和客货运输代理业。水路运输服务企业必须依法取得中华人民共和国企业法人资格。国务院交通运输主管部门负责对全国水路运输服务业实施行业管理。各级地方人民政府交通运输主管部门或者其设置的航运管理部门负责对本行政区域内的水路运输服务业实施行业管理。任何企业从事水路运输服务业务，必须经过交通运输主管部门的批准，领取"水路运输服务许可证"后，方可经营。外资企业、中外合资企业、中外合作企业（以下简称"三资企业"）经营水路运输服务业务，应当经国务院交通运输主管部门批准。

设立水路运输服务企业应当具备的条件：①有稳定的水路运输客源、货源和船舶业务来源。②有与经营范围相适应的组织机构和专业人员。③有固定经营场所和必要的营业设施。④有符合下列规定的最低限额的注册资本：经营船舶代理业务的，为20万元人民币；经营客货运输代理业务的，为30万元人民币；同时经营船舶代理和客货代理业务的为50万元人民币。

申请设立水路运输服务企业，申请人应当向拟设立水路运输服务企业所在地的县级交通运输主管部门提出申请，由该部门审核后转市（设区的市，下同）交通运输主管部门审查批准，并报省级交通运输主管部门备案。申请设立经营水路运输服务业务的"三资企业"，申请人应当向拟设立"三资企业"所在地的县级交通运输主管部门提出申请，经各级交通运输主管部门逐级审核后由省级交通运输主管部门转报国务院交通运输主管部门审查批准。申请人所在地没有县级人民政府交通运输主管部门的，申请人应当直接向市（包括直辖市）交通运输主管部门提出申请。

4. 《国际海运条例》《国际海运条例实施细则》

《国际海运条例》及其实施细则确定了我国从事国际海上运输、无船承运业务及相关辅助业服务的市场准入条件。《国际海运条例》及其实施细则规定，经营国际船舶运输业务，应当具备下列条件：①有与经营国际海上运输业务相适应的船舶，其中必须有中国籍船舶。②投入运营的船舶符合国家规定的海上交通安全技术标准。③有提单、客票或者多式联运单证。④有具备国务院交通主管部门规定的从业资格的高级业务管理人员。并经国务院交通主管部门许可，颁发"国际船舶运输经营许可证"，方可经营。国务院交通主管部门审核国际船舶运输业务申请时，应当考虑国家关于国际海上运输业发展的政策和国际海上运输市场竞争状况。在中国境内经营无船承运业务，应当在中国境内依法设立企业法人，并应当向国务院交通主管部门办理提单登记，并交纳保证金。保证金金额为80万元人民币，每设立一个分支机构，增加保证金20万元人民币。

5. 《中国民用航空国内航线经营许可规定》

《中国民用航空国内航线经营许可规定》规定了我国的公共航空运输企业（以下简称"空运企业"）从事国内旅客、行李、货物、邮件的民用航空运输的航线经营许可。中国民用航空局（以下简称"民航总局"）和民航地区管理局根据空运企业经营国内客、货航线的申请，分别采取核准和登记方式进行管理。民航总局负责对区际航线实施经营许可的核准、登记管理，并对全国国内航线经营进行监督和管理。民航地区管理局负责对其所辖区域内航线实施经营许可的核准、登记管理，并对涉及其辖区内所有航线经营进行监督和管理。申请国内航线经营许可，应当具备下列基本条件：①根据中华人民共和国法律设立的公共航空运输企业；②符合民航总局安全管理的有关规定；③符合航班正常、服务质量管理的有关规定；④符合国家航空运输发展的宏观调控政策；⑤符合法律、行政法规和民航总局规章规定的其他条件。空运企业从事国内航线经营，还应当按照相关规定经过补充安全运行合格审定；补充安全运行合格审定结论为不合格的，其相应的国内航线经营权丧失。

6.《定期国际航空运输管理规定》

经营某一国际航空经营许可的空运企业，应当向中国民用航空局提出申请，中国民用航空局依该规定的有关内容审查，并且还应考虑下列因素：符合我国与外国政府签订的航空运输协定；符合我国国际航线总体规划和国家全局利益，有利于促进合理竞争；若我国与其他国家签订的航空运输协定允许多家公司经营两国间的航线，只有在旅客年流量超过10万人次，中国空运企业每周航班达5班，年平均客座率超过68%或每周航班达4班，年平均客座率超过80%的，方可允许第二家中国空运企业加入该国际航线经营；申请人在所申请的国际航线上通航所使用的国际机场具备其通航所用机型相应的条件和国际标准的保安措施。申请国际航班经营范围的空运企业应当具备的条件：①经营定期旅客、行李、货物、邮件的国内航空运输，年旅客运输量达150万人次或1.5亿吨千米。②具有良好的飞行安全记录。③具有与经营国际航班相适应的民用航空器及其附属设施。④具有与经营国际航班相适应的专业人员和主要管理人员。⑤有相应的经营国际航班的管理制度及有关手册。⑥增加必要的资产，足以承担国际航班经营中的民事责任。亏损的空运企业不能申请经营国际航班。⑦中国民用航空局规定的其他条件。

7.《道路运输条例》

《道路运输条例》规定了我国从事道路运输经营以及道路运输相关业务的市场准入条件。在我国，申请从事货运经营的，应当具备下列条件：①有与其经营业务相适应并经检测合格的车辆；②有符合本条例第23条①规定条件的驾驶人员；③有健全的安全生产管理制度。申请从事危险货物运输经营的，还应当具备下列条件：①有5辆以上经检测合格的危险货物运输专用车辆、设备；②有经所在地设区的市级人民政府交通主管部门考试合格，取得上岗资格证的驾驶人员、装卸管理人员、押运人员；③危险货物运输专用车辆配有必要的通信工具；④有健全的安全生产管理制度。从事危险货物运输经营以外的货运经营的，向县级道路运输管理机构提出申请；从事危险货物运输经营的，向设区的市级道路

---

① 《道路运输条例》第23条，"从事货运经营的驾驶人员，应当符合下列条件：

（一）取得相应的机动车驾驶证；

（二）年龄不超过60周岁；

（三）经设区的市级道路运输管理机构对有关货运法律法规、机动车维修和货物装载保管基本知识考试合格。"

运输管理机构提出申请。道路运输管理机构，应当自受理申请之日起20日内审查完毕，做出许可或者不予许可的决定。予以许可的，向申请人颁发道路运输经营许可证，并向申请人投入运输的车辆配发车辆营运证；不予许可的，应当书面通知申请人并说明理由。货运经营者应当持道路运输经营许可证依法向工商行政管理机关办理有关登记手续。货运经营者不得运输法律、行政法规禁止运输的货物。法律、行政法规规定必须办理有关手续后方可运输的货物，货运经营者应当查验有关手续。

申请从事道路运输站（场）经营的，应当具备下列条件：①有经验收合格的运输站（场）；②有相应的专业人员和管理人员；③有相应的设备、设施；④有健全的业务操作规程和安全管理制度。申请从事机动车维修经营的，应当具备下列条件：①有相应的机动车维修场地；②有必要的设备、设施和技术人员；③有健全的机动车维修管理制度；④有必要的环境保护措施。申请从事机动车驾驶员培训的，应当具备下列条件：①有健全的培训机构和管理制度；②有与培训业务相适应的教学人员、管理人员；③有必要的教学车辆和其他教学设施、设备、场地。

申请从事道路运输站（场）经营、机动车维修经营和机动车驾驶员培训业务的，应当向所在地县级道路运输管理机构提出申请，县级道路运输管理机构应当自受理申请之日起15日内审查完毕，做出许可或者不予许可的决定，并书面通知申请人。道路运输站（场）经营者、机动车维修经营者和机动车驾驶员培训机构，应当持许可证明依法向工商行政管理机关办理有关登记手续。

8.《国际道路运输管理规定》

《国际道路运输管理规定》规定了从事中华人民共和国与相关国家间的国际道路运输经营活动的市场准入条件。申请从事国际道路运输经营活动的，应当具备下列条件：①已经取得国内道路运输经营许可证的企业法人；②从事国内道路运输经营满3年，且近3年内未发生重大以上道路交通责任事故。道路交通责任事故是指驾驶人员负同等或者以上责任的交通事故；③驾驶人员符合第6条①的条件。从事危险货物运输的驾驶员、装卸管理员、押运员，应当符合危险货物运输管理的有关规定；④拟投入国际道路运输经营的运输车辆技术等级达到一级；⑤有健全的安全生产管理制度。

拟从事国际道路运输经营的，应当向所在地省级道路运输管理机构提出申请，省级道路运输管理机构收到申请后，应当按照《交通行政许可实施程序规定》要求的程序、期限，对申请材料进行审查，做出许可或者不予许可的决定。决定予以许可的，应当向被许可人颁发《道路运输经营许可证》或者《道路旅客运输班线经营许可证明》。省级道路运输管理机构予以许可的，应当由省级交通主管部门向交通运输部备案。

---

① 《国际道路运输管理规定》第6条，"从事国际道路运输的驾驶人员，应当符合下列条件：

（一）取得相应的机动车驾驶证；

（二）年龄不超过60周岁；

（三）经设区的市级道路运输管理机构分别对有关国际道路运输法规、外事规定、机动车维修、货物装载、保管和旅客急救基本知识考试合格，并取得《营运驾驶员从业资格证》；

（四）从事旅客运输的驾驶人员3年内无重大以上交通责任事故记录。"

9.《邮政法》

我国《邮政法》规定了从事中华人民共和国境内以及与相关国家间的快递经营活动的市场准入条件。首先，我国《邮政法》规定了邮政普遍服务由邮政企业①专营，即邮政企业按照国家规定承担提供邮政普遍服务的义务，邮政企业应当对信件、单件重量不超过5kg的印刷品、单件重量不超过10kg的包裹的寄递以及邮政汇兑提供邮政普遍服务。

我国《邮政法》规定了快递业务的市场准入条件。《邮政法》规定，经营快递业务，应当依照《邮政法》规定取得快递业务经营许可；未经许可，任何单位和个人不得经营快递业务。外商不得投资经营信件的国内快递业务。② 申请快递业务经营许可，应当具备下列条件：①符合企业法人条件；②在省、自治区、直辖市范围内经营的，注册资本不低于人民币50万元，跨省、自治区、直辖市经营的，注册资本不低于人民币100万元，经营国际快递业务的，注册资本不低于人民币200万元；③有与申请经营的地域范围相适应的服务能力；④有严格的服务质量管理制度和完备的业务操作规范；⑤有健全的安全保障制度和措施；⑥法律、行政法规规定的其他条件。申请快递业务经营许可，在省、自治区、直辖市范围内经营的，应当向所在地的省、自治区、直辖市邮政管理机构提出申请，跨省、自治区、直辖市经营或者经营国际快递业务的，应当向国务院邮政管理部门提出申请；申请时应当提交申请书和有关申请材料。受理申请的邮政管理部门应当自受理申请之日起45日内进行审查，做出批准或者不予批准的决定。予以批准的，颁发快递业务经营许可证；不予批准的，书面通知申请人并说明理由。邮政管理部门审查快递业务经营许可的申请，应当考虑国家安全等因素，并征求有关部门的意见。申请人凭快递业务经营许可证向工商行政管理部门依法办理登记后，方可经营快递业务。快递企业不得经营由邮政企业专营的信件寄递业务，不得寄递国家机关公文。快递企业经营邮政企业专营业务范围以外的信件快递业务，应当在信件封套的显著位置标注信件字样。

三、外商投资物流企业在我国市场准入条件

（一）外商投资的从事国际流通物流、第三方物流业务的物流企业的市场准入

根据原对外贸易经济合作部（现商务部）于2002年6月20日发布的《关于开展试点设立外商投资物流企业工作有关问题的通知》的规定，外商投资物流企业应为境外投资者以中外合资、中外合作的形式设立的，能为用户提供物流多功能一体化服务的外商投资企业，它可以经营国际流通物流、第三方物流业务。设立外商投资物流企业，应向拟设立企业所在地的省、自治区、直辖市、计划单列市对外贸易经济主管部门提出申请，并提交相应的文件，由拟设立企业所在地的省、自治区、直辖市、计划单列市对外贸易经济主管部门提出初审意见，并将初审意见报国务院对外贸易经济主管部门批准。

（二）外商投资从事国际流通物流、第三方物流业务以外的物流企业的市场准入

对于外商投资从事国际流通物流、第三方物流业务以外的物流企业，如从事道路普通货物运输、利用计算机网络管理与运作物流业务、民用航空业、国际货物运输代理业、仓

---

① 邮政企业，是指中国邮政集团公司及其提供邮政服务的全资企业、控股企业。
② 国内快递业务，是指从收寄到投递的全过程均发生在中华人民共和国境内的快递业务。

储配送等，必须符合相应法律法规规定的市场准入条件。外商投资设立这些物流企业时首先必须符合我国《中外合资经营企业法》《中外合作经营企业法》《外商独资企业法》的一些基本规定。如果对于一些特别的物流行业，如民用航空业、国际货物运输代理业、道路运输业等，还必须符合我国《外商投资民用航空业规定》《外商投资国际货物运输代理企业管理办法》《外商投资道路运输业立项审批管理暂行规定》等的相应规定。对于外商投资我国没有专门法律法规规定市场准入的物流企业，如批发业等，则只要符合我国《指导外商投资方向规定》《外商投资产业指导目录》中市场准入范围，并具备我国《中外合资经营企业法》《中外合作经营企业法》《外资企业法》的一些基本规定，就可向对外经济贸易主管部门提出申请批准，获得批准后到工商登记主管机关进行设立登记就可进入我国物流市场，从事相应的物流经营活动。

四、我国对外商投资物流企业市场准入的相关法律法规

（一）外商投资物流企业市场准入的主要相关法律法规

1.《中外合资经营企业法》《中外合资经营企业法实施条例》

《中外合资经营企业法》规定了允许外国公司、企业和其他经济组织或个人，按照平等互利的原则，经中国政府批准，在中国境内同中国的公司、企业或其他经济组织共同举办有限责任公司的中外合营企业。而实施条例则规定了允许设立中外合营企业的物流行业主要有包装工业和服务业。

2.《中外合作经营企业法》《中外合作经营企业法实施细则》

《中外合作经营企业法》规定了外国的企业和其他经济组织或个人按照平等互利的原则，可以同中国的企业或者其他经济组织在中国境内共同举办中外合作经营企业，符合法人条件的，经登记可取得中国法人资格。实施细则规定了设立中外合作企业应当符合国家的发展政策和产业政策，遵守国家关于指导外商投资方向的规定。

3.《外资企业法》《外资企业法实施细则》

《外资企业法》允许外国的企业和其他经济组织或者个人在中国境内举办外资企业。实施细则对外商设立外资企业的行业规定，设立外资企业，必须有利于中国国民经济的发展，能够取得显著的经济效益，并应当至少符合下列一项条件：①采用先进技术和设备，从事新产品开发，节约能源的原材料，实现产品升级换代，可以替代进口的；②年出口产品的产值达到当年全部产品产值50％以上，实现外汇收支平衡或者有余的。该条例同时对外资企业可以从事的行业进行了禁止或限制性规定，物流服务中的交通运输是受到限制的。

4.《外商投资道路运输业管理规定》及补充规定（一）、（二）

《外商投资道路运输业管理规定》规定了外商在中华人民共和国境内投资道路运输业的市场准入条件。该规定所称道路运输业包括道路旅客运输、道路货物运输、道路货物搬运装卸、道路货物仓储和其他与道路运输相关的辅助性服务及车辆维修。

允许外商采用以下形式投资经营道路运输业：①采用中外合资形式投资经营道路旅客运输；②采用中外合资、中外合作形式投资经营道路货物运输、道路货物搬运装卸、道路货物仓储和其他与道路运输相关的辅助性服务及车辆维修；③采用独资形式投资经营道路

货物运输、道路货物搬运装卸、道路货物仓储和其他与道路运输相关的辅助性服务及车辆维修。该第③项所列道路运输业务对外开放时间由国务院对外贸易经济主管部门和交通主管部门另行公布。外商投资道路运输业的立项及相关事项应当经国务院交通主管部门批准。外商投资设立道路运输企业的合同和章程应当经国务院对外贸易经济主管部门批准。补充规定（一）、（二）补充规定了中国香港和中国澳门及世界贸易组织成员在我国内投资道路运输业的时间表和经营业务范围。

5.《外商投资民用航空业规定》及补充规定（一）、（二）、（三）、（四）、（五）

《外商投资民用航空业规定》规定了外国公司、企业及其他经济组织或个人投资民航业的市场准入条件。外商投资民航业范围包括民用机场、公共航空运输企业、通用航空企业和航空运输相关项目①。禁止外商投资和管理空中交通管制系统。鼓励外商投资建设民用机场、现有的公共航空运输企业和从事农、林、渔业作业的通用航空企业。允许外商投资从事公务飞行、空中游览或为工业服务的通用航空企业，但不得从事涉及国家机密的作业项目。

外商投资方式包括：①合资、合作经营（简称"合营"）；②购买民航企业的股份，包括民航企业在境外发行的股票以及在境内发行的上市外资股；③其他经批准的投资方式。外商以合作经营方式投资公共航空运输和从事公务飞行、空中游览的通用航空企业，必须取得中国法人资格。

外商投资公共航空运输企业和民用机场，在同等条件下，对具有国际先进经营管理水平的外国同类企业予以优先考虑。外商投资民用机场，应当由中方相对控股。外商投资公共航空运输企业，应当由中方控股，一家外商（包括其关联企业）投资比例不得超过25％。外商投资从事公务飞行、空中游览、为工业服务的通用航空企业，由中方控股；从事农、林、渔业作业的通用航空企业，外商投资比例由中外双方商定。外商投资飞机维修（有承揽国际维修市场业务的义务）和航空油料项目，由中方控股；货运仓储、地面服务、航空食品、停车场等项目，外商投资比例由中外双方商定。

外商投资的合营企业经营期限一般不超过30年。外商投资的民用机场企业，其航空业务收费执行国家统一标准，非航空业务收费标准由企业商请当地物价部门确定。外商投资的公共航空运输企业和通用航空企业，必须执行国家价格政策。

外商投资民航业限额以上的项目，按照项目性质，分别由国家发展计划委员会（基本建设项目）和国家经济贸易委员会（技术改造项目）在征得民航总局的同意后审批项目建议书和可行性研究报告，对外贸易经济合作部（以下简称外经贸部）审批合同、章程。限额以下的项目，由民航总局审批项目建议书和可行性研究报告，外经贸部审批合同、章程。外商投资航空运输相关项目中的货运仓储、地面服务、航空食品、停车场等项目，按《指导外商投资方向规定》和《外商投资产业指导目录》规定的程序和权限办理审批手续。外商投资民用机场项目在合同、章程获得批准后，依次向外经贸部申领外商投资企业批准证书，向工商行政管理部门办理相关登记手续。外商投资公共航空运输企业和通用航空企业在合同、章程获得批准后，向民航总局申领或变更企业经营许可证，向外经贸部申领外

---

① 航空运输相关项目包括航空油料、飞机维修、货运仓储、地面服务、航空食品、停车场和其他经批准的项目。

商投资企业批准证书，向工商行政管理部门办理相关登记手续。补充规定（一）、（二）、（三）、（四）、（五）规定了中国香港、中国澳门、中国台湾地区在我国大陆投资航空运输业的时间表和经营业务范围。

6.《国际海运条例》《国际海运条例实施细则》

《国际海运条例》及其实施细则确定了外商设立从事国际海上运输及其辅助服务物流企业的市场准入条件。经国务院交通主管部门批准，外商可以依照有关法律、行政法规以及国家其他有关规定，投资设立中外合资经营企业或者中外合作经营企业，经营国际船舶运输、国际海运货物装卸、国际海运货物仓储、国际海运集装箱站和堆场业务；并可以投资设立外资企业经营国际海运货物仓储业务。经营国际船舶运输业务的中外合资经营企业，企业中外商的出资比例不得超过49％。经营国际船舶运输业务的中外合作经营企业，企业中外商的投资比例比照适用前款规定。中外合资国际船舶运输企业和中外合作国际船舶运输企业的董事会主席和总经理，中外合资、合作双方协商后由中方指定。

（二）外商投资物流企业市场准入的相关政策

1.《关于开展试点设立外商投资物流企业工作有关问题的通知》

该通知是我国加入WTO后，对外商在中国投资物流企业市场准入的第一个政策性规定。其中拟在国内部分地区（江苏省、浙江省、广东省、北京市、天津市、重庆市、上海市、深圳经济特区）开展外商投资物流业的试点工作，并明确试点阶段外商投资物流业的条件和程序。该通知规定了如下内容。

外商投资物流企业应为境外投资者以中外合资、中外合作的形式设立的，能够根据实际需要，选择对货物的运输、仓储、装卸、加工、包装、配送、信息处理，以及进出口等环节实施有机结合，形成比较完整的供应链，为用户提供多功能一体化服务的外商投资企业（以下简称"外商投资物流企业"）。允许境外投资者采用中外合资、中外合作形式投资经营国际流通物流、第三方物流业务。

申请设立外商投资物流企业的投资者必须具备如下条件：①拟设立从事国际流通物流业务的外商投资物流企业的投资者应至少有一方具有经营国际贸易或国际货物运输或国际货物运输代理的良好业绩和运营经验，符合上述条件的投资者应为中方投资者或外方投资者中的第一大股东。②拟设立从事第三方物流业务外商投资物流企业的投资者应至少有一方具有经营交通运输或物流的良好业绩和运营经验，符合上述条件的投资者应为中方投资者或外方投资者中的第一大股东。

设立的外商投资物流企业必须符合如下要求：①注册资本不得低于500万美元；②从事国际流通物流业务的外商投资物流企业中境外投资者股份比例不得超过50％；③有固定的营业场所；④有从事所经营业务所必须的营业设施。

经批准，外商投资物流企业可经营下列部分或全部业务：①国际流通物流业务：进出口业务及相关服务，包括自营或代理货物的进口、出口业务，接受委托为出口加工企业提供代理进出口业务；提供海运、空运、陆运进出口货物的国际货物运输代理业务。②第三方物流业务：道路普通货物的运输、仓储、装卸、加工、包装、配送及相关信息处理服务和有关咨询业务；国内货运代理业务；利用计算机网络管理与运作物流业务。外商投资物流企业拟从事道路普通货物的运输业务及利用计算机网络管理与运作物流业务的，需经有关部门依据现行法律法规批准。

设立外商投资物流企业，应向拟设立企业所在地的省、自治区、直辖市、计划单列市对外贸易经济主管部门提出申请，省、自治区、直辖市、计划单列市对外贸易经济主管部门自收到申请材料之日起 10 个工作日内，依据本规定提出初审意见，并将初审意见报国务院对外贸易经济主管部门批准；国务院对外贸易经济主管部门收到申请材料后，在 30 个工作日内做出是否批准的书面决定，符合规定的，颁发外商投资企业批准证书；不符合规定的，退回申请，书面通知申请人并说明理由。从事国际流通物流业务的外商投资物流企业应在外商投资企业批准证书颁发之日起 10 日内到国务院对外贸易经济主管部门办理《中华人民共和国国际货物运输代理企业批准证书》。

外商投资物流企业的经营期限一般不得超过 20 年。经原批准机关批准，外商投资物流企业可以延长经营期限。外商投资物流企业可按现行有关规定申请在国内其他地方设立分公司。分公司的经营范围不应超出外商投资物流企业的经营范围。外商投资物流企业应严格遵守国家外商投资方面的有关法律、法规以及按照其经营范围遵守交通运输、国际货物运输代理及电信方面的有关行业管理的法律法规，对其违法、违规行为将依照相应法律、法规予以相应处罚。

2.《指导外商投资方向规定》《外商投资产业指导目录》和《中西部地区外商投资优势产业目录》

《指导外商投资方向规定》由国务院颁布，该规定将外商投资项目分为鼓励、允许、限制和禁止四类，列为鼓励类外商投资物流项目主要为交通类以及能够发挥中西部地区人力和资源优势，并符合国家产业政策的行业。该规定指出，鼓励类外商投资项目，除依照有关法律、行政法规的规定享受优惠待遇外，从事投资额大、回收期长的交通基础设施建设、经营的，经批准，可以扩大与其相关的经营范围。

《外商投资产业指导目录》经国务院批准，由国家发展和改革委员会、商务部发布。该目录根据《指导外商投资方向规定》中规定的鼓励、允许、限制和禁止四类列明了各项外商投资产业指导目录。根据该目录，今后一个时期，中国将主要鼓励外商投资物流的领域有：交通基础设施和基础产业、西部地区的优势产业。一般商品的零售、批发和物流配送也属于鼓励投资的范围。

《中西部地区外商投资优势产业目录》由国家发展和改革委员会、商务部颁布，规定了中西部地区能够享受鼓励类外商投资项目优惠政策的外商投资项目，其中包含了与物流有关的外商投资项目。

（三）我国加入 WTO 法律文本中涉及外商投资物流业的一些条款和内容

1. 产品分销权方面

我国将首次向外国公司提供分销权，取消现有的法规限制，不迟于 2002 年 1 月 1 日，中外合资零售企业中允许外资控股，并开放所有省会城市；不迟于 2003 年 1 月 1 日，取消地域限制、数量限制、股权或企业设立形式限制；不迟于 2005 年 1 月 1 日，除面积超过 2 万平方米的百货店和超过 30 家的连锁店不允许外商控股外，没有限制。外商可以分销进口产品和我国制造的产品。分销权将会在我国目前限制最严的分销行业，例如批发、运输、维修等行业中实施。

2. 服务业方面

我国承诺所有的服务行业，在经过合理过渡期后，取消大部分外国股权限制，不限制外国服务供应商进入目前的市场，不限制所有服务行业的现有市场准入活动。同时，在辅助分销的服务方面也做出了类似的承诺，具体包括租赁、速递、货物储运、货仓、技术检测和分析、包装等，这些方面的限制将在 3～4 年内逐步取消，加入 WTO 三年后，我国仓储行业可允许外商独资经营；四年后，我国公路、水运基础设施建设也将有条件地允许外商独资企业承揽工程，并且国外的服务供应商可以建立百分百的全资拥有的分支机构或经营机构。

3. 电子商务方面

根据协议，中国允许国外网络公司直接拥有中国网络公司 49%～100% 的股份，并允许相关的银行、运输和服务等领域的开放。另外，电子商务中 ISP 接入服务属于半开放到开放的领域。

4. 商业企业方面

1999 年 6 月 25 日，中国经贸委和外经贸部联合下发《外商投资商业企业试点办法》，将试点地域扩大到省会城市、直辖市、计划单列市和经济特区，同时在京、津、沪、渝等地开放批发业。与商业有关的金融、保险、外贸、咨询、运输、工程承包、电信、旅游等领域也相应放宽了投资限制，如增加航空运输业外资航空公司的数量等。

5. 物流企业方面

2002 年 6 月 20 日，中国外经贸部发布了《关于开展试点设立外商投资物流企业工作有关问题的通知》，在北京、天津、上海和重庆四个直辖市，以及浙江、江苏、广东三省和深圳经济特区进行试点，允许外商以中外合资、中外合作的形式投资国际流通物流和第三方物流业务。

6. 道路运输和相关的汽车维修服务行业方面

从我国加入 WTO 时起，允许外商设立合营企业从事境内道路货物运输；一年后，允许外资控股；两年后，允许外商设立独资企业。

7. 水路运输方面

国际海上运输，包括货运和客运，允许外商设立合营船舶公司，但外资比例不得超过 49%，合营企业享受国民待遇；允许外商设立合营企业从事船舶代理业务；允许外商控股的合营企业从事货物装卸和集装箱场站服务；允许外商以独资企业从事堆场业务。

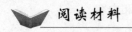 阅读材料

浙江松谷造漆工业有限公司诉叶建长运输合同纠纷案①

原告松谷造漆公司与被告叶建长一直有运输业务往来。2010 年 5 月 4 日，松谷造漆公

---

① 改编自：(2010) 台临商初字第 1541 号判决书。

司将 272 件总价值 109934 元的油漆交由被告托运至福建福声玩具有限公司处。原告交付货物时未向被告提交防范措施的书面材料。被告当日收货后出具了运输清单，并委托黄岩闽通货运站运输。黄岩闽通货运站又委托福州大众物流承运该批货物。在运输途中，车辆发生交通事故，货物全部损毁。另查明，临海市建长物流公司、黄岩闽通货运站均不具备危险物品运输资格。原告松谷造漆公司知晓临海市建长物流公司无危险物品运输资质，被告叶建长知晓黄岩闽通货运站无危险物品运输资质。

浙江省临海市人民法院经审理认为：根据原、被告提供的证据，被告没有取得运输危险物品的经营许可证，不具备运输危险物品的资格，原告明知被告没有这一资质的情况下与被告签订运输合同，该合同违反了法律、法规的禁止性规定，应当确认无效。合同无效双方均有过错，依法应承担相应的民事责任。本案中，原告提交给被告的货物包装箱外虽写有急救措施，但原告未向被告提交防范措施的书面材料，且明知被告没有运输危险物品的经营许可证，而交付被告承运危险物品，主观上存在过错，故对货物损失应负次要责任。被告明知其没有运输危险物品的经营许可证而承运原告交付的货物，又委托同样不具有危险物品运输资格的黄岩闽通货运站承运，在运输过程中因发生交通事故致使货物毁损，承运人应当承担赔偿责任。因被告未提供相关证据证明承运人免责的依据，被告对货物毁损应当承担赔偿责任。被告关于原告在交付运输时未指明货物系危险货物，亦存在过错的抗辩理由成立，本院予以采纳。由于该货物已在运输过程中因发生交通事故而全部毁损，原物已无法返还，被告对货物的毁损应承担主要责任。被告对原告提出货物损失价款 109934 元没有异议，该价款 109934 元，按照过错责任原则，双方按过错责任比例分担，由被告承担 70% 的赔偿责任，即 109934 元×70%＝76953.80 元，余款由原告自负。

第二节　物流企业的设立

一、物流企业设立的含义及其法律效力

物流企业设立是指物流企业的创立人为使企业具备从事物流活动的能力，取得合法的主体资格，依照法律规定的条件和程序所实施的一系列的行为。设立物流企业须具备实质要件和形式要件。实质要件是设立物流企业时必须具备的条件，即要有与物流经营活动相应的财产和必要的生产经营条件；有物流企业运营的组织机构；有固定的生产经营场所以及与生产相适应的人员等，实质要件与物流企业的市场准入相关联。形式要件是指创立人在设立特定的物流企业时依照法律规定的程序履行申报、审批和登记手续，依法取得从事物流经营活动主体资格的过程。

物流企业设立具有以下法律效力。

（1）按照法律规定和程序设立的物流企业，即依法取得中国的法人资格，具有法人权利能力和法人行为能力，可以法人的身份从事物流经营活动。

（2）取得了企业名称的专用权。物流企业设立后便取得该企业名称的专有使用权，有权利用该名称从事民事活动，同一地区的任何人和同一行业的任何单位不得使用该名称，企业有权对该名称进行转让。

（3）能够独立承担民事责任。企业设立完成后，该企业就必须以自己的财产对因设立行为和其后的物流经营活动产生的债务独立承担法律责任。

二、物流企业的设立方式

物流企业的设立方式，是指企业根据何种法定原则，通过何种具体途径获得企业设立的目的。企业的设立是随着各国不同的政治制度、经济制度、经济发展状况以及法律制度不同而不同的，甚至一个国家在不同时期对企业的设立方式也是不同的。总的来说，企业设立的方式主要有以下几种。

（1）特许设立。即企业必须经过国家的特别许可才能设立的一种方式，它通常适用于特定企业的设立，如涉及国计民生的企业及承担特殊公共职能、承担公共服务的公用企业等。

（2）核准设立，又称"许可设立"、"审批设立"，即设立企业，除需要具备法律规定的设立企业的各项条件外，还需要主管行政机关审核批准后，才能申请登记注册的一种设立方式。

（3）准则设立，又称"登记设立"，即设立企业不需要经有关主管行政机关批准，只要企业在设立时符合法律规定的有关成立条件，即可到主管机关申请登记，经登记机关审查合格后予以登记注册，企业即告成立的一种设立方式。

（4）自由设立，即法律对企业的设立不予强制规范，企业的创立人可以自行设立企业的一种设立方式。

目前，我国物流企业的设立主要是核准设立和准则设立。

三、物流企业的设立登记

（一）物流企业的设立登记含义

物流企业设立登记是指物流企业的创立人提出企业登记的申请，经登记主管机关核准，确认其法律上的主体资格，并颁发有关法律文件的行为。设立登记是物流企业取得法律上主体资格的必要程序，物流企业申请企业法人登记，经登记主管机关审核，准予登记并领取《企业法人营业执照》后，取得法人资格，方可从事经营活动，其合法权益受国家法律保护。未经企业法人登记主管机关核准登记注册的，不得从事物流经营活动。

（二）物流企业设立的登记机关和登记管辖

根据我国的法律规定，我国物流企业的登记主管机关是国家工商管理局和地方各级工商行政管理局。物流企业设立登记的管辖包括级别管辖和地域管辖，其级别管辖分为三级，即国家工商行政管理局，省、自治区、直辖市工商行政管理局和市、县、区工商行政管理局。我国对企业的设立登记管辖实行分级登记管理的原则。根据我国《企业法人登记管理条例》《企业法人登记管理条例实施细则》的规定，我国物流企业设立的登记管辖分为以下几种。

1. 国家工商行政管理局登记管辖范围

①国务院批准设立的或者行业归口管理部门审查同意由国务院各部门以及科技性社会团体设立的全国性物流公司和大型物流企业；②国务院批准设立的或者国务院授权部门审

查同意设立的大型物流企业集团；③国务院授权部门审查同意由国务院各部门设立的经营进出口业务的物流公司。

2. 省、自治区、直辖市工商行政管理局设立登记管辖

①由省、自治区、直辖市人民政府批准设立的或者行业归口管理部门审查同意由政府各部门以及科技性社会团体设立的物流公司和企业；②由省、自治区、直辖市人民政府设立的或者政府授权部门审查同意设立的物流企业集团；③由省、自治区、直辖市人民政府授权部门审查同意设立的物流企业集团；④由省、自治区、直辖市人民政府授权部门审查同意，由政府部门设立的经营进出口业务的物流公司；⑤由国家工商行政管理局根据有关规定核转的物流企业或者分支机构。此外，由省、自治区、直辖市人民政府或者政府授权机关批准的及其呈报上级审批机关批准的外商投资企业，由国家工商行政管理局授权省、自治区、直辖市工商行政管理局负责登记。

3. 市、县、区工商行政管理局设立登记管辖

除了上述两项所列物流企业外的其他物流企业的设立登记管辖，均由市、县、区（指县级以上的市辖区）工商行政管理局负责。

四、物流企业设立程序

物流企业设立程序即物流企业的发起人向登记主管机关提出登记申请，登记主管机关对申请进行审查、核准以及准予设立登记和发布设立公告等程序。

1. 物流公司设立的发起人

即设立物流公司的全体股东或者全体发起人。按照《公司法》和《公司登记管理条例》的规定，有限责任公司由 50 个以下股东出资设立。设立股份有限公司，应当有 2 人以上 200 人以下为发起人，其中须有半数以上的发起人在中国境内有住所。

2. 名称预先核准的申请

根据《公司登记管理条例》规定，设立有限责任公司和股份有限公司应当首先申请名称预先核准，具体规定为，设立有限责任公司，应当由全体股东指定的代表或者共同委托的代理人向公司登记机关申请名称预先核准；设立股份有限公司，应由全体发起人指定的代表或者共同委托的代理人向公司登记机关申请名称预先核准。

申请名称预先核准，应当提交下列文件：①有限责任公司的全体股东或者股份有限公司的全体发起人签署的公司名称预先核准申请书；②股东或者发起人的法人资格证明或者自然人的身份证明；③公司登记机关要求提交的其他文件。公司登记机关自收到上述文件之日起 10 日内做出核准或者驳回的决定，公司登记机关决定核准的，发给物流公司发起人《企业名称预先核准通知书》。

3. 向登记主管机关提出设立登记申请

设立登记的申请由企业的发起人提出。依照我国《公司登记管理条例》的规定，有限责任公司的设立，应由全体股东指定的代表或者共同委托的代理人向公司登记机关提出设立申请；股份有限公司的设立，应由全体发起人指定的代表或者共同委托的代理人向公司登记机关提出设立申请。

企业设立登记必须向工商行政管理部门提交公司设立登记申请书，登记申请书应当载

明法律要求说明设立登记的全部事项。包括物流公司的名称、住所、经营场所、法定代表人、经济性质、经营范围、注册资金、从业人数、经营期限、分支机构等。设立物流公司除了提交公司设立登记申请书外，还必须提交其他文件。

（1）拟成立有限责任公司的物流企业，应向公司登记主管机关提交下列文件：①公司董事长或执行董事签署的《公司设立登记申请书》。②全体股东指定代表或者共同委托代理人的证明。③公司章程。提交的公司章程应内容齐备，符合《公司法》规定的各项要求。④具有法定资格的验资机构出具的验资证明。验资报告应明确载明股东人数、出资方式、出资额及该公司在银行开设的临时账户。其中以实物、工业产权、非专利技术或者土地使用权出资的，应同时提交经注册的资产评估事务所出具的资产评估报告。⑤股东的法人资格证明或者自然人身份证明。⑥公司董事、监事、经理姓名、住所的文件以及有关委派、选举或者聘用的证明。⑦公司法定代表人的任职文件和身份证明。有限责任公司的法定代表人的任职文件应是委任书、股东会决议或者载明国家投资部门或授权部门指定任职的文件。公司法定代表人的身份证明应提交其居民身份证复印件或其他合法的身份证明。⑧《企业名称预先核准通知书》。⑨公司住所证明。公司住所是租赁用房的，需提交《房屋产权登记证》的复印件或有关房屋产权的证明文件及租赁协议。公司的住所是股东作为出资投入使用的，则提交股东的《房屋产权登记证明》或有关房屋产权证明的文件及该股东出具的证明文件。

除上述九种文件外，法律、行政法规规定设立有限责任公司必须报经审批的，还应当提交有关部门的批准文件。如设立国有独资公司的，需提交国家授权投资的机构或者国家授权的部门的证明文件及对设立公司的批准文件。

（2）拟设立股份有限公司的物流企业，董事会应当于创立大会结束后 30 日内向登记机关申请设立登记，向登记主管机关提交下列文件：①公司董事长签署的《公司设立登记申请书》。②国务院授权部门或者省、自治区、直辖市人民政府的批准文件，募集设立的股份有限公司还应当提交国务院证券管理部门的批准文件。③创立大会的会议记录。④公司章程。⑤筹办公司的财务审计报告。⑥具有法定资格的验资机构出具的验资证明。验资报告中应当载明股东名称或姓名、股东的出资方式、出资额、公司实收资本额、公司在银行开设的临时账户等内容。其中以实物、工业产权、非专利技术或者土地使用权出资的，应同时提交有关的财产评估报告和依法办理财产转移手续的有关文件。⑦发起人的法人资格证明或者自然人身份证明。发起人是企业法人的，应提交加盖其登记主管机关印章的执照复印件；发起人是其他法人的，应提交能够证明其法人资格的有关文件。如社团法人需提交社团法人登记证；发起人是自然人的，应提交其居民身份证复印件或者其他合法身份证明。⑧载明公司董事、监事、经理姓名、住所的文件以及有关委派、选举或者聘用的证明。⑨公司法定代表人的任职文件和身份证明；公司法定代表人的任职文件应提交董事会决议。公司法定代表人的身份证明应提交其居民身份证复印件或其他合法身份证明。⑩《企业名称预先核准通知书》。⑪公司住所证明。股份有限公司的住所是租赁的，应提交房主的房产证明文件和租赁协议。住所是发起人作为股份投入使用的，应提交发起人的《房屋产权登记证》复印件及其他有关房产证明文件，并应提交发起人出具的出资说明。⑫股份有限公司的经营范围有法律、行政法规规定必须报经审批项目的，应提交国家有关部门的批准文件。

4. 登记机关对物流公司提交的申请进行核准、登记

即物流公司登记申请人向公司登记机关提交设立登记申请，公司登记机关受理申请、审核该公司登记文件，直至核准或者驳回申请，核发营业执照的工作过程。公司登记机关收到申请人提交的全部法定文件经审查后，发给申请人《公司登记受理通知书》。公司登记机关自发出《公司登记受理通知书》之日起 30 日内做出核准登记或者不予登记的决定。公司登记机关核准登记的，应当自核准登记之日起 15 日内通知申请人，发给"企业法人营业执照"或"营业执照"，并办理法定代表人或其授权人签字备案手续。公司登记机关不予登记的，应当自做出决定之日起 15 日内通知申请人，发给《公司登记驳回通知书》。公司登记机关发给物流企业营业执照，或者发给《公司登记驳回通知书》，标志着法定登记程序的结束。

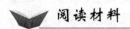

查处快递公司违法经营信件寄递业务案

2008 年 10 月 9 日，四川省邮政管理局执法队在对联邦快递（中国）有限公司成都分公司的生产现场依法进行执法检查时，现场查获该公司的进口快件中，有 6 件从天津寄往成都的快件疑似信件。经执法人员仔细辨认，确认该 6 件快件的内件是发票。由此确认了该公司违法经营信件寄递业务的违法事实。鉴于联邦快递（中国）有限公司成都分公司经营信件寄递业务的违法事实，依据《四川省邮政管理办法》第 28 条的规定，四川省邮政管理局做出对该公司违法经营信件的行政处罚决定，一是立即停止经营信件寄递业务的违法行为；二是责令该公司将违法收寄的信件退回用户；三是罚款人民币叁仟元整。[①]

第三节　物流企业的变更、消灭与清算

一、物流企业的变更

物流企业的变更是指已经登记注册的物流企业在其存续期间，由于企业本身或者其他主客观情况的变化，在物流企业组织机构上或其他登记事项的改变。包括企业组织的变更、企业主要登记事项的变更等，物流企业的变更必须依据法律规定的条件和程序进行。

---

① 改编自：国家邮政局，《四川省局查处联邦快递成都分公司违法经营信件寄递业务》，http://www.spb.gov.cn/folder45/folder2346/2008/10/2008-10-1332354.html。

（一）物流企业的变更形式

1. 物流企业的合并

即两个或者两个以上的物流企业为了物流经营的需要，依照法律规定或合同约定合并成一个物流企业。物流企业的合并能够在不增加投资的基础上，有效地利用现有资本存量，扩大企业规模，增强企业竞争能力，是提高企业运营效率的重要手段之一。

按合并的方式不同，企业的合并可分为新设合并和吸收合并。新设合并是指两个或两个以上的物流企业合并成为一个新的物流企业，原来的物流企业消灭，新的物流企业产生。吸收合并是指两个或两个以上的物流企业合并时，其中一个物流企业继续存在，其他物流企业因被合并而归于消灭。

2. 物流企业的分立

即已经设立的物流企业按照法律规定或合同约定，依照一定的条件和程序，分立成两个或两个以上物流企业。依分立的方式，物流企业的分立可分为创设式分立和存续式分立。创设式分立又叫新设式分立，即解散一个已经设立的物流企业，将其全部财产分配给两个或两个以上新的物流企业，原物流企业消灭。存续式分立，又叫派生式分立，是指将一个已设立的物流企业的部分财产分立，另设一个新的物流企业，原物流企业继续存在。

3. 物流企业责任形式的变更

物流企业在存续的状态下，由一种责任形式的物流企业变更为其他责任形式的物流企业。物流企业责任形式的变更与物流企业的合并、分立一样，都是为了调整企业的组织结构。在企业法人中，由于经营的需要，可以将无限公司变更为有限责任公司，有限责任公司变更为股份有限公司或者做完全相反的变更。这种公司责任形式的变更，将导致公司组织的变更，但物流企业责任形式的变更必须遵守法律对拟变更后企业的成立、资本、财务等的最低要求。物流企业组织的变更必须遵守有关法律的规定，如物流公司合并或分立，必须通知债权人，并依《公司法》的规定进行公告。股份公司合并或分立的，还必须经国务院授权的部门或省级人民政府批准。

（二）物流企业主要注册登记事项的变更

包括名称变更，企业住所和经营场所变更，经营范围、经营方式的变更，法定代理人的变更，经济性质的变更，注册资金的变更，从业人员的变更，经营期限的变更，分支机构的变更等。物流企业主要登记事项变更、增设或撤销分支机构、企业组织形式变更的，都必须办理企业变更登记。物流企业合并、分立，因合并、分立而存续的物流企业，其登记事项发生变化的，须办理变更登记；因合并、分立而解散或新设的物流企业，则依法分别办理企业注销登记或设立登记。

（三）物流企业变更登记

依照我国《企业法人登记管理条例》第17条规定，企业法人和非法人企业以及经营单位改变名称、住所、经营场所、法定代表人、负责人、经济性质、经营范围、经营方式、注册资金、经营期限，以及增设或者撤销分支机构时，应当在主管部门或者审批机关批准后30日内，向登记主管机关申请办理变更登记。没有主管部门和审批机关的，可直接向登记主管机关申请变更登记。企业申请办理变更登记时，应向登记主管机关提交有关文件和证件，向原登记主管机关申请变更登记。登记主管机关应当在受理变更登记后30

日内，做出核准变更登记或者不予核准变更登记的决定。

（四）外商投资物流企业合并与分立的专门规定

外商投资物流企业的合并与分立除了要依据我国《公司法》《中外合作企业法》《中外合资企业法》等法律的相关规定外，还须依据原外经贸部发布的《关于外商投资企业合并与分立的规定》。依照该规定，外商投资物流企业进行合并或分立，除应当遵守本规定外，还应遵守中国其他的相关的法律、法规，遵循自愿、平等和公平竞争的原则，不得损害社会公共利益和债权人的合法权益，并且应符合《指导外商投资方向规定》和《外商投资产业指导目录》的规定，不得导致外国投资者在不允许外商独资、控股或占主导地位的产业的公司中独资、控股或占主导地位。外商投资物流企业因合并或分立而导致其所从事的行业或经营范围发生变更的，应符合有关法律、法规及国家产业政策的规定并办理必要的审批手续。

二、物流企业的消灭和清算

1. 物流企业的消灭

物流企业的消灭又称物流企业的终止，是指已设立的物流企业因企业章程或者法律规定事由的发生，丧失法律主体资格，导致其权利能力和行为能力的终止。物流企业的消灭是一个动态的过程，当消灭的事由发生时，企业的主体资格并未马上消灭，此时应依法对该企业进行清算，停止清算范围外的经营活动，了结未完成的业务，清结企业的债权债务关系，如有剩余财产，对财产进行分配，清算终止后，办理企业注销登记，企业便告消灭。物流企业消灭有以下几种方式。

（1）协议解散。即依企业章程规定的营业期限届满或者企业法人设立的目的已达到或者证明已不能达到，企业自行终止或由企业权力机构如股东大会讨论决议，做出企业解散的决定。解散是企业法人使自己归于消灭的情形。我国《关于开展试点设立外商投资物流企业工作有关问题的通知》也明确规定了外商投资物流企业的经营期限一般不得超过20年，经原批准机关批准，外商投资物流企业可以延长经营期限。因此，如某一外商投资物流企业在经营期限届满20年后，没有申请延长经营期限时，该外商投资物流企业便应自行解散。

（2）依法被撤销。即批准物流企业设立的行业主管机关等职能管理机关依照法律的规定，在其职权范围内对物流企业做出撤销的决定。这是由他人使物流企业归于消灭的情形。如物流企业不按法律、法规规定的条件进行登记或进行与企业登记有关的违法行为，工商行政管理机关有权撤销企业登记，吊销其营业执照。物流企业如有不法行为，违反行业管理、金融外汇、卫生、技术监督、环境保护、劳动保护等法律、法规的规定，相应主管机关可以依法吊销该物流企业的经营许可证或营业执照。

（3）破产。物流企业因为经营管理不善，不能清偿到期债务，经当事人的申请，人民法院依法定程序，宣告该企业破产，而使其丧失法律主体资格。

（4）其他原因。其他原因主要是国家经济政策调整、发生战争等原因而导致企业消灭。

2. 物流企业的清算

即物流企业解散或宣告破产后，依法组成清算组织对企业资产和债权债务进行清理处分，了结企业的业务和债务，向出资者或股东分配剩余财产，终结企业的全部财产关系。

企业的清算主要分为非破产清算和破产清算两种情况。非破产清算，又叫普通清算，是指物流企业因破产以外的原因消灭时所进行的清算。在这种清算中，物流企业的成员按照企业章程或出资人、股东决定的清算方法对企业的剩余资产进行分配，企业的债权人往往全额受偿。若在清算时发现企业有破产原因，则应转入破产清算。如果物流企业是因为国家经济政策调整而关闭、停业、合并、解散时，应由企业行政管理机关成立清算组织，对企业进行清算。破产清算是指物流企业因破产而进行的清算。在破产清算中，应由受理破产申请的人民法院成立清算组织，进行企业的清算活动。

在清算期间，物流企业只能为消极行为，不能为积极行为，主要活动是了结业务、收取债权、偿还债务、分配剩余财产等。在物流企业进行清算阶段后，企业丧失了正常的法律主体资格，不得再从事物流经营活动。但为保证清算的正常进行，维护社会交易安全，在清算范围内，清算组仍可以该企业的名义从事经营活动。

3. 物流企业的注销登记

即登记主管机关依法对歇业、被撤销、宣告破产或者因其他原因终止营业的物流企业，收缴营业执照、公章等，撤销其注册号，取消其企业法人资格或经营权。企业法人办理注销登记应提交法定代表人签署的《企业申请注销登记注册书》；主管部门或者审批机关的批准文件；清理债务完结的证明或者清算组织负责清理债务的文件。登记机关接受申请登记单位的注销申请后，应从受理之日起 30 日内，做出核准登记或者不予核准登记的决定。经登记主管机关核准后，收缴"企业法人营业执照"及副本，收缴公章，并将注销登记情况通知其开户银行。

4. 外商投资物流企业注销登记应提交的文件

外商投资物流企业中止经营或经营期满不再申请延期，应向原登记主管机关申请注销登记，并提交以下文件。

（1）由企业正、副董事长签署的《注销登记申请书》。

（2）董事会决议。

（3）原审批机关的批准注销的文件。

（4）企业清理债权、债务的完结报告或清算组织负责清理债权债务的文件。

（5）税务机关、海关出具的完税证明。

（6）营业执照正、副本及企业印章。

登记机关自收到上述文件后，经审核核准予以注销的，发给《核准注销通知书》。

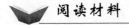

非法经营案

2009 年 10 月 12 日，被告人胡某、徐某、刘某在明知他人销售烟梗至平顶山市方向，为了收取 450 元/吨的运费，在未取得烟草专卖品准运证的情况下，分别驾驶自己所有的东风牌厢式货车和欧曼牌厢式货车运输烟梗共计 56.844 吨，从贵州省出发，2009 年 10 月 14 日，三被告人驾驶的车辆行至河南省舞阳县章化乡某村准备卸货时被发现，在驾车逃至舞阳县侯集乡河北街村一砖厂时被查获。经鉴定，上述烟梗共价值 204638.4 元。法院认为：烟草专卖品系法律规定的限制买卖物品，其未经许可而运输烟草专卖品的行为，应认定为非法经营行为，三被告人未经烟草专卖行政主管部门许可，非法运输他人买卖的烟草专卖品，非法经营额 204638.4 元，扰乱市场秩序，情节严重，其行为均已构成非法经营罪，舞阳县人民检察院指控的罪名成立，本院予以支持。①

一、名词解释

物流企业设立；物流企业的变更；物流企业的消灭

二、问答题

1. 简述内资物流企业市场准入的类型。

2. 列举内外资物流企业市场准入的相关法律法规。

3. 简述物流企业的设立方式。

4. 简述内资物流企业、外商投资物流企业的设立程序。

---

① 改编自：舞阳县人民法院（2010）舞刑初字第 88 号刑事判决书。

第三篇　物流行为法律制度

第四章　采购和销售法律制度

学习目的与要求

1. 熟悉和理解买卖合同的相关法律规定。
2. 熟悉招标投标法的概念、原则，掌握强制招标范围、招标投标的程序，开标、评标和中标的基本内容。了解招标投标活动中的法律责任。

第一节　买卖合同

一、买卖合同的概念及特征

买卖合同是出卖人转移标的物的所有权于买受人，买受人支付价款的合同。它有如下特征：

（1）买卖合同是双务有偿合同。它是一方转移财产权利，另一方支付相应价款的合同，因而是典型的双务有偿合同。

（2）买卖合同是转移财产所有权的合同。买方支付价金取得的是卖方交付的财产所有权，实现了标的物权利义务的完整转移。

（3）买卖合同是诺成合同。即双方当事人就合同内容达成一致，合同即成立。

（4）买卖合同是非要式合同。除法律、行政法规规定要用书面形式的外，当事人可以选择合同的形式。

二、买卖合同双方当事人的义务

1. 出卖人的义务

（1）交付标的物并转移标的物所有权。出卖人将标的物交付买受人，是卖方的主要合同义务。出卖人应当按照合同的约定期限、地点、方式、数量、质量等交付标的物于买方。同时出卖人应将标的物的所有权转移给买受人。

（2）瑕疵担保义务。它是指出卖人就买卖标的之权利或者物的品质瑕疵应当承担的法律责任。它分为物的品质瑕疵担保义务和权利瑕疵担保义务两种。品质瑕疵担保义务是指出卖人所交付的标的物不符合合同约定或法律规定的品质而应负的义务。权利瑕疵担保义务是指出卖人应就交付的标的物负有的保证第三人不得向买受人主张任何权利的义务。

2. 买受人的义务

（1）支付价款。买受人应当按约定的数额、时间、地点支付价款。分期付款的买受人未支付到期货款的金额达到全部价款的1/5的，出卖人可以要求买受人支付全部价款或者解除合同。

（2）接受标的物。买受人收到标的物时应当在约定的检验期间内检验，没有约定检验期间的应及时检验，发现数量或者质量不符合约定的情形时，应当通知出卖人，符合约定的，应当接受。

三、标的物所有权转移与风险负担

（1）标的物所有权的转移。《合同法》规定，标的物的所有权自标的物交付时起转移，但法律另有规定或者当事人另有约定的除外。

（2）风险负担。风险负担即标的物的意外风险责任问题。世界上的三种通行的做法，一是合同成立转移风险，即以合同成立的时间为标的物风险转移的时间；二是物主承担风险，以所有权的转移时间作为标的物风险转移的时间；三是交付转移风险，以标的物的交付作为标的物风险转移的时间。我国《合同法》规定了买卖合同标的物的所有权自交付时起转移，风险责任也自交付时起转移。《合同法》规定："标的物毁损、灭失的风险，在标的物交付之前由出卖人承担，交付之后由买受人承担，但法律另有规定或者当事人另有约定的除外。"

四、特种买卖合同

1. 样品买卖合同

这是指买卖的标的物依一定样品模型而定的买卖合同。样品买卖的当事人应当封存样品，并可对样品质量予以说明。出卖人交付的标的物应当与样品及其说明的质量相同。样品买卖的买受人不知道样品有隐蔽瑕疵的，即使交付的标的物与样品相同，出卖人交付的标的物的质量仍然应当符合同种物的通常标准。

2. 试用买卖合同

这是指当事人双方约定以特定物作为试用品的买卖合同。试用买卖的当事人可以约定标的物的试用期，对试用期间没有约定或者约定不明确的，可以协议补充，协议不成的，依合同有关条款或交易习惯确定，仍不能确定的，由出卖人确定。试用买卖的买受人在试用期内可以购买标的物，也可以拒绝购买。试用期间届满，买受人对是否购买标的物未作表示的，视为购买。

3. 分期付款买卖合同

这是指买受人将其应付的总价款，在一定期限内分次向出卖人支付的买卖合同。除合同中有保留所有权的特别约定外，标的物的所有权自标的物交付时起转移于买受人，其风险责任也随之转移。

4. 拍卖合同

这是以公开竞价的方式将财产所有权转让给出价最高者的买卖合同。

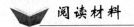

出卖人未完成增值税发票的有效交付承担赔偿责任案[①]

　　2009 年 2 月份起，原告三帛纺织有限公司（下称三帛纺织）与被告金蝶喷气织造厂（下称金蝶喷气）发生业务往来，由原告向被告购买纺织品。截至 2009 年 4 月，原告总计向被告购买货物价值 383229.55 元。尚余 169434.8 元的增值税发票，被告于 2009 年 7 月 29 日开具（编号为 13585206、13585207），同年 7 月 31 日交付胡正标，并由胡正标签收。但被告无证据证实胡正标为原告员工或取得相应授权，系争的两份总金额为 169434.8 元的增值税发票也未认证。原告三帛纺织起诉要求被告赔偿税款损失 24618.73 元，计算方式为：税款损失 ＝169434.8－169434.8/1.17。

　　法院审理认为：《合同法》第 136 条规定"出卖人应当按照约定或者交易习惯向买受人交付提取标的物单证以外的有关单证和资料"。从民事权利义务角度，增值税发票的开具与给付对于交易双方属于平等主体间的民事法律关系。销售方给付购买方增值税发票为其法定义务，该法定义务应作为合同附随义务由销售方完全履行。本案中，被告虽开具了 169434.8 元的增值税发票，但因未谨慎审查发票接收人胡正标的身份，致发票抵扣联在流转中丢失，又未及时采取其他补救措施，致原告未能在法定期限内完成认证手续，无法取得 169434.8 元增值税发票可抵扣的进项税额 24618.73 元，对此被告明显存在重大过错。被告未完成发票的有效交付，是未完全履行合同附随义务的行为，该行为与原告进项税款的损失有直接的因果关系。故判决：被告金蝶喷气于本判决生效后七日内赔偿原告三帛纺织损失 24618.73 元。

第二节　招标投标法

一、招标投标法概述

（一）招标投标法的概念

　　招标投标法有广义和狭义之分。广义的招标投标法是指国家用来规范招标投标活动，调整在招标投标过程中产生的各种关系的法律规范的总称。它包括全国人民代表大会及常委会制定的招标投标基本法，也包括有关招标投标的行政法规、规章和地方性法规等。狭义的招标投标法是指 1999 年 8 月 30 日第九届全国人大常委会第十一次会议通过的《中华人民共和国招标投标法》（以下简称《招标投标法》）。凡在中华人民共和国境内进行招标投标活动，均适用该法。

（二）招标投标的原则

　　公开、公平、公正和诚实信用的原则是招标投标活动的基本原则。所谓公开原则，就

---

　　① 改编自：（2010）苏中商终字第 0627 号判决书。

是要求招标投标活动具有高度的透明度，实行招标信息、招标程序公开，使每一个投标人获得同等的信息，知悉招标的一切条件和要求。公平、公正原则要求给予所有投标人平等的机会，使其享有同等的权利并履行相应的义务，接受同等待遇，在投标人之间实行公平竞争。诚实信用原则，要求招标投标当事人不得进行规避招标、串通投标、泄露标底、骗取中标等行为。

（三）强制招标范围

我国实行强制招标和自愿招标相结合的制度。强制招标范围由法律做出明确规定，该范围之外的项目可以由当事人自行决定是否采取招标方式进行。

我国《招标投标法》第 3、4 条规定，在中华人民共和国境内进行下列工程建设项目包括项目的勘察、设计、施工、监理以及与工程建设有关的重要设备、材料等的采购，必须进行招标：

(1) 大型基础设施、公用事业等关系社会公共利益、公众安全的项目。

(2) 全部或者部分使用国有资金投资或者国家融资的项目。

(3) 使用国际组织或者外国政府贷款、援助资金的项目。

上述所列项目的具体范围和规模标准，由国务院发展计划部门会同国务院有关部门制定，报国务院批准。法律或者国务院对必须进行招标的其他项目的范围有规定的，依照其规定。任何单位和个人不得将依法必须进行招标的项目化整为零或者以其他任何方式规避招标。

二、招标

（一）招标人和招标代理机构

招标人是指依照《招标投标法》的规定提出招标项目、进行招标的法人或者其他组织。招标代理机构是指依法设立、从事招标代理业务并提供相关服务的社会中介组织。根据我国《招标投标法》的规定，招标人必须是法人或其他组织，不能为自然人。该法人和组织在招标时应具有招标项目的相应资金或者资金来源已经落实，并应当在招标文件中如实载明。而招标代理机构必须具备下列条件：

(1) 有从事招标代理业务的营业场所和相应资金。

(2) 有能够编制招标文件和组织评标的相应专业力量。

(3) 有符合本法第 37 条第 3 款规定条件、可以作为评标委员会成员人选的技术和经济等方面的专家库。

（二）招标方式

根据我国《招标投标法》的规定，招标分为公开招标和邀请招标。公开招标，是指招标人以招标公告的方式邀请不特定的法人或者其他组织投标。邀请招标，是指招标人以投标邀请书的方式邀请特定的法人或者其他组织投标。

公开招标是招标的主要方式，一般招标必须采取这种方式，但对于国务院发展计划部门确定的国家重点项目和省、自治区、直辖市人民政府确定的地方重点项目不适宜公开招标的，经国务院发展计划部门或者省、自治区、直辖市人民政府批准，可以进行邀请招标。

（三）招标公告与招标邀请书

招标公告，是指招标人将招标活动的各项事项向不特定的相对人公开的行为。发布招标公告是公开招标的必经程序和环节，是公开原则的具体体现。

依法必须进行招标的项目的招标公告，应当通过国家指定的报刊、信息网络或者其他媒介发布。招标公告应当载明招标人的名称和地址、招标项目的性质、数量、实施地点和时间以及获取招标文件的办法等事项。

招标邀请，是指在采取邀请招标方式进行招标时，招标人向特定的相对人发出招标邀请书的行为。按照法律规定，招标人采用邀请招标方式的，应当向三个以上具备承担招标项目的能力、资信良好的特定的法人或者其他组织发出投标邀请书。

投标邀请书也应当载明招标人的名称和地址、招标项目的性质、数量、实施地点和时间以及获取招标文件的办法等事项。

（四）招标文件

招标文件是指招标人向潜在的投标人发出的，旨在向其提供为编写投标文件所需的资料并向其通报招标投标将依据的规则和程序等各项内容的书面文件。

按照《招标投标法》的规定，招标人应当根据招标项目的特点和需要编制招标文件。招标文件应当包括招标项目的技术要求、对投标人资格审查的标准、投标报价要求和评标标准等所有实质性要求和条件以及拟签订合同的主要条款。

国家对招标项目的技术、标准有规定的，招标人应当按照其规定在招标文件中提出相应要求。招标项目须划分标段、确定工期的，招标人应当合理划分标段、确定工期，并在招标文件中载明。

招标文件不得要求或者标明特定的生产供应者以及含有倾向或者排斥潜在投标人的其他内容。

三、投标

（一）投标人和投标联合体

投标人是指响应招标、参加投标竞争的法人或者其他组织。按我国《招标投标法》规定，一般只允许法人或其他组织才能成为投标人，个人即自然人不能成为投标人。只有依法招标的科研项目或其他法定项目可允许个人投标。该投标的个人适用《招标投标法》关于投标人的规定。

投标人应具备承担招标项目的能力；国家有关规定对投标人资格条件或招标文件对投标人资格条件有规定的，投标人应具备规定的资格条件。

投标联合体，是指在招标投标中，由两个或两个以上的法人或其他组织组成的，以一个投标人的身份共同投标的团体。联合体各方均应当具备承担招标项目的相应能力；国家有关规定或者招标文件对投标人资格条件有规定的，联合体各方均应当具备规定的相应资格条件。由同一专业的单位组成的联合体，按照资质等级较低的单位确定资质等级。

联合体各方应当签订共同投标协议，明确约定各方拟承担的工作和责任，并将共同投标协议连同投标文件一并提交招标人。联合体中标的，联合体各方应当共同与招标人签订合同，就中标项目向招标人承担连带责任。招标人不得强制投标人组成联合体共同投标，不得限制投标人之间的竞争。

(二) 投标文件

投标文件是指投标人对招标文件中的项目的实质要求和条件做出回应而编制的书面文件。

投标人应当按照招标文件的要求编制投标文件。投标文件应当对招标文件提出的实质性要求和条件做出响应。招标项目属于建设施工的，投标文件的内容应当包括拟派出的项目负责人与主要技术人员的简历、业绩和拟用于完成招标项目的机械设备等。

投标人应当在招标文件要求提交投标文件的截止时间前，将投标文件送达投标地点。招标人收到投标文件后，应当签收保存，不得开启。投标人少于三个的，招标人应当依法重新招标。在招标文件要求提交投标文件的截止时间后送达的投标文件，招标人应当拒收。投标人在招标文件要求提交投标文件的截止时间前，可以补充、修改或者撤回已提交的投标文件，并书面通知招标人。补充、修改的内容为投标文件的组成部分。

投标人根据招标文件载明的项目实际情况，拟在中标后将中标项目的部分非主体、非关键性工作进行分包的，应当在投标文件中载明。

四、开标、评标和中标

(一) 开标

开标是指在投标人提交投标文件截止日期过后，招标人依据招标文件规定的时间和地点，开启投标人提交的投标文件，公开宣布投标人的名称、投标价格和投标文件中的其他主要内容的行为。

开标应当在招标文件确定的提交投标文件截止时间的同一时间公开进行；开标地点应当为招标文件中预先确定的地点。开标由招标人主持，邀请所有投标人参加。开标时，由投标人或者其推选的代表检查投标文件的密封情况，也可以由招标人委托的公证机构检查并公证；经确认无误后，由工作人员当众拆封，宣读投标人名称、投标价格和投标文件的其他主要内容。招标人在招标文件要求提交投标文件的截止时间前收到的所有投标文件，开标时都应当当众予以拆封、宣读。开标过程应当记录，并存档备查。

(二) 评标

评标是指依据招标文件的规定和要求，对投标文件进行审查、比较和评议。

1. 评标委员会的组建

评标由招标人依法组建的评标委员会负责。依法必须进行招标的项目，其评标委员会由招标人的代表和有关技术、经济等方面的专家组成，成员人数为 5 人以上单数，其中技术、经济等方面的专家不得少于成员总数的 2/3。前述专家应当从事相关领域工作满 8 年，并具有高级职称或者具有同等专业水平，由招标人从国务院有关部门或者省、自治区、直辖市人民政府有关部门提供的专家名册或者招标代理机构的专家库内的相关专业的专家名单中确定。一般招标项目可以采取随机抽取方式，特殊招标项目可以由招标人直接确定。与投标人有利害关系的人不得进入相关项目的评标委员会，已经进入的应当更换。

评标委员会成员应当客观、公正地履行职务，遵守职业道德，对所提出的评审意见承担个人责任。评标委员会成员不得私下接触投标人，不得收受投标人的财物或者接受其他好处。

2. 评标的保密

招标人应当采取必要的措施，保证评标在严格保密的情况下进行。任何单位和个人不得非法干预、影响评标的过程和结果。评标委员会成员的名单在中标结果确定前应当保密。

评标委员会成员和参与评标的有关工作人员不得透露对投标文件的评审和比较、中标候选人的推荐情况以及与评标有关的其他情况。

3. 评审要求

评标委员会可以要求投标人对投标文件中含义不明确的内容做必要的澄清或者说明，但是澄清或者说明不得超出投标文件的范围或者改变投标文件的实质性内容。

评标委员会应当按照招标文件确定的评标标准和方法，对投标文件进行评审和比较；设有标底的，应当参考标底。评标委员会完成评标后，应当向招标人提出书面评标报告，并推荐合格的中标候选人。招标人根据评标委员会提出的书面评标报告和推荐的中标候选人确定中标人。招标人也可以授权评标委员会直接确定中标人。国务院对特定招标项目的评标有特别规定的，从其规定。

（三）中标

中标是指经招标人评标，投标人投标成功，并与招标人签订合同的事实。

1. 中标的条件

中标人的投标应当符合下列条件之一：

（1）能够最大限度地满足招标文件中规定的各项综合评价标准。

（2）能够满足招标文件的实质性要求，并且经评审投标价格最低，但是投标价格低于成本的除外。

2. 中标通知

中标人确定后，招标人应当向中标人发出中标通知书，并同时将中标结果通知所有未中标的投标人。中标通知书对招标人和中标人具有法律效力。中标通知书发出后，招标人改变中标结果的，或者中标人放弃中标项目的，应当依法承担法律责任。

3. 订立合同

招标人和中标人应当自中标通知书发出之日起 30 日内，按照招标文件和中标人的投标文件订立书面合同。招标人和中标人不得再行订立背离合同实质性内容的其他协议。招标文件要求中标人提交履约保证金的，中标人应当提交。

中标人应当按照合同约定履行义务，完成中标项目。中标人不得向他人转让中标项目，也不得将中标项目肢解后分别向他人转让。中标人按照合同约定或者经招标人同意，可以将中标项目的部分非主体、非关键性工作分包给他人完成。接受分包的人应当具备相应的资格条件，并不得再次分包。中标人应当就分包项目向招标人负责，接受分包的人就分包项目承担连带责任。

4. 强制招标项目的中标报告

依法必须进行招标的项目，招标人应当自确定中标人之日起 15 日内，向有关行政监督部门提交招标投标情况的书面报告。

5. 中标的无效

中标的无效，是指在招标投标中，因招标人或投标人单独或共同违反招标投标法律法规的规定而影响中标结果时，该中标无效。我国《招标投标法》第 50、52、55 条对中标无效作了规定。主要情形包括以下三种：

（1）招标代理机构违反本法规定，泄露应当保密的与招标投标活动有关的情况和资料的，或者与招标人、投标人串通损害国家利益、社会公共利益或者他人合法权益，影响中标结果的，该中标无效。

（2）依法必须进行招标的项目的招标人向他人透露已获取招标文件的潜在投标人的名称、数量或者可能影响公平竞争的有关招标投标的其他情况的，或者泄露标底，影响中标结果的，该中标无效。

（3）依法必须进行招标的项目，招标人违反本法规定，与投标人就投标价格、投标方案等实质性内容进行谈判，影响中标结果的，该中标无效。

依法必须进行招标的项目违反本法规定，中标无效的，应当依照本法规定的中标条件从其余投标人中重新确定中标人或者依照本法重新进行招标。

五、法律责任

招标投标活动中的法律责任按其性质主要分为三类，即民事法律责任、行政法律责任和刑事法律责任。民事法律责任，是指在招标投标活动中，违反法律规定或合同约定，给招标人和投标人造成损失的，过错方应承担赔偿损失等法律责任。行政法律责任，是指在招标投标活动中，违反招标投标法律法规的规定，承担由行政管理机关进行行政处罚的法律责任。行政处罚的方式主要包括警告、责令限期改正、取消投标资格、吊销营业执照、罚款、没收违法所得等。刑事法律责任，是指在招标投标活动中，违反刑法，构成犯罪而应承担接受刑事处罚的法律责任。

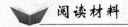
阅读材料

招标投标纠纷案[1]

2003 年 8 月，原告湖南省建筑工程集团总公司（以下简称湖南建总）获悉第一被告九江市林科所有天花井森林公园道路、隧道工程准备招标，2003 年 8 月 2 日原告委托刘峥以公司的名义参加被告的业务投标活动，8 月 31 日九江市林科所与第二被告九江市建院监理公司签订建设工程招标代理委托合同。9 月 15 日，天花井森林公园道路（隧道）工程的开标评标会在九江市建筑交易市场进行，包括原告在内的七家单位参加了投标。在开标前由九江市工商局进行资格预审，九江市建设局进行资质预审。同日上午 8：30 分，原告的代

---

① 改编自：（2004）九中民一初字第 09 号判决书。

表刘纪文、刘毅在开标会签到簿上签到。当天，九江市林科所收到两份湖南建总关于参加开标评标事宜的授权委托书，代理人分别为冯海军与刘纪文。在工商局进行资格预审时，建设局提出："湖南建总的代理人更换了，到场的代理人刘纪文在建设部门没有备案"。9月15日，评标委员会做出初审报告，涉案内容为："在对湖南省建筑工程总公司的投标文件进行审查时，发现湖南省建筑工程集团总公司擅自变更法人委托人，又不澄清和说明，依据七部委30号令及《评标委员会和评标方法暂行规定》之规定，评标委员会对其投标按废标处理"。原告湖南建总不服废标决定，遂向本院提起诉讼。另查明，第二被告九江市建院监理公司向原告收取投标保证金10000元、图纸押金1500元、工本费350元。原告制作标书花费6000元，因投标及处理投标纠纷花费旅差费1342.3元。

法院经审理认为：

（1）根据《招标投标法》第45、46、48条关于中标的规定，应认为招标人进行招标，投标人参加投标，直到最后中标人确定前，整个招标投标活动都处于合同的缔约阶段。缔约过程中的赔偿责任应适用《合同法》第42条关于缔约过失责任的规定。

（2）《招标投标法》第37条规定："评标由招标人依法组建的评标委员会负责"。评标委员会与招标人可界定为委托关系，评标委员会行为的法律后果由招标人承担。评标委员会的评标活动应依法进行，做到客观、公正。本案中，评标委员会以原告擅自变更法人委托人为由做出了废标决定，但是评标委员会依据的七部委第30号令及《评标委员会和评标方法暂行规定》均没有规定投标人擅自变更委托人可予以废标。参加投标作为投标人的一种经营活动，委托及变更委托均为投标人的意志自由，受托人行为的法律后果由委托人承担，受托人的变更并不影响委托人的信用，对于合同缔约相对方而言不形成任何商业风险。投标人湖南建总的工作人员持投标人的委托书参加投标，评标委员会做出废标决定属错误理解行政法规，违背了合同缔约过程中的诚实信用原则，对投标人造成的损失应由评标委员会的委托人招标人九江市林科所承担。

（3）原告诉请"三被告共同赔偿581013.6元"，包括了原告认为的预期利润550163.68元，因本案适用缔约过失责任，赔偿范围不能包括预期利益损失，故550163.68元的损失赔偿本院不予支持。关于投标保证金10000元，招标文件约定："投标截止以后，投标人不得撤回投标文件，否则其投标保证金将被没收"，按照投标人与招标人平等地位的理解，投标保证金于特定情况下的惩罚性质应对等适用于双方，故此投标保证金具有定金的特征。投标人于招标人违反招标文件和法律、行政法规的规定时，有权利要求招标人双倍返还投标保证金即20000元。评标委员会违反行政法规的规定做出废标决定，此行为后果理应由招标人承担，招标人应向投标人双倍返还投标保证金20000元。关于旅差费1342.3元，虽有部分发生于9月15日开标评标会之后，但原告为处理此纠纷发生的旅差费系因错误的废标决定而起，理应包括在赔偿范围之内。原告已花费的标书制作费6000元、工本费350元、图纸押金1500元，均为原告缔约过程中的直接损失，招标人第一被告九江市林科所亦应予以赔偿。据此，法院判决第一被告九江市林科所双倍返还投标保证金20000元给原告，并赔偿原告经济损失9192.3元。

一、名词解释

买卖合同；特种买卖；开标；评标；中标

二、问答题

1. 简述买卖合同双方当事人的义务。

2. 简述强制招标范围。

3. 简述中标的条件和中标无效的情形。

第五章　货物运输法律制度

1. 掌握货物运输方式的分类、货物运输合同的概念和法律特征、货物运输合同的当事人、货物运输合同中主要当事人的义务。

2. 理解和熟悉公路货物运输法律法规、铁路运输法律法规、水路运输法律法规、海上货物运输法律制度、航空运输法律法规、多式联运法律法规、国际货运代理法律法规。

第一节　货物运输法律制度概述

一、货物运输方式的分类

货物运输基本上以运输工具为分类标准，将之分为公路货物运输、铁路货物运输、水路货物运输、航空货物运输等。

（一）公路运输

公路运输是指使用汽车和其他交通工具在公路上载运货物的一种运输方式。公路运输的工具以汽车为主，因此又被称为汽车运输，是陆路货物运输的方式之一。

（二）铁路运输

铁路运输是指将火车车辆编组成列车在铁路上载运货物的一种运输方式，它是陆路运输的方式之一。

（三）水路运输

水路运输是指使用船舶及其他航运工具，在江河湖泊、运河和海洋上载运货物的一种运输方式。

（四）航空运输

航空运输是指在具有航空线路和航空港（飞机场）的条件下，利用飞机运载工具进行货物运输的一种运输方式。

（五）多式联运

多式联运是指把两种或两种以上的运输方式结合起来，实行多环节、多区段相互衔接的一种接力式运输方式，是一种综合性的运输方式。

二、货物运输合同的概念和法律特征

货物运输合同是指承运人将货物运输到约定地点，托运人或收货人支付运费的合同。货物运输合同具有以下法律特征。

（1）标的是承运人的运送行为。货物运输合同的标的是承运人的运送行为而不是被运送的货物本身，因而，货物运输合同属于提供劳务的合同。货物运输合同的承运人不仅须将货物运送到指定地点，而且还须将货物交付给收货人，其义务才算履行完成。

（2）双务有偿合同。承运人和托运人双方均负有义务，其中，托运人须向承运人支付运费。

（3）大多是诺成合同。大宗货物的长期运输合同一般为诺成合同，双方在协议上签字，合同即告成立；零担货物或集装箱货物运输合同一般为实践合同，以货物的交付验收为成立要件，承运人在运单上加盖承运日期戳之时合同成立。

（4）相当一部分属于为第三人利益订立的合同。货物运输合同往往有第三人参加，即以承运人、托运人之外的第三人为收货人。虽然收货人并非签订合同的当事人，但他可以独立享有合同约定的权利，并承担相应的义务。

（5）大多是格式合同。大部分货物运输合同的主要内容和条款都是国家授权交通运输部门以法规的形式统一规定的，双方当事人无权自行变更，如《铁路货物运输合同实施细则》《公路货物运输合同实施细则》《航空货物运输合同实施细则》《水上货物运输合同实施细则》等。合同、提单等都是统一印制的，运费率是国家统一规定的。

三、货物运输合同的当事人

根据合同相对性原则，一般认为货物运输合同的当事人为托运人和承运人。此外，货物运输合同还会涉及多式联运经营人、收货人、出租人、承租人、货运代理人等。

（1）托运人。即与承运人订立货物运输合同的人。他是货物运输合同的一方当事人，是把货物交给承运人运输的人。

（2）承运人。即与托运人订立货物运输合同的人。他是货物运输合同的另一方当事人，负责用约定的运输方式把货物运送到指定的目的地。

（3）收货人。即在货物运输合同中指定的有权领取货物的人。他虽然不是签订运输合同的人，但他有权提取货物，并在一定条件下受运输合同的约束。

（4）出租人。本章所指的出租人是指因货物运输而与承租人订立租用交通运输工具合同的人。就运输来说，他是把车、船、飞机等运输工具出租给承租人使用的人。在航次租船合同中，出租人作为船舶所有人实际运送承租人的货物，因此，航次租船的出租人也应遵守承运人的法律规定。

（5）承租人。本章所指的承租人是指与出租人订立租用合同的人。在运输方面，承租人是从出租人处租用车、船、飞机等运输工具的人。

（6）多式联运经营人。即与托运人订立多式联运合同的人。他是多式联运合同的当事方，负责组织货物运输，相当于承运人的地位。

（7）货运代理人。即受委托人委托，代办货物运输业务的人。委托人可以是承运人，也可以是货方。承运代理人主要为承运人揽取货载，货运代理人代表货方办理货物报关、交接、检验、转运、租船、订舱等业务。有的货运代理人兼营两方面的业务，并按有关规定收取报酬。货运代理人是连接承运人和货方的纽带，在国际货物运输中起着重要作用。

四、托运人的主要权利和义务

（一）托运人的主要权利

（1）要求承运人按照合同规定的时间、地点、方式把货物运输到目的地。

（2）请求变更或者解除权。在承运人将货物交付收货人之前，托运人可以要求承运人中止运输、返还货物、变更到达地或者将货物交给其他收货人，但应当赔偿承运人因此受到的损失。托运人变更权、解除权的行使，无须提出理由和证明理由。如果托运人或者提单持有人的指示不能执行的，承运人应当立即通知托运人或者提单持有人。托运人或者提单持有人的这种单方变更或者解除权只能在货物交付收货人之前行使，如果货物已经交付给收货人，则托运人或者提单持有人的这种变更或者解除合同的权利就即告终止。但是收货人拒绝接受货物的，或者承运人无法同收货人联系的，托运人或者提单持有人可以恢复行使这种权利。该变更或者解除权只能由托运人或者提单持有人享有，承运人在运输合同成立后，不得单方变更或者解除合同，除非对方严重违约或者发生不可抗力。

（二）托运人的主要义务

1. 提供货物、支付费用的义务

在诺成性的货物运输合同中，托运人应按照合同约定的时间和要求提供托运的货物，并向承运人交付运费等费用。否则，托运人应支付违约金，并赔偿承运人由此而受到的损失。

2. 填写托运单的义务

托运人办理货物运输，需要填写托运单的，应当填写托运单。托运单包括以下内容：托运人姓名或名称、住所；货物名称、数量、重量、包装和价值；收货人姓名或名称、住所；目的地；填写地及填写日期。

3. 提交相关文件的义务

货物运输需要办理审批、检验手续的，托运人应当将有关审批、检验的文件提交承运人。

4. 按照约定的方法包装货物的义务

托运人应当按照约定的方法包装货物，没有约定或者约定不明确的，应当按照国家或者行业包装标准进行包装；没有国家或者行业包装标准的，应当按照能够使货物安全运输的方法进行包装。托运人违反此义务的，承运人可以拒绝运输。

5. 托运危险货物时的义务

托运人托运易燃、易爆、有毒、有腐蚀性、有放射性等危险物的，应当按照有关危险物的运输规定办理。托运人应对危险物妥善包装，做出危险物标志和标签，并将有关危险物的名称、性质和防范措施的书面材料提交承运人。托运人违反此义务，承运人可以采取相应措施以避免损害的发生。

五、承运人的主要权利和义务

（一）承运人的主要权利

1. 费用收取权

承运人运输了托运人的货物有权收取运费及符合规定的其他费用；但是，我们应注意的是，根据法律规定，货物在运输中因不可抗力灭失，未收取运费的，承运人不得请求支付运费；已收取运费的，托运人可以要求返还。

2. 留置权

托运人或者收货人不支付运费、保管费以及其他运输费用的，承运人对相应的运输货物享有留置权，但当事人另有约定的除外。留置权的担保范围包括主债权的利息、违约金、损害赔偿金、留置物的保管费用和实现留置权的费用。留置权人应当妥善保管留置物，否则要承担民事责任。留置权人留置财产后，应当通知对方在两个月内履行相关义务，两个月后对方仍不履行义务，承运人可以和托运人或者收货人协商，以留置物折价，也可以依法拍卖、变卖留置物优先受偿。

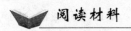 阅读材料

承运人行使留置权的注意事项

承运人在行使留置权时，应当注意以下几点：

(1) 除法律另有规定外，承运人可以自行留置货物，不必通过法定程序留置货物。

(2) "相应的运输货物"包括含义是指：对于可分的货物，承运人留置的货物应当合理和适当，其价值应包括未支付的运费、保管费经及其他运输费用加上可能因诉讼产生的费用，而不能留置过多的货物。对于不可分的货物，承运人可以对全部货物进行留置，即使承运人已取得了大部分运费、保管费以及其他运输费用。

(3) 实务中，争议比较大有两点：第一，被留置货物是否要求必须属于托运人或者收货人具有所有权的货物，还是可以是第三人具有所有权的货物？当前的大部分观点认为，只要是承运人合法占有运输的货物就行，即使该货物只是第三人具有所有权的货物也可以留置。第二，被留置货物是否一定和托运人、收货人不支付的费用相对应，即该费用就是因为该货物的运输等行为而产生的，货物和费用之间具有"牵连关系"或"同一法律关系"。[①] 依《物权法》规定"债权人留置的动产，应当与债权属于同一法律关系，但企业之间留置的除外。"因此，当前大部分观点认为如果属于托运人或收货人属于企业，可以不同一。

(4) "但当事人另有约定的除外"，此句包含了两层意思：第一是指当事人如果在合同中约定即使在运费、保管费以及其他运输费用没有付清的情况下，承运人也不能留置货物的，承运人就不能留置货物。第二是指如果托运人或者收货人提供了适当的担保，则承运人也不能留置货物。

3. 提存权

收货人不明或者收货人无正当理由拒绝受领货物的，依照法律规定，承运人可以提存

---

① 《担保法》上称"牵连关系"，《物权法》上称"同一法律关系"。

货物。提存的方式是承运人向接收货物所在地的公证机关申请公证，由公证机关指定存货场所。如果运输的货物不适于提存或者提存费用过高的，承运人应当可以依法拍卖或者变卖货物，然后提存所得的价款。例如货物是易于腐烂的食品，则承运人就不能直提存该食品。在货物被提存后，承运人应当及时通知托运人，在收货人明确的情况下，应当及时通知收货人。提存后，托运人或收货人对承运人要求交付货物的债权因此而消灭。货物提存后，毁损灭失的风险由托运人或收货人承担，提存的保管费用及其他费用亦由托运人或收货人负担，但提存物的收益应为托运人或收货人享有。如果承运人应得的运费、保管费以及其他运输费用加上提存的费用没有付清的，承运人可以依照规定留置该货物，以该货物拍卖或者折价，从中扣除运费和其他各种费用后，再提存剩余的价款或者没有被留置的相应货物。

（二）承运人的主要义务

1. 公共运输的承运人不得拒绝通常、合理运输的义务

根据法律规定，从事公共运输的承运人不得拒绝旅客及托运人通常、合理的运输要求，从事公共运输的承运人一般都对自己的运输制定了固定的路线、固定的时间、固定的价格，这是公共运输最为显著的特征。公共运输的承运人的运输行为除了具有商业性的一面外，还由于其是面向社会大众的运输，具有公益性的一面，因此在运输中，对公共运输的承运人要比一般承运人的要求高些，他们的公共运输合同也一般都要经过国家运输主管部门的审查批准。从事公共运输的承运人不得拒绝托运人通常的、合理的运输要求，但在运输工具已满载的情况下，从事公共运输的承运人可以拒绝托运人的运输要求，或由于不可抗力导致不能正常运输的情况下，从事公共运输的承运人也可以拒绝托运人要求按时到达目的地的要求。该义务强调的是不得拒绝托运人通常合理的运输要求，对这里的"通常合理"要有一个正确的理解，在不同情况下，其内涵是不同的。

2. 按照约定运输货物的义务

承运人应按照合同约定配备运输工具，应当在约定期间或者合理期间内以及按照约定的或者通常的运输路线将货物运输到约定地点。否则，应向托运人支付违约金。货物错运到货地点或收货人的，应无偿运至合同约定的到货地点或收货人；货物逾期运到的，应偿付逾期交货的违约金。

3. 妥善保管货物和通知义务

承运人在货物运到后交付收货人之前，负有妥善保管货物的义务。货物运到后，承运人应当及时通知收货人。收货人不明或者收货人拒绝受领货物的，承运人应当及时通知托运人，并请求其在合理期限内对货物的处理做出指示。无法通知托运人，或者托运人未做指示或者指示事实上不能实行的，承运人可以提存货物；货物不宜提存的，承运人可以拍卖或者变卖该货物，扣除运费、保管费以及其他必要的费用后，提存剩余价款。

六、收货人的主要权利和义务

（一）收货人的主要权利

1. 提货请求权

当货物抵达目的地时，在收货人出具全套正本提单或相关领货凭证时，承运人就有义

务将货物交于收货人，收货人对承运人享有提货请求权。

2. 赔偿请求权

如果货物在承运人责任期间发生了灭失、损坏，收货人可就因此而产生的损失向承运人提出赔偿请求。

（二）收货人的主要义务

1. 支付费用的义务

根据法律有关规定，托运人与承运人可以在运输单证中载明运费由收货人支付。此时，收货人有义务向承运人支付相应的运费。同时，如果运输单证中明确载明仓储费、亏舱费、滞期费等与货物装卸、储存有关的费用由收货人支付的，则收货人也要承担该项义务。

2. 提货义务

收货人收到提货通知后，应当及时提货。收货人请求交付货物时，应当将提单或者其他提货凭证交还承运人。逾期提货的，应当向承运人支付保管费。

3. 检验货物的义务

收货人接收货物后，应当及时对货物进行检验，发现货物有毁损、灭失的，收货人应当在接受货物之日起3日内通知承运人；对不能立即发现的毁损或者部分灭失，收货人应当在接受货物之日起15日内通知承运人。怠于通知的，承运人免除赔偿责任，但承运人恶意掩蔽或者货物毁损、灭失是由承运人故意或者重大过失造成的除外。

七、承运人的赔偿责任和货损计算

（一）承运人的赔偿责任和免责

《合同法》第311条规定，"承运人对运输过程中货物的毁损、灭失承担损害赔偿责任，但承运人证明货物的毁损、灭失是因不可抗力、货物本身的自然性质或者合理损耗以及托运人、收货人的过错造成的，不承担损害赔偿责任。"

货物运输中，承运人应当将货物安全运输到目的地。承运人应当对自接受货物时起至交付货物时止所发生的货物的毁损、灭失承担损害赔偿责任。当然，运输行为是风险作业，同时在运输过程中损害的发生原因也是极其复杂的，法律在强调对托运人或者收货人利益保护的同时，也必须对承运人的利益作适当的保护，以体现公平的原则。法律对承运人的保护就体现在免责事由上。《合同法》规定了承运人可以免除赔偿责任的三种情况：

（1）不可抗力。不可抗力是指当事人不能预见、不能避免并且不能克服的客观情况，包括地震、台风、洪水等自然灾害，也包括战争、罢工、海盗等社会现象。

（2）货物本身的自然性质或者合理损耗。

（3）托运人、收货人的过错。这主要是指由于托运人或者收货人自身的原因造成的货物损失。如由于托运人对货物包装的缺陷，而承运人在验收货物时又无从发现；托运人应当如实申报，而没有如实申报造成损失，导致承运人没有采取相应的保护措施造成的损失等。

承运人要免除赔偿责任的，其应当负举证责任。如果承运人自己不能证明有不可抗力、货物本身的自然性质或者合理损耗以及托运人、收货人的过错的情形存在，其就要承担损害赔偿责任。

（二）货损计算

货物的毁损、灭失的赔偿额，当事人有约定的，按照其约定；没有约定或者约定不明确，可以协议补充；不能达成补充协议的，按照合同有关条款或者交易习惯确定；仍不能确定的，按照交付或者应当交付时货物到达地的市场价格计算。法律、行政法规对赔偿额的计算方法和赔偿限额另有规定的，依照其规定。我国铁路、航空、海运等各专门法对承运人的赔偿责任范围基本上都作了规定，如我国《海商法》第 56 条规定，承运人对货物的灭失或者损坏的赔偿限额，按照货物件数或者其他货运单位计算，每件或者每个其他货运单位为 666.67 计算单位，或者按照货物毛重计算，每千克为 2 计算单位，以二者中赔偿限额较高的为准。但公路运输和水路运输没有相关法规规定责任限额，因此，一般公路和水路运输的货损按照货物的实际损坏赔偿。当然公路运输、水路运输、快递中可以由当事人约定赔偿限额，但实务中承运人单方规定的责任限制条款的效力争议较大，有认定有效的，有认定无效的，关键是看格式责任限制条款是否符合《合同法》第 39 条规定，"采用格式条款订立合同的，提供格式条款的一方应当遵循公平原则确定当事人之间的权利和义务，并采取合理的方式提请对方注意免除或者限制其责任的条款，按照对方的要求，对该条款予以说明。"

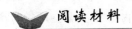

运输合同货损赔偿案[①]

2011 年 3 月 16 日，托运人恒瑞公司与承运人佳民公司以托运单的形式签订托运协议，载明：日期 2011 年 3 月 16 日，到站武汉，货物名称家具，件数 182，付款方式到付，运费 4500 元，经办人刘某，托运单下部用小号字体印有协定事项：1. 托运人必须如实填写货物名称、件数、重量及包装外部写明收货人姓名、单位、地址和电话。2. 托运方应对托运的货物填写报价缴纳保险费，因承运人过错发生货物损坏丢失的，承运方在保价限额内按照货物损失的程度比例赔偿，托运方未填写保价金额，未交保费的以托运方所损失的货物运费的 5 倍以内计算赔偿额。在托运单上加盖有被告佳民公司合同专用章。恒瑞公司将 182 件家具交付给佳民公司，并由佳民公司员工刘某在发货清单上签字确认。根据恒瑞公司相关证据表明，损毁货物共计价值 540382 元。在运输过程中，上述货物在运输途中起火全部烧毁，佳民公司告知恒瑞公司毁损原因为货车起火，恒瑞公司根据佳民公司的要求出具了货物发票、索赔函、赔付协议后多次要求支付赔偿款，均遭拒绝。恒瑞公司遂起诉至法院，请求判令佳民公司赔偿货物损失 540382 元，诉讼费用由佳民公司承担。

法院经审理认为：佳民公司与恒瑞公司签订托运单，应视为双方成立了运输合同关

---

① 改编自：北京第一中级人民法院（2013）一中民终字第 2904 号判决书。

系。上述行为未违反国家有关法律、行政法规的强制性规定，应属有效。但上述托运单下部用小号字体记载的协议事项，系佳民公司为反复使用而预先拟定的，不是与恒瑞公司充分协商的结果，故应认定为格式条款。佳民公司作为提供格式条款的一方，在协议事项第2条有关托运方应对托运的货物填写报价缴纳保险费，因承运人过错发生货物损坏丢失的，承运方在保价限额内按照货物损失的程度比例赔偿，托运方未填写保价金额，未交保费的以托运方所损失的货物运费的5倍以内计算赔偿额的条款中，限制了佳民公司作为承运人应承担的责任，加重了恒瑞公司的责任，因佳民公司仅以相对其他字体较小的字体将该条款印制在托运单上，且没有证据表明佳民公司对该条款采取了其他合理方式提请对方注意，并对该条款做了说明，原告恒瑞公司对该条款的内容亦不予认可，故依据《合同法》第40条"提供格式条款一方免除其责任、加重对方责任、排除对方主要权利的，该条款无效"之规定，上述条款应依法认定为无效条款。佳民公司关于双方在此之前曾存在运输关系的答辩意见，并不当然地表明其就货物保险事宜做出过特别说明，亦不能证明恒瑞公司对上述条款已明知并予以认可，故法院对此不予采信。

佳民公司应按照合同约定，将恒瑞公司委托运输的货物送交收货人，现佳民公司在运送过程中将承运货物损毁，依法应承担损害赔偿责任。因托运单中协议事项第2条有关货物保险的条款应属无效条款，现恒瑞公司向法院提交了相关发货清单、经销合同和发票等证据，能够证明托运货物的名称、规格、数量及价格，而佳民公司对此未能提举相反证据予以反驳，故应认定恒瑞公司关于丢失货物价值的主张成立。法院依据《合同法》第39条、第311条、第312条之规定，判决：佳民公司于判决生效后七日内给付恒瑞公司货物损失540382元。

第二节　公路货物运输法律法规

物流企业进行公路运输都要受到相应的公路法律法规的约束。这方面的法律法规主要有《合同法》以及交通运输部的《汽车货物运输规则》。如果采用集装箱运输货物，还应遵守交通运输部《集装箱汽车运输规则》；如果运输的是危险货物，还应遵守交通运输部《汽车危险货物运输规则》；如果租用他人的汽车运输，还应遵守交通运输部和国家计委共同发布的《汽车租赁业管理暂行规定》。

一、汽车货物运输规则

（一）汽车货物运输合同的订立

汽车货物运输合同是指托运人与汽车承运人之间签订的明确相互权利义务关系的协议。汽车货物运输合同的订立即当事人就汽车货物运输合同的各项条款协商一致的过程。

汽车货物运输合同的订立与其他运输合同的订立一样，要经过要约和承诺两个步骤。

汽车货物运输合同可以采用书面形式、口头形式和其他形式。书面形式合同种类分为定期运输合同、一次性运输合同、道路货物运单（以下简称运单）。采取书面形式的，合同自双方当事人签字或盖章时成立，当事人采用信件、数据电文等形式订立合同的，可以要求签订确认书，合同自签订确认书时成立。每次货物运输时，由承运人按要求填写运单，但要在运单中托运人签字盖章处填写合同序号，此时运单只是汽车货物运输合同的证明。道路货物运单是汽车货物运输中所使用的单证，在承运人和托运人签订了定期运输合同或一次性运输合同的情况下，它被视为货物运输合同成立的凭证；而在每车次或短途每日多次货物运输没有签订运输合同时，则视为合同本身。

1. 订立定期运输合同

定期运输合同是指汽车承运人与托运人签订的在规定的期间内，用汽车将货物分批量地由起运地运至目的地的汽车货物运输合同。定期汽车货物运输合同应包含下列基本内容。

①托运人、收货人和承运人的名称（姓名）、地址（住所）、电话、邮政编码；②货物的种类、名称、性质；③货物重量、数量或月、季、年度货物批量；④起运地、到达地；⑤运输质量；⑥合同期限；⑦装卸责任；⑧货物价值，是否保价、保险；⑨运输费用的结算方式；⑩违约责任；⑪解决争议的方法。

2. 一次性运输合同

一次性运输合同是指汽车承运人与托运人之间签订的一次性将货物由起运地运至目的地的货物运输合同。物流企业在安排每次货物运输时可以签订一次性运输合同。一次性运输合同、运单应包含以下基本内容。

①托运人、收货人和承运人的名称（姓名）、地址（住所）、电话、邮政编码；②货物名称、性质、重量、数量、体积；③装货地点、卸货地点、运距；④货物的包装方式；⑤承运日期和运到期限；⑥运输质量；⑦装卸责任；⑧货物价值，是否保价、保险；⑨运输费用的结算方式；⑩违约责任；⑪解决争议的方法。

3. 运单方式

托运人和汽车承运人未签订定期运输合同或一次性运输合同的，托运人应按要求填写运单。如果承运人表示接受货物托运，并在运单上签字后，就表示承运人进行了承诺。货物托运和承运的过程就是合同订立的过程，运单本身就成为了汽车货物运输合同。

运单应按以下要求填写：

①准确表明托运人和收货人的名称（姓名）和地址（住所）、电话、邮政编码；②准确表明货物的名称、性质、件数、重量、体积以及包装方式；③准确表明运单中的其他有关事项；④一张运单托运的货物，必须是同一托运人、收货人；⑤危险货物与普通货物以及性质相互抵触的货物不能用一张运单；⑥托运人要求自行装卸的货物，经承运人确认后，在运单内注明；⑦应使用钢笔或圆珠笔填写，字迹清楚，内容准确，需要更改时，必须在更改处签字盖章。托运的货物品种不能在一张运单内逐一填写的，还应填写"货物清单"。

（二）汽车货物运输合同双方的义务

1. 托运人的义务

（1）托运的货物名称、性质、件数、质量、体积、包装方式等，应与运单记载的内容相符。

（2）按照国家有关部门规定需办理准运或审批、检验等手续的货物，托运时应将准运证或审批文件提交承运人，并随货同行。如果委托承运人向收货人代递有关文件，应在运单中注明文件名称和份数。

（3）托运的货物中，不得夹带危险货物、贵重货物、鲜活货物和其他易腐货物、易污染货物、货币、有价证券以及政府禁止或限制运输的货物等。

（4）托运货物的包装，应当按照双方约定的方式进行。没有约定或者约定不明确的，可以协议补充；不能达成补充协议的，按照通用的方式包装，没有通用方式的，应在足以保证运输、搬运装卸作业安全和货物完好的原则下进行包装。依法应当执行特殊包装标准的，按照规定执行。

（5）应根据货物性质和运输要求，按照国家规定，正确使用运输标志和包装储运图示标志。使用旧包装运输货物，托运人应将包装上与本批货物无关的运输标志、包装储运图示标志清除干净，并重新标明制作标志。

（6）托运特种货物（托运特种货物，托运人应按以下要求，在运单中注明运输条件和特约事项：①托运需冷藏保温的货物，托运人应提出货物的冷藏温度和在一定时间内的保持温度要求；②托运鲜活货物，应提供最长运输期限及途中管理、照料事宜的说明书。货物允许的最长运输期限应大于汽车运输能够达到的期限；③托运危险货物，按交通运输部《汽车危险货物运输规则》办理；④托运采用集装箱运输的货物，按交通运输部《集装箱汽车运输规则》办理；⑤托运大型特型笨重物件，应提供货物性质、重量、外廓尺寸及对运输要求的说明书；承运前承托双方应先查看货物和运输现场条件，需排障时由托运人负责或委托承运人办理；运输方案商定后办理运输手续。

（7）运输途中需要饲养、照料的有生物、植物，尖端精密产品、稀有珍贵物品、文物、军械弹药、有价证券、重要票证和货币等，托运人必须派人押运。大型特型笨重物件、危险货物、贵重和个人搬家物品，是否派人押运，由承托双方根据实际情况约定。除上述规定的货物外，托运人要求押运时，需经承运人同意。

需派人押运的货物，托运人在办理货物托运手续时，应在运单上注明押运人员姓名及必要的情况。押运人员每车一人，托运人需增派押运人员，在符合安全规定的前提下，征得承运人的同意，可适当增加。押运人员须遵守运输和安全规定。押运人员在运输过程中负责货物的照料、保管和交接，如发现货物出现异常情况，应及时做出处理并告知车辆驾驶人员。

（8）托运人应该按照合同的约定支付运费。

2. 汽车承运人的义务

（1）根据货物的需要和特性，提供适宜的车辆。承运人应根据承运货物的需要，按货物的不同特性，提供技术状况良好、经济适用的车辆，并能满足所运货物重量的要求。使用的车辆、容器应做到外观整洁，车体、容器内干净无污染物、残留物。承运特种货物的车辆和集装箱运输车辆，需配备符合运输要求的特殊装置或专用设备。

（2）保管相关文件和核对货物的义务。承运人受理凭证运输或需有关审批、检验证明文件的货物后，应当在有关文件上注明已托运货物的数量、运输日期，加盖承运章，并随货同行，以备查验。承运人受理整批或零担货物时，应根据运单记载货物名称、数量、包装方式等，核对无误，方可办理交接手续。发现与运单填写不符或可能危及运输安全的，不得办理交接手续。

（3）承运人应当根据运送的货物情况，合理安排运输车辆，货物装载重量以车辆额定吨位为限，轻泡货物以折算重量装载，不得超过车辆额定吨位和有关长、宽、高的装载规定。

（4）按照约定的运输路线进行运输。承运人应与托运人约定运输路线。起运前运输路线发生变化必须通知托运人，并按最后确定的路线运输。承运人未按约定的路线运输增加的运输费用，托运人或收货人可以拒绝支付增加部分的运输费用。

（5）在约定的运输期限内将货物运达。运输期限由承托双方共同约定后在运单上注明。承运人应在约定的时间内将货物运达。零担货物按批准的班期时限运达，快件货物按规定的期限运达。

（6）对货物的运输安全负责，保证货物在运输过程中不受损害。车辆装载有毒、易污染的货物卸载后，承运人应对车辆进行清洗和消毒。因货物自身的性质，应托运人要求，需对车辆进行特殊清洗和消毒的，由托运人负责。货物运输中，在与承运人非隶属关系的货运站场进行货物仓储、装卸作业，承运人应与站场经营人签订作业合同。

（7）通知收货人接货的义务。整批货物运抵前，承运人应当及时通知收货人做好接货准备；零担货物运达目的地后，应在24小时内向收货人发出到货通知或按托运人的指示及时将货物交给收货人。

（三）汽车货物运输合同的变更和解除

1. 托运人的变更权和解除权

在承运人未将货物交付收货人之前，托运人可以要求承运人中止运输、返还货物、变更到达地或者将货物交付给其他收货人，但应当赔偿承运人因此受到的损失。

2. 托运人和承运人的变更权和解除权

如果发生下列情况之一，托运人和汽车承运人可以变更或解除汽车货物运输合同：①由于不可抗力使运输合同无法履行；②由于合同当事人一方的原因，在合同约定的期限内确实无法履行运输合同；③合同当事人违约，使合同的履行成为不可能或不必要；④经合同当事人双方协商同意解除或变更，但承运人提出解除运输合同的，应退还已收的运费。

3. 不可抗力下的费用承担

货物运输过程中，因不可抗力造成道路阻塞导致运输阻滞，承运人应及时与托运人联系，协商处理，发生货物装卸、接运和保管费用按以下规定处理：①接运时，货物装卸、接运费用由托运人负担，承运人收取已完成运输里程的运费，退回未完成运输里程的运费。②回运时，收取已完成运输里程的运费，回程运费免收。③托运人要求绕道行驶或改变到达地点时，收取实际运输里程的运费。④货物在受阻处存放，保管费用由托运人负担。

（四）货物的搬运装卸与交接

1. 货物的搬运装卸

货物搬运装卸由承运人或托运人承担，可在货物运输合同中约定。承运人或托运人承担货物搬运装卸后，委托站场经营人、搬运装卸经营者进行货物搬运装卸作业的，应签订货物搬运装卸合同。

搬运装卸人员应对车厢进行清扫，发现车辆、容器、设备不适合装货要求，应立即通知承运人或托运人。搬运装卸作业应当轻装轻卸，堆码整齐；清点数量；防止混杂、侧漏、破损；严禁有毒、易污染物品与食品混装，危险货物与普通货物混装；对性质不相抵触的货物，可以拼装、分卸。

搬运装卸过程中，发现货物包装破损，搬运装卸人员应及时通知托运人或承运人，并做好记录。搬运装卸危险货物，按交通运输部《汽车危险货物运输、装卸作业规程》进行作业。货物在搬运装卸中，承运人应当认真核对装车的货物名称、重量、件数是否与运单上记载相符，包装是否完好。包装轻度破损，托运人坚持要装车起运的，应征得承运人的同意，承托双方需做好记录并签章后，方可运输，由此而产生的损失由托运人负责。

搬运装卸作业完成后，货物需绑扎苫盖篷布的，搬运装卸人员必须将苫盖篷布严密并绑扎牢固；由承运人、托运人或委托站场经营人、搬运装卸人员编制有关清单，做好交接记录；按有关规定施加封志和外贴有关标志。

2. 货物的交接

承运人、托运人双方应履行交接手续，包装货物采取件交件收；集装箱重箱及其他施封的货物凭封志交接；散装货物原则上要磅交磅收或采用承托双方协商的交接方式交接。交接后双方应在有关单证上签字。

货物运达承运人、托运人双方约定的地点后，收货人应凭有效单证提（收）货物，无故拒提（收）货物，应赔偿承运人因此造成的损失。货物交付时，承运人与收货人应当做好交接工作，发现货损货差，由承运人与收货人共同编制货运事故记录，交接双方在货运事故记录上签字确认。

货物交接时，承运人、托运人双方对货物的重量和内容有质疑，均可提出查验与复磅，查验和复磅的费用由责任方负担。

货物运达目的地后，承运人知道收货人的，应及时通知收货人，收货人应当及时提（收）货物，收货人逾期提（收）货物的，应当向承运人支付保管费等费用。收货人不明或者收货人无正当理由拒绝受领货物的，依照《合同法》第101条的规定，承运人可以提存货物。

（五）汽车货物运输责任的划分

1. 托运人的责任

（1）未按合同规定的时间和要求，备好货物和提供装卸条件以及货物运达后无人收货或拒绝收货，而造成承运人车辆放空、延滞及其他损失，应负赔偿责任。

（2）因托运人下列过错，造成承运人、站场经营人、搬运装卸经营人的车辆、机具、设备等损坏、污染或人身伤亡以及因此而引起的第三方的损失，由托运人负责赔偿：①在托运的货物中有故意夹带危险货物和其他易腐蚀、易污染货物以及禁、限运货物等行为；②错报、匿报货物的重量、规格、性质；③货物包装不符合标准，包装、容器不良，而从外部无法发现；④错用包装、储运图示标志。

（3）托运人不如实填写运单，错报、误填货物名称或装卸地点，造成承运人错送、装货落空以及由此引起的其他损失，托运人应负赔偿责任。

2. 承运人的责任

（1）如果承运人未按约定的运输期限将货物运达，应当承担违约责任；因承运人责任将货物错送或错交，可以要求其将货物无偿运到指定的地点，交给指定的收货人。运输期限，是由双方共同约定的货物起运、到达目的地的具体时间。未约定运输期限的，从起运日起，按 200 千米为 1 日运距，用运输里程除每日运距，计算运输期限。

（2）如果承运人未遵守双方商定的运输条件或特约事项，由此造成托运人的损失，可要求其负赔偿责任。

（3）货物在承运人责任期间和站、场存放期间内，发生毁损或灭失，承运人、站场经营人应负赔偿责任。但有下列情况之一者，承运人、站场经营人举证后可不负赔偿责任：

①不可抗力；②货物本身的自然性质变化或者合理损耗；③包装内在缺陷，造成货物受损；④包装体外表面完好而内装货物毁损或灭失；⑤托运人违反国家有关法令，致使货物被有关部门查扣、弃置或做其他处理；⑥押运人员责任造成的货物毁损或灭失；⑦托运人或收货人过错造成的货物毁损或灭失。

3. 其他汽车货物运输关系人的责任

货运代办人以承运人身份签署运单时，应承担承运人责任，以托运人身份托运货物时，应承担托运人的责任。

搬运装卸作业中，因搬运装卸人员过错造成货物毁损或灭失，站场经营人或搬运装卸经营者应负赔偿责任。

（六）汽车货物运输费用

汽车货物运输价格按不同运输条件分别计价，其计算按《汽车运价规则》办理。

1. 按重量单位计费

汽车货物运输计费重量单位，整批货物运输以吨为单位，尾数不足 100 千克时，四舍五入；零担货物运输以千克为单位，起码计费重量为 1 千克，尾数不足 1 千克时，四舍五入；轻泡货物每立方米折算重量 333 千克。

按重量托运的货物一律按实际重量（含货物包装、衬垫及运输需要的附属物品）计算，以过磅为准。由托运人自理装车的，应装足车辆额定吨位，未装足的，按车辆额定吨位收费。统一规格的成包成件的货物，以一标准件重量计算全部货物重量。散装货物无过磅条件的，按体积和各省、自治区、直辖市统一规定重量折算标准计算。接运其他运输方式的货物，无过磅条件的，按前程运输方式运单上记载的重量计算。拼装分卸的货物按最重装载量计算。

2. 按里程计费

汽车货物运输计费里程按下列规定确定：①货物运输计费里程以千米为单位，尾数不足 1 千米的，进为 1 千米。②计费里程以省、自治区、直辖市交通行政主管部门核定的营运里程为准，未经核定的里程，由承托双方商定。③同一运输区间有两条（含两条）以上营运路线可供行驶时，应按最短的路线计算计费里程或按承托双方商定的路线计算计费里程。拼装分卸按从第一装货地点起至最后一个卸货地点止的载重里程计算计费里程。

3. 汽车货物运输的其他费用

（1）调车费，应托运人要求，车辆调出所在地而产生的车辆往返空驶，计收调车费。

（2）延滞费，车辆按约定时间到达约定的装货或卸货地点，因托运人或收货人责任造成车辆和装卸延滞，计收延滞费。

（3）装货落空损失费，因托运人要求，车辆行至约定地点而装货落空造成的车辆往返空驶，计收装货落空损失费。

（4）排障费，运输大型特型笨重物件时，需对运输路线的桥涵、道路及其他设施进行必要的加固或改造所发生的费用，由托运人负担。

（5）车辆处置费，因托运人的特殊要求，对车辆改装、拆卸、还原、清洗时，计收车辆处置费。

（6）在运输过程中国家有关检疫部门对车辆的检验费以及因检验造成的车辆停运损失，由托运人负担。

（7）装卸费，货物装卸费由托运人负担。

（8）通行费，货物运输需支付的过渡、过路、过桥、过隧道等通行费由托运人负担，承运人代收代付。

（9）保管费，货物运达后，明确由收货人自取的，从承运人向收货人发出提货通知书的次日（以邮戳或电话记录为准）起计，第四日开始核收货物保管费；应托运人的要求或托运人的责任造成的需要保管的货物，计收货物保管费。货物保管费由托运人负担。

4. 运杂费

汽车货物运输的运杂费按下列规定结算：①货物运杂费在货物托运、起运时一次结清，也可按合同采用预付费用的方式，随运随结或运后结清。托运人或者收货人不支付运费、保管费以及其他运输费用的，承运人对相应的运输货物享有留置权，但当事人另有约定的除外。②运费尾数以元为单位，不足一元时四舍五入。

货物在运输过程中因不可抗力灭失、未收取运费的，承运人不得要求托运人支付运费；已收取运费的，托运人可以要求返还。出入境货物运输、国际联运汽车货物运输的运价，按有关规定办理。

（七）货运事故和违约处理

1. 货运事故和违约处理程序

货运事故是指货物运输过程中发生货物毁损或灭失。货运事故和违约行为发生后，承托双方及有关方应编制货运事故记录。

货运事故处理过程中，收货人不得扣留车辆，承运人不得扣留货物。由于扣留车、货而造成的损失，由扣留方负责赔偿。

货物运输途中，发生交通肇事造成货物损坏或灭失，承运人应先行向托运人赔偿，再由其向肇事的责任方追偿。由托运人直接委托站场经营人装卸货物造成货物损坏的，由站场经营人负责赔偿；由承运人委托站场经营人组织装卸的，承运人应先向托运人赔偿，再向站场经营人追偿。

货运事故发生后，承运人应及时通知收货人或托运人。收货人、托运人知道发生货运事故后，应在约定的时间内，与承运人签注货运事故记录。收货人、托运人在约定的时间内不与承运人签注货运事故记录的，或者无法找到收货人、托运人的，承运人可邀请2名以上无利害关系的人签注货运事故记录。

当事人要求另一方当事人赔偿时，须提出赔偿要求书，并附运单、货运事故记录和货物价格证明等文件。要求退还运费的，还应附运杂费收据。另一方当事人应在收到赔偿要求书的次日起，60 日内做出答复。

2. 货运事故赔偿数额和违约金

货运事故赔偿数额按以下规定办理。

（1）货运事故赔偿分限额赔偿和实际损失赔偿两种。法律、行政法规对赔偿责任限额有规定的，依照其规定；尚未规定赔偿责任限额的，按货物的实际损失赔偿。

（2）在保价运输中，货物全部灭失，按货物保价声明价格赔偿；货物部分毁损或灭失，按实际损失赔偿；货物实际损失高于声明价格的，按声明价格赔偿；货物能修复的，按修理费加维修取送费赔偿。保险运输按投保人与保险公司商定的协议办理。

（3）未办理保价或保险运输的，且在货物运输合同中未约定赔偿责任的，按本条第一项的规定赔偿。

（4）货物损失赔偿费包括货物价格、运费和其他杂费。货物价格中未包括运杂费、包装费以及已付的税费时，应按承运货物的全部或短少部分的比例加算各项费用。

（5）货物毁损或灭失的赔偿额，当事人有约定的，按照其约定，没有约定或约定不明确的，可以补充协议，不能达成补充协议的，按照交付或应当交付时货物到达地的市场价格计算。

（6）由于承运人责任造成货物灭失或损失，以实物赔偿的，运费和杂费照收；按价赔偿的，退还已收的运费和杂费；被损货物尚能使用的，运费照收。

（7）丢失货物赔偿后，又被查回，应送还原主，收回赔偿金或实物；原主不愿接受失物或无法找到原主的，由承运人自行处理。

（8）承托双方对货物逾期到达，车辆延滞，装货落空都负有责任时，按各自责任所造成的损失相互赔偿。

承运人或托运人发生违约行为，应向对方支付违约金。违约金的数额由承托双方约定。对承运人非故意行为造成货物迟延交付的赔偿金额，不得超过所迟延交付的货物全程运费数额。

货物赔偿费一律以人民币支付。

3. 货物赔偿时效

货物赔偿时效从收货人、托运人得知货运事故信息或签注货运事故记录的次日起计算。在约定运达时间的 30 日后未收到货物，视为灭失，自 31 日起计算货物赔偿时效。未按约定的或规定的运输期限内运达交付的货物，为迟延交付。

4. 货运事故和违约处理的争议解决方式

承运人、托运人、收货人及有关方在履行运输合同或处理货运事故时，发生纠纷、争议，应及时协调解决或向县级以上人民政府交通主管部门申请调解；当事人不愿和解、调解或者和解、调解不成的，可依仲裁协议向仲裁机构申请仲裁；当事人没有订立仲裁协议或仲裁协议无效的，可以向人民法院起诉。

二、汽车租用合同

物流企业在租用他人汽车进行运输时，通常要与车辆的所有人签订汽车租用合同。汽车租用合同是指出租人将汽车交给承租人使用、收益，由承租人支付租金的合同。

（一）汽车租用合同的订立

汽车租用合同订立要经过要约与承诺两个步骤。其中，一方当事人向另一方当事人发出订立汽车租用合同的意思表示即为要约，而收到要约的一方当事人表示同意的意思表示即为承诺，双方意思表示达成一致，汽车租用合同即告成立。签订汽车租用合同，应该使用由各省级道路运政管理机构根据国家有关法律、法规制定的汽车租用合同文本。合同文本内容一般包括：出租人名称、承租人名称、租用的汽车车型、颜色和车辆号牌、行驶证号码、道路运输证号码、租用期限、计费办法、付费方式以及合同双方的权利、义务和违约责任等。

（二）汽车租用合同双方当事人的义务

1. 承租人的义务

（1）在接收汽车时，应对租用的汽车进行检查，确认汽车技术状况良好，并要核对行驶证、道路运输证等证件是否齐全、有效，行车中应随车携带上述有关证件。

（2）按照合同约定使用租用的汽车。租用的汽车只能用来在约定的地域或道路上载运约定种类的货物。如果物流企业承租人以违背约定的方法使用租来的汽车，致使汽车受到损害时，出租人可以解除合同，并要求物流企业赔偿损失。

（3）妥善保管租用的汽车。如果因保管不善致使汽车受到损害，物流企业承租人要承担赔偿责任。

（4）按照合同约定承担燃料的费用。

（5）按照约定支付租金。在合理期限仍不支付的，出租人可以解除合同。

（6）未经出租人同意，不得将租用的汽车转租给他人。否则，出租人可以解除合同。

（7）租用期限届满后，返还所租用的汽车。逾期不及时返还，要承担违约责任。

2. 出租人的义务

（1）按照约定将汽车交给物流企业承租人使用，并保持其适于约定用途的义务。否则，物流企业承租人可以要求其承担违约责任。

（2）出租人有维修汽车的义务，物流企业承租人可以要求出租人按照有关技术标准，加强车辆技术管理，保持汽车技术状态良好。如果出租人不履行维修义务，物流企业承租人可以自行维修，并要求出租人承担维修费用。

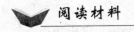 阅读材料

托运人申报不实，造成承运人损失承担赔偿责任案[①]

2009 年 4 月 23 日，原告张英雇用的司机张某与被告腾达物流有限公司签订委托运输协议书，协议约定：装货地址郑州，到货地址太原，运输车辆晋 K47851，货物名称百货，

---

① 改编自：（2011）郑民二终字第 797 号判决书。

总运费2800元货到付款。承运人应正确审核货物件数、包装、品名重量是否与实际货物相符。协议另附货物清单，该清单载明有发货人、收货人、联系电话、货物名称、货号、票号等信息，其中货物名称主要包括保健品、日用百货等，未注明有火柴。4月24日上午8时27分，晋K47851号车在G208国道祁县东观镇牛家堡村附近发生火灾，原告司机张某对该车进行灭火并将该车向前开出几米。后经祁县公安消防中队抢救，火灾被扑灭。2009年5月23日祁县公安消防大队出具了祁公（消）认字〔2009〕第1号《火灾原因认定书》，表述火灾基本情况如下：接警后，祁县消防中队迅速派出灭火力量到现场处置；到现场后发现，该车辆整体已处于猛烈燃烧状态，货箱中有大量燃烧的火柴。火灾烧毁晋K47851大货车，车上运载的大部分货物为服装、印刷品、日用百货、火柴、食品、装饰材料、化学制品等。该认定书对火灾的原因认定如下：根据现场勘验和对有关人员的调查询问情况，确认起火部位位于货箱右侧前部，距离驾驶室2米左右的地方。由于在救火过程中现场破坏严重，货物清单与车载货物不相符，货物自燃的可能性不能排除。故认定该起火灾起火原因不明。

另查明，晋K47851号货车由曹某于2008年3月10日购买，车辆价款244900元，车辆购置税20931元。2008年3月18日曹某与张英签订卖车协议，根据祁县祥龙汽车贸易有限公司出具的证明，张英系该车的实际车主并将该车从事货物运输。根据危险货物品名表的规定，安全火柴属于易燃固体。原被告均认可火灾事故发生后，晋K47851号货车已报废。

法院经审理认为，本案原告在运输被告腾达物流有限公司托运货物的过程中发生火灾事故，根据祁县公安消防大队出具的火灾原因认定书，该火灾事故造成晋K47851大货车烧毁，关于本案火灾的原因公安机关的认定书明确指出货箱中有大量燃烧的火柴，结论是"货物清单与车载货物不相符，货物自燃的可能性不能排除"。而被告运输清单中没有"火柴"的记载，火柴系易燃品，根据有关托运易燃物品的规定，托运人应对危险物品妥善包装，做出危险物标志和标签，并将有关危险物品的名称、性质和防范措施的书面材料提交承运人。根据合同法的相关规定，因托运人申报不实或者遗漏重要情况，造成承运人损失的，托运人应当承担损害赔偿责任。根据原被告的运输协议，原告对托运货物未能严格审核亦存在过错，据此，原告要求被告赔偿的合理损失，被告应予以赔偿。

根据汽车报废标准的相关规定，载货汽车的基本使用年限为10年，据此计算晋K47851号货车的折旧为29241.41元（265831×11%）。国家税务总局国税函〔2005〕883号通知的相关规定，企业新购置的固定资产在计算可扣除的固定资产折旧额时，固定资产残值比例统一确认为5%。参照该规定，法院认定原告车辆残值为13291.55元（265831×5%）。根据原被告的过错程度，法院认定被告承担70%的责任，即156308.63元〔（265831－29241.41－13291.55）×70%〕。原告要求的运费，因火灾事故致使货运合同未能安全履行，原告要求的营运损失，因该车辆已报废，故运费、营运损失法院均不予支持。依照《合同法》第304条、第307条之规定，法院判决被告腾达物流有限公司赔偿原告张英车辆损失156308.63元。

第三节　铁路运输法律法规

铁路是现代化的主要运输工具,物流企业在组织货物运输时常常要利用铁路这种运输方式。有的物流企业由于其特色及实力,拥有自己的铁路自备车(如中铁联合物流有限公司),可以自己进行铁路运输,但大多数物流企业在组织铁路运输时都是与铁路部门合作,与铁路承运人签订铁路货物运输合同,而由铁路承运人来完成运输。在我国,铁路货物运输要受《铁路法》《合同法》和《铁路货物运输合同实施细则》等相关法律法规的调整。同时,由于我国是《国际铁路货物联运协定》的缔约国,因此,如果涉及国际铁路运输还要受到该公约的规范。

一、国内铁路货物运输

(一)铁路货物运输合同的订立

铁路货物运输合同是明确铁路运输企业与托运人之间权利义务关系的协议。旅客车票、行李票、包裹票和货物运单是合同或者合同的组成部分。大宗物资的运输,有条件的可按年度、半年度或季度签订货物运输合同,也可以签订更长期限的运输合同;其他整车货物运输,应按月签订运输合同。按月度签订的运输合同,可以用月度要车计划表代替。零担货物和集装货物运输,以货物运单作为运输合同。

按年度、半年度、季度或月度签订的货物运输合同,经双方在合同上签认后,合同即告成立。托运人在交运货物时,还应向承运人提出货物运单,作为运输合同的组成部分。零担货物和集装箱货物的运输合同,以承运人在托运人提出的货物运单上加盖车站日期戳后,合同即告成立。

按年度、半年度、季度或月度签订的货物运输合同,应载明下列基本内容:①托运人和收货人名称;②发站和到站;③货物名称;④货物重量;⑤车种和车数;⑥违约责任;⑦双方约定的其他事项。

货物运单应载明下列内容:①托运人、收货人名称及其详细地址;②发站、到站及到站的主管铁路局;③货物名称;④货物包装、标志;⑤件数和重量(包括货物包装重量);⑥承运日期;⑦运到期限;⑧运输费用;⑨货车类型和车号;⑩施封货车和集装箱的施封号码;⑪双方商定的其他事项。

(二)铁路货物运输托运人、承运人和收货人的义务

1. 托运人的义务

(1)按照货物运输合同约定的时间和要求向承运人交付托运的货物。托运人应当如实填报托运单,铁路运输企业有权对填报的货物和包裹的品名、重量、数量进行检查。经检查,申报与实际不符的,检查费用由托运人承担;申报与实际相符的,检查费用由铁路运输企业承担,因检查对货物和包裹中的物品造成的损坏由铁路运输企业赔偿。托运人因申报不实而少交的运费和其他费用应当补交,铁路运输企业按照国务院铁路主管部门的规定加收运费和其他费用。

(2)需要包装的货物,应当按照国家包装标准或部包装标准(专业包装标准)进行包

装，没有统一规定包装标准的，要根据货物性质，在保证货物运输安全的原则下进行包装，并按国家规定标明包装储运指示标志，笨重货物还应在每件货物包装上标明货物重量。

（3）按规定需要凭证运输的货物，应出示有关证件。

（4）对整车货物，提供装载货物所需的货车装备物品和货物加固材料。

（5）托运人组织装车的货物，装车前应对车厢完整和清洁状态进行检查，并按规定的装载技术要求进行装载，在规定的装车时间内将货物装载完毕，或在规定的停留时间内将货车送至交接地点。

（6）在运输中需要特殊照料的货物须派人押运。

（7）向承运人交付规定的运输费用。

（8）将领取货物凭证及时交给收货人并通知其向到站领取货物。

（9）货物按保价运输办理时，须提出货物声明价格清单，支付货物保价单。

（10）国家规定必须保险的货物，托运人应在托运时投保货物运输险，对于每件价值在 700 元以上的货物或每吨价值在 500 元以上的非成件货物，实行保险与负责运输相结合的补偿制度，托运人可在托运时投保货物运输险，具体办法另行规定。

2. 铁路承运人的义务

（1）按照货物运输合同约定的时间、数量、车种、拨调状态良好、清扫干净的货车。

（2）在车站公共装卸场所装卸的货物，除特定者外，负责组织装卸。

（3）将承运的货物按照合同规定的期限和到站、完整、无损地交给收货人。

（4）对托运人或收货人组织装车或卸车的货物，将货车调到装、卸地点或商定的交接地点。

（5）由承运人组织卸车的货物，向收货人发出到货催领通知。

（6）发现多收运输费用，及时退还托运人或收货人。

3. 收货人的义务

（1）缴清托运人在发站未交或少交以及运送期间发生的运输费用和由于托运人责任发生的垫款。

（2）及时领取货物，并在规定的免费暂存期限内，将货物搬出车站；逾期领取的，收货人应当按照规定交付保管费。

（3）收货人组织卸车的货物，应当在规定的卸车时间内将货物卸完或在规定的停留时间内将货车送至交接地点。

（4）由收货人组织卸车的货物，卸车完毕后，应将货车清扫干净并关好门窗、端侧板（特种车为盖、阀），规定需要洗刷消毒的应进行洗刷消毒。

（三）无法交付的货物

无法交付的货物是指货物按期运抵到站后，收货人未在规定期限内及时领取货物或者托运人没有在规定期限内及时提出具体的处理意见，而导致承运人无法及时地将货物交付出去的情况。

《铁路法》第 22 条规定，自铁路运输企业发出领取货物通知之日起满 30 日仍无人领取的货物，或者收货人书面通知铁路运输企业拒绝领取的货物，铁路运输企业应当通知托运人，托运人自接到通知之日起满 30 日未作答复的，由铁路运输企业变卖。所得价款在扣除保管等费用后尚有余款的，应当退还托运人，无法退还、自变卖之日起 180 日内托运人又未领回的，上缴国库。

自铁路运输企业发出领取通知之日起满 90 日仍无人领取的包裹或者到站后满 90 日仍无人领取的行李，铁路运输企业应当公告，公告满 90 日仍无人领取的，可以变卖。所得价款在扣除保管等费用后尚有余款的，托运人、收货人或者旅客可以自变卖之日起 180 日内领回，逾期不领回的，上缴国库。

对危险物品和规定限制运输的物品，应当移交公安机关或者有关部门处理，不得自行变卖。对不宜长期保存的物品，可以按照国务院铁路主管部门的规定缩短处理期限。

（四）铁路货物运输合同的变更和解除

铁路货物运输合同经双方同意，并在规定的变更范围内可以办理变更。托运人或收货人由于特殊原因，经承运人同意，对承运后的货物可以按批在货物的中途站或到站办理变更到站、变更收货人。但在下列情况下，不得办理：

（1）违反国家法律、行政法规、物资流向或运输限制。

（2）变更后的货物运输期限大于货物容许运送的期限。

（3）对一批货物中的部分货物进行变更。

（4）第二次变更到站。

在承运人同意承运货物后至其发货前，经双方协商一致，可以解除铁路货物运输合同。托运人要求变更或解除合同时，要提交领货凭证和货物运输变更要求书，不能提交领货凭证的时候，要提交其他的有效证明文件，并在货物运输变更要求书内注明。还应该按照规定支付费用。

（五）铁路货物运输的责任承担

1. 承运人的责任

根据《铁路货物运输合同实施细则》第 18 条第 1 款规定，由于下列原因之一，未按货物运输合同履行，按车向托运人偿付违约金 50 元：①未按旬间日历装车计划及商定的车种、车型配够车辆，但当月补足或改变车种、车型经托运人同意装运者除外；②对托运人自装的货车，未按约定的时间送到装车地点，致使不能在当月装完；③拨调车辆的完整和清扫状态，不适合所运货物的要求；④由于承运人的责任停止装车或使托运人无法按计划将货物搬入车站装车地点。

《铁路法》第 16 条规定，铁路运输企业应当按照全国约定的期限或者国务院铁路主管部门规定的期限，将货物、包裹、行李运到目的站；逾期运到的，铁路运输企业应当支付违约金。铁路运输企业逾期 30 日仍未将货物、包裹、行李交付收货人或者旅客的，托运人、收货人或者旅客有权按货物、包裹、行李灭失向铁路运输企业要求赔偿。

根据《铁路货物运输合同实施细则》第 18 条第 2 款规定，从承运货物时起，至货物交付收货人或依照有关规定处理完毕时止，货物发生灭失、短少、变质、污染、损坏，按下列规定赔偿：①已投保货物运输险的货物，由承运人和保险公司按规定赔偿；②保价运输的货物，由承运人按声明价格赔偿，但货物实际损失低于声明价格的按实际损失赔偿；③除上述①、②两项外，均由承运人按货物的实际损失赔偿。赔偿的价格如何计算，由铁道部商国家物价局、国家工商行政管理局另行规定。

同时，《铁路法》第17条也明确规定了铁路运输企业的赔偿责任方式：铁路运输企业应当对承运的货物、包裹、行李自接受承运时起到交付时止发生的灭失、短少、变质、污染或者损坏，承担赔偿责任：①托运人或者旅客根据自愿申请办理保价运输的，按照实际损失赔偿，但最高不超过保价额。②未按保价运输承运的，按照实际损失赔偿，但最高不超过国务院铁路主管部门规定的赔偿限额；如果损失是由于铁路运输企业的故意或者重大过失造成的，不适用赔偿限额的规定，按照实际损失赔偿。托运人或者旅客根据自愿可以向保险公司办理货物运输保险，保险公司按照保险合同的约定承担赔偿责任。托运人或者旅客根据自愿，可以办理保价运输，也可以办理货物运输保险；还可以既不办理保价运输，也不办理货物运输保险。不得以任何方式强迫办理保价运输或者货物运输保险。

根据《铁路货物运输合同实施细则》第18条第3款规定，由于下列原因之一造成的货物灭失、短少、变质、污染、损坏，承运人不负赔偿责任：①不可抗力；②货物本身性质引起的碎裂、生锈、减量、变质或自燃等；③国家主管部门规定的货物合理损耗；④托运人、收货人或所派押运人的过错。

同时，根据《铁路货物运输合同实施细则》第18条第4、5、6款规定，由于承运人的过错将货物误运到站或误交收货人，应免费运至合同规定的到站，并交给收货人。承运人未按规定的运到期限，将货物运至到站，向收货人偿付货物所收运费5%～20%的违约金。如果托运人或收货人证明损失的发生确属承运人的故意行为，则承运人除按规定赔偿实际损失外，由合同管理机关处其造成损失部分10%～50%的罚款。

2. 托运人和收货人的责任

根据《铁路货物运输合同实施细则》第19条第1款规定，由于下列原因之一，未按货物运输合同履行，托运人应向承运人偿付违约金50元。①未按规定期限提出旬间日历装车计划，致使承运人未拨货车（当月补足者除外），或未按旬间日历装车计划的安排，提出日要车计划；②收货人组织卸车的，由于收货人的责任卸车迟延、线路被点用，影响向装车地点配送空车或对指定使用本单位自卸的空车装货，而未完成装车计划；③承运前取消运输；④临时计划外运输致使承运人违约造成其他运输合同落空者。

根据《铁路货物运输合同实施细则》第19条第2款规定，由于下列原因之一招致运输工具、设备或第三者的货物损坏，托运人应按实际损失赔偿：①匿报或错报货物品名或货物重量的；②货物固有缺陷，无法从外部发现，或未按国家规定在货物包装上标明包装储运指示标志的；③托运人组织装车的，加固材料不符合规定条件或违反装载规定，在交接时无法发现的；④由于押运人过错的。

根据《铁路货物运输合同实施细则》第20条规定，由于收货人原因招致运输工具、设备或第三者的货物损坏，由收货人按实际损失赔偿。

3. 承运人或托运人的共同免责事由

根据《铁路货物运输合同实施细则》第21条规定，货物运输合同遇有下列情况，承运人或托运人免除责任：①因不可抗力或铁路发生重大事故影响排空送车，企业发生重大事故以及停电影响装车，超过24小时；②根据国家和省、自治区、直辖市的主管行政机关的书面要求停止装车时；③由于组织轻重配装或已完成货物吨数而未完成车数时；④由于海运港口、国境口岸站车辆积压堵塞，不能按计划接车而少装时。

4. 铁路货物运输的承运人同托运人或收货人相互间的索赔和退费时效

根据《铁路货物运输合同实施细则》第22、23条规定，承运人同托运人或收货人相互间要求赔偿或退补费用的时效期限为180日（要求铁路支付运到期限违约金为60日）。

托运人或收货人向承运人要求赔偿或退还运输费用的时效期限，由下列日期起算：①货物灭失、短少、变质、污染、损坏，为车站交给货运记录的次日；②货物全部灭失未编有货运记录，为运到期限满期的第16日，但鲜活货物为运到期限满期的次日；③要求支付货物运到期限违约金，为交付货物的次日；④多收运输费用，为核收该项费用的次日。

承运人向托运人或收货人要求赔偿或补收运输费用的时效期限，由发生该项损失或少收运输费用的次日起算。

承运人与托运人或收货人相互提出的赔偿要求，应自收到书面赔偿要求的次日起30日内（跨及两个铁路局以上运输的货物为60日内）进行处理，答复赔偿要求人。索赔的一方收到对方的答复后，如有不同意见，应在接到答复的次日起60日内提出。

二、国际铁路货物运输法

国际铁路货物运输是指两个或两个以上的国家之间根据铁路联运协定，使用一份统一的铁路运单办理全程运输，由一国铁路向另一国铁路移交货物，不需要发货人参与的联合运输方式。国际铁路货物运输在国际货物运输中占有重要的地位。我国与俄罗斯、蒙古、朝鲜、越南等邻国的通商货物，相当大一部分是通过铁路运输的。物流企业在通过国际铁路运送货物时，由于跨越国境的原因，可能无法使用自备车辆，而是与铁路承运人签订货物运输合同，交给它们去完成运输。因而在国际铁路货物运输业务中，大部分物流企业扮演着托运人的角色，具有托运人的法律地位。

调整国际铁路货物运输关系的法律以国际条约为主。目前，国际铁路货物运输国际条约主要有两个：一是《国际铁路货物运输公约》（简称《国际货约》），于1961年在瑞典首都伯尔尼签订，1975年1月1日生效。该货约成员国主要是欧洲国家和部分西亚国家。二是《国际铁路货物联合运输协定》（简称《国际货协》），是由苏联、波兰、捷克斯洛伐克、匈牙利、罗马尼亚等8国于1951年在华沙签订的，我国于1953年加入《国际货协》。《国际货协》成员国中的有些国家同时也参加了《国际货约》，为沟通国际间的铁路货物运输创造了更为有利的条件，使参加《国际货协》的国家的进出口货物可以通过铁路转运到《国际货约》的成员国。我国凡经由铁路运输的进出口货物均按《国际货协》的规定办理，下面以《国际货协》为主要内容介绍国际铁路货物运输法律规定。

（一）国际铁路货物运输合同和运单

国际铁路货物运输合同是指铁路承运人将托运人的货物，从一国的某地运至另一国的某地，将货物交付给收货人，由托运人或收货人支付运费的合同。铁路运单是国际铁路货物运输合同的主要形式。发货人在托运货物时，应对每批货物按照规定格式填写铁路运单及其副本，由其签字后提交给始发站，始发站在其上加盖日戳，合同宣告成立。此后，铁路运单随同货物从始发站到终点站全程附送，最后交给收货人，运单副本则退还发货人。

运单副本不具有运单的效力。

铁路运单具有如下作用：①它是铁路货物运输合同的证明；②它是铁路承运人收到和承运运单所列货物的初步证据；③它是铁路在终点站向收货人收取运费（如果是运费到付）和交付货物的依据；④它是货物出入沿途各国海关时报关的依据和必备文件；⑤运单副本是买方支付货款时依据的主要单证。但是，运单与海运提单不同，运单不是物权凭证，不能转让，必须连同货物送到收货人手中。

根据国际铁路货物运输的法律规定，铁路运单的主要记载事项分为三类。

（1）必要记载事项。该内容包括：到站名称，收货人名称和地址，货物名称、货物重量，零担货物的件数、包装标志，托运人负责装车时的车号及私有车辆的自重，单证明细表，托运人名称与地址。

（2）根据需要填写的事项。该内容包括：货物交付方式，适用的运价规程，货物交付利息的金额数，托运人负责支付的费用，现款交付和运费的金额，托运人规定的运输线路和海关、其他行政机关要求办理手续的车站名称，托运人和收货人相互间关于办理海关手续的约定，托运人关于收货人不得变更合同的声明，押运情况。

（3）可附加记载事项。该事项仅供收货人参考，对铁路承运人没有约束力。但其是托运人用以提示收货人有关货物的情况，如货物的来、去向及办理货物的保险手续等问题。

（二）国际铁路货物运输合同托运人的义务

根据《国际货协》的规定，托运人承担以下义务。

1. 如实申报

托运人应对其在运单中所填写的和声明的事项的正确性负责，并对记载和声明的事项不正确、不确定或不完备以及未将应报事项记入运单造成的一切后果承担责任。

2. 提供完整文件

托运人必须将货物在运送途中为履行海关和其他规章所需要的添附文件附在运单上。托运人不履行这一义务，铁路承运人有权拒绝承运货物。此外，托运人要对没有添附这些文件或文件不齐全、不正确造成的后果负责。

3. 交付货物

托运人在填写运单的同时，要提交全部货物并付清运费和有关费用。提交的货物可以是整车，也可以是零担。凡属于金、银、白金制品、宝石、贵重毛皮、电影片、画、雕像、古董、艺术制品和特种光学仪器等贵重物品，均应声明其价值。但不得属于下列货物：①邮政专运物品；②炸弹、炸药和军火；③不属于《国际货协》附件所列的危险物品；④重量不足 10 千克的零担货物。

4. 支付运送费用

运送费用包括货物的运费、押运人的乘车费、杂费及与运送有关的其他费用。按照《国际货协》第 13 条和第 15 条的规定：①发送国铁路的运送费用，按发送国的国内运价计算，在始发站由托运人支付；②到达国铁路的运送费用，按到达国铁路的国内运价计算，在终点站由收货人支付；③如货物始发站和到达的终点站属于两个相邻国家且无须经由第三国过境运输，且两国间订有直通运价规程时，则按运输合同订立日有效的直通运价规程计算；④如货物需经第三国过境运输时，过境铁路的运输费用，应按运输合同订立日有效的《国际货协统一运价规程》的规定计算，可由始发站向托运人核收，也可由到达站向收货人核收。但如按《国际货协统一运价规程》的规定，各过境铁路运送费必须由托运人支付时，则不得将该项费用转由收货人支付。

对于各国铁路之间的计算办法，按照《国际货协》第31条的规定，原则上每一铁路在承运或交付货物时，向托运人或收货人按合同规定核收运费和其他费用之后，必须向参加这次运输业务的各铁路支付各该铁路应得部分的运送费用。

5. 运输合同的变更权利和义务

按照《国际货协》第4章规定，运送合同的变更权利属于发货人和收货人。发货人和收货人在填写变更申请书后，有权在该协定允许的范围内对运输合同作必要的变更。发货人对运送合同可作下列变更：①在始发站将货物领回；②变更到站，此时，在必要的情况下应注明货物应通过的国境站；③变更收货人；④将货物返还始发站。收货人对运送合同可作下列变更：①在到达国范围内变更货物的到站；②变更收货人。但只有在货物尚未从到达国国境站发出时，收货人才有权在到达国国境站根据本协定办理运送合同的变更。如货物已通过到达国国境站时，则收货人只能按到达国现行国内规章办理运送合同的变更。发货人的运送合同的变更权，从收货人领到运单时起，或从货物到达到达国进口国境站（该站已接到收货人关于变更运送合同的申请书，或到站的关于变更运送合同电报通知）时起，即行消失。

发货人和收货人可以各自变更一次运送合同。但在变更运送合同时，不准将一批货物分开办理。同时，变更合同的当事人要对因变更合同发生的费用和损失负责。

货物到达终点时，托运人有权凭运单领取货物。当运单项下货物的毁损导致全部或部分货物不能按原用途使用时，有权拒收货物，并按规定向承运人提出索赔。但即使运单中所载货物短少、毁损，也应按运单向承运人支付全部运费。

（三）国际铁路货物运输合同铁路承运人的责任

1. 连带责任

按国际货协运单承运货物的铁路，应负责完成货物的全程运送，直到到站交付货物时为止，如向非参加《国际货协》铁路的国家办理货物转发送时，直到按另一种国际协定的运单办完运送手续时为止。每一继续运送的铁路，自接收附有运单的货物时起，即作为参加这项运送合同，并承担因此而发生的义务。

2. 责任范围

铁路在本章所规定的条件范围内，从承运货物时起，到到站交付货物时为止，对于货物运到逾期以及因货物全部或部分灭失或毁损所发生的损失负责，如向非参加《国际货协》铁路的国家办理货物转发送时，则负责到按另一种国际协定的运单办完运送手续时为止。

铁路对发货人在运单内所记载并添附的文件由于铁路过失而遗失的后果，以及由于铁路的过失未能执行发货人或收货人提出的运送合同变更申请书的后果负责。铁路赔偿损失的款额，在任何情况下均不得超过货物全部灭失时的款额。

3. 免责事由

如承运的货物由于下列原因发生全部或部分灭失、减量或毁损时，铁路对这项灭失、减量或毁损不负责任：①由于铁路不能预防和不能消除的情况；②由于货物的特殊自燃性质，以致引起自燃、损坏、生锈、内部腐坏和类似的后果；③由于发货人或收货人的过失或由于其要求，而不能归咎于铁路；④由于发货人或收货人装车或卸车的原因所造成；⑤由于发送国规章许可，使用敞车类货车运送货物；⑥由于发货人或收货人的货物押运人未采取保证货物完整的必要措施；⑦由于容器或包装的缺点，在承运货物时无法从其外表发现；⑧由于发货人用不正确、不确切或不完全的名称托运违禁品；⑨由于发货人在托运应按特定条件承运的货物时使用不正确、不确切或不完全的名称，或未遵守本协定的规定；⑩由于第 23 条规定的标准范围内的货物自然减量，以及由于运送中水分减少，或货物的其他自然性质，以致货物减量超过上述标准。

件数完全和容器或包扎完整而重量短少时，以及加封的汽车、拖拉机和其他自轮运行的机器向收货人交付时，如发货人的铅封完整而上述加封的机器中能拆下零件和备用零件短少时，则铁路概不负责。

在下列情况下，未履行货物运到期限时，应免除铁路的责任：①发生雪（沙）害、水灾、崩陷和其他自然灾害，按照有关国家铁路中央机关的指示，期限在 15 天以内；②发生其他致使行车中断或限制的情况，按照有关国家政府的指示。

4. 承运人的责任限额

（1）在任何情况下，承运人的赔偿总额不得超过货物全部损失的数额。

（2）货物全部或部分灭失的，赔偿限额按外国售货者的账单（如卖方开具的发票）所列价格计算，如无此价格则由国家鉴定机构确定，发货人对价格有声明的，则以该声明价格为限。

（3）货物毁损的，承运人应赔偿货物价值降低之部分，货物有声明价格的，承运人应按照货物因毁损而价值降低的百分比予以赔偿。

（4）逾期交付货物的，承运人应以所收运费为基础，按逾期期限的长短累计支付逾期罚款：逾期不超过总运输期限 1/10 的，支付运费的 6％；超过总运输期限 1/10 不超过 2/10 的，支付运费的 12％；超过总运输期限 4/10 的，支付运费的 30％。如果逾期运到的货物有毁损灭失的，承运人既要支付毁损灭失部分的赔偿，还要支付该部分的逾期罚款。

（四）索赔与诉讼时效

1. 索赔

《国际货协》第 28 条规定：①发货人或收货人可以根据运输合同、铁路运单及其他相关证据就货物的毁损灭失向始发站或终点站以书面方式提出赔偿请求；②货物运到逾期的，赔偿请求由收货人以书面方式向终点站提出；③多收运费的，由发货人或收货人提出。铁路在收到赔偿请求后 180 天内予以审查答复，不予答复或对答复不满意的，可以向受理赔偿请求的铁路所属国法院起诉。

2. 时效

关于提出赔偿请求和提起诉讼的时效，《国际货协》第 30 条规定：除对逾期交货的赔偿请求或诉讼应在 2 个月提出外，其他赔偿请求或诉讼应在 9 个月内提出。上述期限在不同情况下的起算日期不同：①货物全部灭失的，自货物应运到的日期期满后 30 天起算；②货物部分毁损灭失的和逾期运到的，自货物交付之日起算；③补充运杂费或退还这些款项的要求、支付逾期罚款的要求、纠正错算运杂费的要求，自付款之日起算，未付款的，自交货之日起算；④要求支付变卖货物的余款的，自变卖货物之日起算；⑤在其他情况下，自赔偿请求的根据成立之日起算。

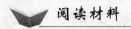 阅读材料

铁路货物运输合同逾期货损索赔纠纷案①

1995 年 4 月 19 日，广东省物资储运公司受宏隆公司的委托，将宏隆公司被买方拒收的 240 件铁桶包装的 TD 甘油在广州东站办理了托运手续，自装自锁装入 P652697 号 60 吨的棚车，施封号码 0276。托运人填写的货物运单记载：甘油 240 件，重量 60 吨，货物价值 6 万元，保价 6 万元，到站上海何家湾站，收货人上海宏隆实业有限公司。承运人缮制的货票记载，运到期限为 9 天。

P652697 号货车于 1995 年 4 月 20 日从广州东站开出，次日到达株州北站，在列车编组作业中被两次开往白马垅站保留，直至 5 月 18 日解除保留开回株州北站编入直通货物列车开出，同日到达鹰潭站。列检员在例行检查中发现 P652697 号车的走行部位一侧位旁承游间及枕簧被压死，不能继续运行，遂将该车送鹰潭南站倒装扣修。鹰潭南站于 6 月 8 日以两辆敞车加篷布苫盖倒装了 P652697 号车上的货物。倒装时货运记录记载：车底板上有油迹，经清点有空桶 17 件，另有 7 件桶中部有 0.8cm×0.4cm 的破口（新痕），内货剩余约半桶。倒装后，两辆敞车于 6 月 9 日挂运，6 月 14 日抵达何家湾站。

收货人宏隆公司自行卸车。涉案货物后经上海市产品质量监督检验所现场外观检查，结果是：TD 甘油共计 240 桶，其中空桶 61 只，满桶 179 只。在 179 桶中，有 167 桶为胖桶。随机抽查胖桶 4 只，内均有气体逸出，且内装物均有发酵味。抽样检验结论：该产品本次抽查检验不合格。

本案货物的运到期限为 9 天，逾期 47 天运到。《中华人民共和国铁路法》第 16 条规定："铁路运输企业应当按照合同约定的期限或者国务院铁道主管部门规定的期限，将货物、包裹、行李运到目的站；逾期运到的，铁路运输企业应当支付违约金。"《铁路货物运输合同实施细则》第 18 条第 5 款规定，承运人"未按规定的运到期限，将货物运至到站，向收货人偿付该批货物所收运费 5%～20% 的违约金。"株州北站虽然是因运输能力的限制而对该车采取保留措施造成逾期，但仍属承运人的违约行为，与托运人或者收货人无关，株州北站应当依法给付该段逾期时间内的违约金。托运人使用的 P652697 号棚车限制吨位是 60 吨，托运 240 件货物，每件平均毛重应当在 250kg 以内。而本案货物的包外装上标明的毛重是 296kg，满桶货物平均在 270kg 以上，确实存在着超重装车的现象。鹰潭站发现该车因超

① 改编自：《宏隆实业有限公司与上海铁路分局何家湾站等铁路货物运输合同逾期货损索赔纠纷再审案》，《最高人民法院公报》2001 年第 1 期。

重被损坏，为了保证铁路运输安全而决定将该车倒装扣修，本不应当对因此造成的损失负责。但是鹰潭站没有根据具体情况及时安排倒装车辆，故亦应对在该站的逾期负责。考虑到车辆的损坏是托运人超重装车造成的，可以相应减轻鹰潭站逾期的违约责任。

综上，最高人民法院于 2000 年 9 月 12 日判决：驳回宏隆公司要求赔偿货物损失的诉讼请求；由到站上海铁路分局杨浦站代表承运人向宏隆公司支付逾期运到违约金496.84 元。

第四节　水路运输法律法规

水路运输是利用船舶运载工具在内河或沿海的水路上进行的运输，它是与海上运输相区别的一种重要的运输方式。

我国与水路运输相关的法律法规包括：《合同法》《海商法》，以及交通运输部颁布的《国内水路货物运输规则》。其中，租用船舶进行运输的情况，要适用《海商法》第六章船舶租用合同的规定，而国内水路货物运输（包括沿海运输）则要适用《合同法》第 17 章运输合同和参照适用交通运输部《国内水路货物运输规则》，《海商法》第 2 条第 2 款明确规定，"本法第四章海上货物运输合同的规定，不适用于中华人民共和国港口之间的海上货物运输。"至于国际海上货物运输则要适用于《海商法》第四章海上货物运输合同的规定，国际海上货物运输的特别规定将在本章下一节进行详细的论述。

一、水路货物运输规则

水路货物运输合同，是指承运人收取运输费用，负责将托运人托运的货物经水路由一港（站、点）运至另一港（站、点）的合同。水路货物运输包括班轮运输和航次租船运输。班轮运输，是指在特定的航线上按照预定的船期和挂靠港从事有规律水上货物运输的运输形式。航次租船运输，是指船舶出租人向承租人提供船舶的全部或者部分舱位，装运约定的货物，从一港（站、点）运至另一港（站、点）的运输形式。这两种运输形式下的运输合同都属于水路货物运输合同。在班轮运输条件下，班轮公司采取的一套适宜小批量接受货物运送的货运程序等，可以为货主提供方便的运输服务，运价也相对稳定；而航次租船运输则更适于大批量货物的运输，租船人可以根据实际业务的需要来选择特定的船舶、航次、港口等来运送特定的货物。

（一）水路货物运输合同的订立

订立水路货物运输合同可以采用书面形式、口头形式和其他形式。实务中，班轮运输形式下的运输合同一般通过订舱的方式成立。物流企业通过填写订舱单，向班轮公司或其代理机构申请货物运输。订舱单一般应载明货物的品名、种类、数量、重量或体积、装货港、卸货港，以及装船期限等内容。班轮公司会根据订舱单的内容，结合船舶的航线、挂靠港、船期、舱位等情况决定是否接受货物的托运。如果班轮公司决定接受托运，双方意思达成一致，合同即告成立。

航次租船运输形式下的运输合同订立过程则与船舶租用合同的订立过程类似，也是往往由双方在租船市场上通过询价、报价、还价等过程，最后签订合同。航次租船合同也常常使用租船合同范本，物流企业也应注意对这些合同范本进行充分的利用。

（二）运输单证

运输单证（简称"运单"）是水路货物运输合同的证明，而不是合同本身，运单的记载如果与运输合同不一致，可以视为对运输合同的变更；运单又是承运人已经接收货物的收据，它表示承运人已经按运单记载的状况接收货物，但运单不是承运人据以交付货物的凭证。

运单的内容，一般包括下列各项：①承运人、托运人和收货人名称；②货物名称、件数、重量、体积（长、宽、高）；③运输费用及其结算方式；④船名、航次；⑤起运港、中转港和到达港；⑥货物交接的地点和时间；⑦装船日期；⑧运到期限；⑨包装方式；⑩识别标志；⑪相关事项。

运单应当按照下列要求填制：①一份运单，填写一个托运人、收货人、起运港、到达港；②货物名称填写具体品名，名称过繁的，可以填写概括名称；③规定按重量和体积择大计费的货物，应当填写货物的重量和体积（长、宽、高）；④填写的各项内容应当准确、完整、清晰。

承运人接收货物应当签发运单，运单由载货船舶的船长签发的，视为代表承运人签发。运单签发后，承运人、承运人的代理人、托运人、到达港港口经营人、收货人各留存一份，另外一份由收货人收到货物后作为收据签还给承运人。承运人可以视情况需要增加或者减少运单份数。

（三）水路货物运输当事人的义务

1. 托运人的义务

（1）及时办理港口、海关、检验、检疫、公安和其他货物运输所需的各项手续，并将已办理各项手续的单证送交承运人。因托运人办理各项手续和有关单证不及时、不完备或者不正确，造成承运人损失的，托运人应当承担赔偿责任。

（2）所托运货物的名称、件数、重量、体积、包装方式、识别标志，应当与运输合同的约定相符。

（3）妥善包装货物，保证货物的包装符合国家规定的包装标准；没有包装标准的，货物的包装应当保证运输安全和货物质量。需要随附备用包装的货物，应当提供足够数量的备用包装，交给承运人随货免费运输。

（4）托运危险货物时，应当按照有关危险货物运输的规定，妥善包装，制作危险品标志和标签，并将其正式名称和危险性质以及必要时应当采取的预防措施书面通知承运人。未通知承运人或者通知有误的，承运人可以在任何时间、任何地点根据情况需要将危险货物卸下、销毁或者使之不能为害，而不承担赔偿责任。承运人知道危险货物的性质并已同意装运的，仍然可以在该项货物对船舶、人员或者其他货物构成实际危险时，将货物卸下、销毁或者使之不能为害，而不承担赔偿责任。但是，不影响共同海损的分摊。

（5）托运人应当在货物的外包装或者表面正确制作识别标志。识别标志的内容包括发货符合、货物名称、起运港、中转港、到达港、收货人、货物总件数。托运人应当根据货物的性质和安全储运要求，按照国家规定，在货物外包装或者表面制作储运指示标志。识别标志和储运指示标志应当字迹清楚、牢固。

（6）除另有约定外，应当预付运费。

（7）除另有约定外，运输过程中需要饲养、照料的活动物、植物，以及尖端保密物品，稀有珍贵物品和文物、有价证券、货币等，应当向承运人申报并随船押运，在运单内注明押运人员的姓名和证件。但押运其他货物须经承运人同意。

（8）负责笨重、长大货物和舱面货物所需要的特殊加固、捆扎、烧焊、衬垫、苫盖物料和人工，卸船时拆除和收回相关物料；需要改变船上装置的，货物卸船后应当负责恢复原状。

（9）托运易腐货物和活动物、植物时，应当与承运人约定运到期限和运输要求；使用冷藏船（舱）装运易腐货物的，应当在订立运输合同时确定冷藏温度。

（10）托运木（竹）排应当按照与承运人商定的单排数量、规格和技术要求进行编扎。在船舶或者其他水上浮物上加载货物，应当经承运人同意，并支付运输费用。航行中，木（竹）排、船舶或者其他水上浮物上的人员（包括船员、排工及押运人员）应当听从承运人的指挥，配合承运人保证航行安全。

（11）承担下列原因发生的洗舱费用：提出变更合同约定的液体货物品种；装运特殊液体货物（如航空汽油、煤油、变压器油、植物油等）需要的特殊洗舱；装运特殊污秽油类（如煤焦油等），卸后须洗刷船舱。在承运人已履行船舶适货义务的情况下，因货物的性质或者携带虫害等情况，需要对船舱或者货物进行检疫、洗刷、熏蒸、消毒的，应当由其或者收货人负责，并承担船舶滞期费等有关费用。

2. 承运人的义务

（1）使船舶处于适航状态，妥善配备船员、装备船舶和配备供应品，并使干货舱、冷藏舱、冷气舱和其他载货处所适于并能安全收受、载运和保管货物。

（2）按照运输合同的约定接收货物。

（3）妥善地装载、搬移、积载、运输、保管、照料和卸载所运货物。

（4）按照约定、习惯或者地理上的航线将货物运送到约定的到达港。承运人为救助或者企图救助人命或者财产而发生的绕航或者其他合理绕航，不属于违反上述规定的行为。

（5）在约定期间或者在没有这种约定时，在合理期间内将货物安全运送到约定地点。

（6）货物运抵到达港后，承运人应当在 24 小时内向收货人发出到货通知。

（四）货物的接受与交付

1. 货物交接方式

除另有约定外，散装货物按重量交接；其他货物按件数交接。散装货物按重量交接的，承运人与托运人应当约定货物交接的计量方法，没有约定的应当按船舶水尺数计量，不能按航船水尺数计量的，运单中载明的货物重量对承运人不构成其交接货物重量的证据。

散装液体货物装船完毕，由托运人会同承运人按照每处油舱和管道阀门进行施封，施封材料由托运人自备，并将施封的数目、印文、材料品种等在运单内载明；卸船前，由承运人与收货人凭舱封交接。

托运人要求在两个以上地点装载、卸载或者在同一卸载地点由几个收货人接收货物时，计量分劈及发生重量差数，均由托运人或者收货人负责。

2. 收货人提货义务

收货人接到到货通知后，应当及时提货，不得因对货物进行检验而滞留船舶。

3. 承运人核对收货人身份的义务

承运人交付货物时，应当核对证明收货人单位或者身份以及经办人身份的有关证件。

4. 收货人验收货物义务

收货人提取货物时，应当验收货物，并签发收据，发现货物损坏、灭失的，交接双方应当编制货运记录。收货人在提取货物时没有就货物的数量和质量提出异议的，视为承运人已经按照运单的记载交付货物，除非收货人提出相反的证明。

5. 收货人支付费用义务

按照约定在提货时支付运费、滞期费和包装整修、加固费用以及其他中途垫款的，应当于办理提货手续时付清。

6. 编制货运记录和普通记录

下列情况，应托运人或者收货人的要求，承运人可以编制普通记录：①货物发生损坏、灭失，按照约定或者《国内水路货物运输规则》的规定，承运人可以免除责任的；②托运人随附在运单上的单证丢失；③托运人押运和舱面货物发生非承运人责任造成的损坏、灭失；④货物包装经过加固整理；⑤收货人要求证明与货物数量、质量无关的其他情况。

货运记录和普通记录的编制，应当准确、客观。货运记录应当在接收或者交付货物的当时由交接双方编制。

7. 货物检验

收货人在到达港提取货物前或者承运人在到达港交付货物前，可以要求检验机构对货物状况进行检验；要求检验的一方应当支付检验费用，但是有权向造成货物损失的责任方追偿。收货人或者承运人按照前款进行检验的，应当相互提供合理的便利条件。

（五）合同的变更

承运人将货物交付收货人之前，托运人可以要求承运人变更到达港或者将货物交给其他收货人，但应当赔偿承运人因此受到的损失。因不可抗力致使不能在合同约定的到达港卸货的，除另有约定外，承运人可以将货物在到达港邻近的安全港口或者地点卸载，视为已经履行合同。但承运人实施该行为时应当考虑托运人或者收货人的利益，并及时通知托运人或者收货人。

（六）违约责任

1. 托运人的责任

（1）未按合同约定提供货物应承担违约责任。

（2）因办理各项手续和有关单证不及时、不完备或者不正确，造成承运人损失的，应当承担赔偿责任。

（3）因托运货物的名称、件数、重量、体积、包装方式、识别标志与运输合同的约定不相符，造成承运人损失的，应当承担赔偿责任。

（4）因未按规定托运危险货物给承运人造成损失的，应当负赔偿责任。

托运人因不可抗力不能履行合同的，根据不可抗力的影响，部分或者全部免除责任。迟延履行后发生不可抗力的，不能免除责任。

2. 承运人的责任和赔偿的范围

（1）承运人的赔偿责任。承运人对运输合同履行过程中货物的损坏、灭失或者迟延交付承担损害赔偿责任。

如果托运人在托运货物时办理了保价运输，货物发生损坏、灭失，承运人应当按照货物的声明价值进行赔偿，但承运人证明货物的实际价值低于声明价值的，按照货物的实际价值赔偿。

货物未能在约定或者合理期间内在约定地点交付的，为迟延交付。对由此造成的损失，承运人应当承担赔偿责任。承运人未能在上述期间届满的次日起 60 日内交付货物，有权对货物灭失提出赔偿请求的人可以认为货物已经灭失。

（2）承运人的免责事项。承运人对运输合同履行过程中货物的损坏、灭失或者迟延交付承担损害赔偿责任，但承运人证明货物的损坏、灭失或者迟延交付是由于下列原因造成的除外。

①不可抗力。

②货物的自然属性和潜在缺陷。

③货物的自然减量和合理损耗。

④包装不符合要求。

⑤包装完好但货物与运单记载内容不符。

⑥识别标志、储运指示标志不符合规则的规定。

⑦托运人申报的货物重量不准确。

⑧托运人押运过程中的过错。

⑨普通货物中夹带危险、流质、易腐货物。

⑩托运人、收货人的其他过错。

货物在运输过程中因不可抗力灭失、未收取运费的，承运人不得要求支付运费；已收取运费的，托运人可以要求返还。货物在运输过程中因不可抗力部分灭失的，承运人按照实际交付的货物比例收取运费。

（3）对特殊货物的特殊规定。

承运人在舱面上装载货物，应当同托运人达成协议，或者符合航运惯例，或者符合有关法律、行政法规的规定。承运人与托运人约定将货物配装在舱面上的，应当在运单上注明"舱面货物"。承运人依照上述规定将货物装载在舱面上，对由于此种装载的特殊风险造成的货物损坏、灭失，不承担赔偿责任。承运人违反上述规定将货物装载在舱面上，造成货物损坏、灭失的，应当承担赔偿责任。

因运输活动物、有生植物的固有的特殊风险造成活动物、有生植物损坏、灭失的，承运人不承担赔偿责任。但是，承运人应当证明业已履行托运人关于运输活动物、有生植物的特别要求，并证明根据实际情况，损坏、灭失是由于此种固有的特殊风险造成的。

二、《国内水路货物运输规则》对航次租船运输的特别规定

1. 航次租船运输的定义

航次租船运输，是指船舶出租人向承租人提供船舶的全部或者部分舱位，装运约定的

货物，从一港（站、点）运至另一港（站、点）的运输形式。

2. 有关出租人的规定

出租人应当按照合同的约定提供船舶舱位；经承租人同意，出租人可以更换船舶。但提供的船舶舱位或者更换的船舶不符合合同约定的，承租人有权拒绝或者解除合同。因出租人责任未提供约定的船舶舱位造成承租人损失的，出租人应当承担赔偿责任。

出租人在约定的受载期限内未提供船舶舱位的，承租人有权解除合同。但是出租人在受载期限内将船舶延误情况和船舶预期抵达起运港的日期通知承租人的，承租人应当自收到通知时起 24 小时内，将解除合同的决定通知出租人。逾期没有通知的，视为不解除合同。

因出租人责任延误提供船舶舱位造成承租人损失的，出租人应当承担赔偿责任。

3. 有关承租人的规定

承租人可以将其租用的船舶舱位转租；转租后，原合同约定的权利、义务不受影响。承租人应当提供约定的货物，经出租人同意，可以变更货物，但是，更换的货物对出租人不利的，出租人有权拒绝或者解除合同。因承租人责任未提供约定的货物造成出租人损失的，承租人应当承担赔偿责任。

4. 有关收货人的规定。航次租船运输形式下，收货人是承租人的，出租人与收货人之间的权利、义务根据航次租船运输形式下运输合同的内容确定；收货人不是承租人的，承运人与收货人之间的权利、义务根据承运人签发的运单的内容确定。

三、《国内水路货物运输规则》对集装箱运输的特别规定

（1）集装箱货物运输，是指将货物装入符合国际标准（ISO）、国家标准、行业标准的集装箱进行运输的水路运输方式。承运人向托运人提供集装箱空箱时，托运人应当检查箱体并核对箱号；收货人返还空箱时，承运人应当检查箱体并核对箱号；承运人、托运人、收货人对整箱货物应当检查箱体、封志状况并核对箱号；承运人、托运人、收货人对特种集装箱应当检查集装箱机械、电器装置、设备的运转情况。

（2）集装箱交接状况，应当在交接单证上如实加以记载。根据约定由托运人负责装、拆箱的，运单上应当准确记载集装箱封志号；交接时发现封志号与运单记载不符或者封志破坏的，交接双方应当编制货运记录。

（3）根据约定由承运人负责装、拆箱的，承运人与托运人或者收货人对货物进行交接。集装箱货物需拆箱后转运的，其包装应当符合规定。

（4）收货人提取货物后，应当按照约定将空箱归还，超期不归还的，按照约定交纳滞箱费。集装箱货物装箱时应当做到合理积载、堆码整齐、牢固。集装箱受载不得超过其额定的重量。

四、《国内水路货物运输规则》对单元滚装运输的特别规定

（1）单元滚装运输，是指以一台不论是否装载货物的机动车辆或者移动机械作为一个运输单元，由托运人或者其受雇人驾驶，驶上、驶离船舶的水路运输方式。单元滚装运输方式下，运输合同的履行期间为运输单元进入起运港至离开到达港。承运人应当对运输单

元的表面状况进行验收，发现有异常状况的，应当在运单内载明。运输单元进入起运港时承运人应当在运单上签注，离开到达港时托运人应当在运单上签注，并将签注后的运单交还给承运人。运单上应当载明车牌号码、运输单元的重量、体积（长、宽、高）。

（2）单元滚装运输不得运输危险品。

（3）托运人对车辆或者移动机械所载货物应当绑扎牢固。运输单元在船舶上需要特殊加固绑扎的，托运人应当在托运时向承运人提出，并支付相关费用。承运人应当备妥加固绑扎的物料，并为防止运输单元滑动而进行一般性绑扎和加固。对有特殊绑扎要求的，由双方另行约定。

（4）运输单元驶上或者驶离船舶时，司乘人员应当遵守有关规定，服从船方指挥，按顺序和指定的行车路线行驶。运输单元进入指定的车位后，司机应当关闭发动机，使车辆处于制动状态。

（5）运输单元的实际重量、体积与运单记载不符的，托运人应当按照实际质量或者体积支付运输费用，并向承运人支付衡量等费用。

（6）从事单元滚装运输的船舶应当分设供旅客和运输单元上下船的专用通道；船舶只设有一个通道时，旅客与运输单元上下船时必须分流。承运人应当在船舱内配备照明、通风等设施。

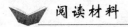 阅读材料

水路货物运输合同货损纠纷案[①]

原告代某与曾某于 2009 年 9 月 12 日签订《工矿产品采购合同》，双方在合同中有如下约定：第一条，货物名称陶土，规格型号以样品为准，数量 4600 吨，单价 100 元，总金额 460000 元。第四条，交货方式为曾某将货物装至船舱。第五条，装货时间 2009 年 9 月 21 日装载完成，船舶起航，延期装完货物给原告造成损失由曾某负责赔偿。2009 年 9 月 20 日，被告恒风海运有限公司签发了由原告的代理揭阳县水运总公司与被告共同签章的《揭阳市水路货物运单》。该运单中载明，船名顺翔 16，起运港揭阳港，到达港莱州港，托运人揭阳县水运总公司，收货人代文广，货名陶土，重量 3960 吨。在该运单右上角显著位置标明"本运单承托双方签章后，具有合同效力，承运人与托运人、收货人之间的权利、义务和责任界限适用于《水路货物运输规则》及运价、规费的有关规定。"2009 年 9 月 20 日，被告收到由原告代某经揭阳市港务总公司糖厂码头经手转交的上述货物的运费人民币 55000 元。同日，由揭阳市港务总公司糖厂与被告共同签章出具证明，要求原告将剩余运费 49200 元支付给张德润。

2009 年 9 月 22 日，揭东县地方税务局开具了盖有该单位代开发票专用章的发票一份，

---

① 改编自：（2010）青海法海商初字第 12 号判决书。

该发票显示付款方代某,收款方曾某,品名陶土,数量4572.29吨,单价100元,总金额457229元。另查明,2009年9月23日,被告所有的顺翔16轮在福建海域触碰沉没,随船货物一并沉没。原告遂诉请被告赔偿货物损失777289.3元及利息(自2009年9月22日起至判决生效之日止的银行同期贷款利息),返还原告预付的运费55000元。

法院认为,本案为水路货物运输合同货损赔偿纠纷,综合各方当事人的诉辩主张,本案的争议焦点为:被告是否应承担赔偿责任;赔偿金额如何计算。

一、关于被告恒风海运有限公司是否应当承担赔偿责任的问题

《国内水路货物运输规则》(以下简称"水规")第58条规定,运单是运输合同的证明,是承运人已经接收货物的收据。因此,运单上对承运人的记载或运单的签发人是判断水路货物运输承运人的重要依据。被告以承运人身份将水路货物运单(以下简称为运单)签发给原告代某,且原告在该水路货物运单上被记载为收货人。"水规"第44条规定,收货人有权就运单上所载货物损坏、灭失或者迟延交付所造成的损害向承运人索赔,因此,本案原告依法享有向被告主张赔偿损失的权利。被告作为运输合同中的承运人,应按照合同约定将所接收的货物,完好无损的由起运港揭阳港运抵至目的港莱州港,但涉案船舶在运输途中因事故导致与所载货物一并沉没,被告未能依照水路运输合同履行相应义务,理应承担赔偿责任。被告答辩时主张船舶遭遇事故,被告没有过错不应承担责任。"水规"第48条规定,承运人对运输合同履行过程中货物的损坏、灭失或者迟延交付承担损害赔偿责任,并同时列举了10项免责条款,但本案被告并无证据证明其具备免责的情形,因此对被告不承担赔偿责任的抗辩本院不予支持。

二、赔偿金额如何计算问题

法院认为,涉案货物的损失应包括货物价值、运费等项。原告与曾某签订的工矿商品合同,约定涉案陶土的价格为100元/吨,是双方真实意思的表示,且并不违反国家法律、行政法规强制性规定,依法成立并有效。而涉案货物的损失数量应以运单上记载的3960吨为准,因此,涉案货物的价值损失应为396000元。原告要求被告赔偿其货物损失的诉讼请求,事实充分,于法有据,本院予以支持。因被告未依约将货物运至目的港,原告要求其返还已预交的运费55000元,本院亦予以支持。但原告要求被告同时支付货损价值的利息的请求,没有法律依据,本院不予支持。

综上,法院判决如下:被告恒风海运有限公司赔偿原告代某人民币451000元。

第五节　海上货物运输法律制度

海上货物运输是国际货物运输最重要的方式,也是物流企业在国际物流中最常用的运输方式。在我国,国际海上货物运输主要适用《海商法》第四章《海上货物运输合同》的规定,我国大陆至港澳台的海上货物运输,目前比照国际海上货物运输处理。海上货物运输与国内水路货物运输相比,无论是法律适用还是运输单据以及承运人的责任等方面都具有显著的不同。

一、海上货物运输合同定义和订立

根据《海商法》第41条的规定，海上货物运输合同，是指承运人收取运费，负责将托运人托运的货物经海路由一港运至另一港的合同。这里所指的海上货物运输不包括我国港口间的海上货物运输，即沿海运输，而单指国际海上货物运输。

海上货物运输合同的订立过程与国内水路货物运输合同的订立过程基本上是一样的，但是对货物运输合同所采用的形式，《海商法》对航次租船合同有特殊的要求，即按照《海商法》第43条的规定，航次租船合同应当以书面形式订立。

在合同的条款方面，《海商法》规定了承运人的最低义务和责任，该规定是强制性的，不允许当事人双方通过约定予以排除。第44条明确规定海上货物运输合同和作为合同凭证的提单或者其他运输单证中的条款，违反《海商法》第四章规定的无效。这种条款的无效，不影响合同和提单或者其他运输单证的效力。将货物的保险利益转让给承运人的条款或者类似条款，视为无效。但是，上述规定不影响在法律规定外增加承运人的责任和义务。

二、提单

国际海上货物运输中最常见的运输单证就是提单。按照《海商法》的规定，提单是指用以证明海上货物运输合同和货物已经由承运人接收或者装船，以及承运人保证据以交付货物的单证。提单中载明的向记名人交付货物，或者按照指示人的指示交付货物，或者向提单持有人交付货物的条款，构成承运人据以交付货物的保证。它与国内水路货物运输中所使用的运单有很大的区别。

（一）提单的作用和种类

运单是运输合同的证明，是承运人已经接收货物的收据。而提单不仅具有海上货物运输合同证明和承运人接管货物或将货物装船的证明的作用，更是承运人保证据以交付货物的凭证，即提单还是物权凭证。如果是记名提单，承运人应向提单上载明的收货人交付货物；如果是指示提单，承运人应按照指示人的指示交付货物；如果是不记名提单，则承运人应向提单的持有人交付货物。

我国《海商法》第74、75、76条分别规定了收货待运提单、不清洁提单和清洁提单三种。

1. 收货待运提单

货物装船前，承运人已经应托运人的要求签发收货待运提单或者其他单证的，货物装船完毕，托运人可以将收货待运提单或者其他单证退还承运人，以换取已装船提单；承运人也可以在收货待运提单上加注承运船舶的船名和装船日期，加注后的收货待运提单视为已装船提单。

2. 不清洁提单

承运人或者代其签发提单的人，知道或者有合理的根据怀疑提单记载的货物的品名、标志、包数或者件数、重量或者体积与实际接收的货物不符，在签发已装船提单的情况下怀疑与已装船的货物不符，或者没有适当的方法核对提单记载的，可以在提单上批注，说明不符之处、怀疑的根据或者说明无法核对。

3. 清洁提单

承运人或者代其签发提单的人未在提单上批注货物表面状况的，视为货物的表面状况良好。

（二）提单内容

根据《海商法》第73条规定，提单内容，包括下列各项。

①货物的品名、标志、包数或者件数、重量或者体积，以及运输危险货物时对危险性质的说明。

②承运人的名称和主营业所。

③船舶名称。

④托运人的名称。

⑤收货人的名称。

⑥装货港和在装货港接收货物的日期。

⑦卸货港。

⑧多式联运提单增列接收货物地点和交付货物地点。

⑨提单的签发日期、地点和份数。

⑩运费的支付。

⑪承运人或者其代表的签字。

提单缺少上述规定的一项或者几项的，不影响提单的性质。

（三）提单的签发

货物由承运人接收或者装船后，应托运人的要求，承运人应当签发提单。提单可以由承运人授权的人签发，提单由载货船船舶的船长签发的，视为代表承运人签发。

（四）提单的转让

我国的《水路货物运输规则》未规定运单可以转让，但《海商法》却对提单的转让作了专门规定。除记名提单外，指示提单和不记名提单均可以转让，其中指示提单通过记名背书或者空白背书进行转让，不记名提单则无须背书即可转让。

三、海上货物运输合同托运人和承运人的义务

（一）托运人的义务

1. 正确申报义务

托运人托运货物，应当妥善包装，并向承运人保证货物装船时所提供的货物的品名、标志、包数或者件数、重量或者体积的正确性；由于包装不良或者上述资料不正确，对承运人造成损失的，托运人应当负赔偿责任。

2. 及时办理手续的义务

托运人应当及时向港口、海关、检疫、检验和其他主管机关办理货物运输所需要的各项手续，并将已办理各项手续的单证送交承运人；因办理各项手续的有关单证送交不及时、不完备或者不正确，使承运人的利益受到损害的，托运人应当负赔偿责任。

3. 托运危险货物的义务

托运人托运危险货物，应当依照有关海上危险货物运输的规定，妥善包装，做出危险品标志和标签，并将其正式名称和性质以及应当采取的预防危害措施书面通知承运人；托运人未通知或者通知有误的，承运人可以在任何时间、任何地点根据情况需要将货物卸下、销毁或者使之不能为害，而不负赔偿责任。托运人对承运人因运输此类货物所受到的损害，应当负赔偿责任。

承运人知道危险货物的性质并已同意装运的，仍然可以在该项货物对于船舶、人员或者其他货物构成实际危险时，将货物卸下、销毁或者使之不能为害，而不负赔偿责任。但是，本款规定不影响共同海损的分摊。

4. 运费支付义务

托运人应当按照约定向承运人支付运费。托运人与承运人可以约定运费由收货人支付。但是，此项约定应当在运输单证中载明。

5. 托运人的赔偿责任

托运人对承运人、实际承运人所遭受的损失或者船舶所遭受的损坏，不负赔偿责任。但是，此种损失或者损坏是由于托运人或者托运人的受雇人、代理人的过失造成的除外；托运人的受雇人、代理人对承运人、实际承运人所遭受的损失或者船舶所遭受的损坏，不负赔偿责任。但是，这种损失或者损坏是由于托运人的受雇人、代理人的过失造成的除外。

（二）承运人的义务

1. 船舶适航义务

承运人在船舶开航前和开航当时，应当谨慎处理，使船舶处于适航状态，妥善配备船员、装备船舶和配备供应品，并使货舱、冷藏舱、冷气舱和其他载货处所适于并能安全收受、载运和保管货物。

2. 妥善谨慎处理货物的义务

承运人应当妥善、谨慎地装载、搬移、积载、运输、保管、照料和卸载所运货物。

3. 不得绕航义务

承运人应当按照约定的或者习惯的或者地理上的航线将货物运往卸货港。但船舶在海上为救助或者企图救助人命或者财产而发生的绕航或者其他合理绕航，不属于违反绕航义务的行为。

四、海上货物运输合同的变更和解除

《海商法》对合同的变更和解除作了专门的规定，其中关于开航前解除合同的规定与水路货物运输合同的规定有很大的不同。《海商法》第89条和第90条规定，船舶在装货港开航前，托运人可以要求解除合同。但是，除合同另有约定外，托运人应当向承运人支付约定运费的一半；货物已经装船的，应当负担装货、卸货和其他与此有关的费用。船舶在装货港开航前，因不可抗力或者其他不能归责于承运人和托运人的原因致使合同不能履行的，双方均可以解除合同，并互相不负赔偿责任。除合同另有约定外，运费已经支付的，承运人应当将运费退还给托运人；货物已经装船的，托运人应当承担装卸费用；已经签发提单的，托运人应当将提单退还承运人。它与《海关法》关于由于不可抗力而导致船舶不能在合同约定的目的港卸货的情况的规定，基本上是一致的。同时，《海商法》规定，除合同另有约定外，船长有权将货物在目的港邻近的安全港口或者地点卸载，视为已经履行合同。船长决定将货物卸载的，应当及时通知托运人或者收货人，并考虑托运人或者收货人的利益。

五、承运人的责任

《海商法》规定承运人责任期间以及在责任期间内货物发生的灭失、损坏和迟延交付负赔偿责任，同时，规定了承运人的免责事由。

（一）承运人的责任期间

承运人的责任期间是指承运人对货物应负责的期间。《海商法》对承运人的责任期间作了非常明确的规定，并根据是否为集装箱货物而有所不同。承运人对集装箱货物的责任期间，为从装货港接收货物时起至卸货港交付货物时止，货物处于承运人掌管之下的全部期间。承运人对非集装箱货物的责任期间，为从货物装上船时起至卸下船时止，货物处于承运人掌管之下的全部期间。但是承运人可以与托运人就非集装箱装运的货物，在装船前和卸船后所承担的责任，达成协议。

（二）承运人的免责事项

与国内水路货物运输相比，国际海上货物运输中承运人的免责事项要宽泛得多，我国《海商法》第51条规定，在责任期间货物发生的灭失或者损坏是由于下列原因之一造成的，承运人不负赔偿责任。

①船长、船员、引航员或者承运人的其他受雇人在驾驶船舶或者管理船舶中的过失。

②火灾，但是由于承运人本人的过失所造成的除外。

③天灾，海上或者其他可航水域的危险或者意外事故。

④战争或者武装冲突。

⑤政府或者主管部门的行为、检疫限制或者司法扣押。

⑥罢工、停工或者劳动受到限制。

⑦在海上救助或者企图救助人命或者财产。

⑧托运人、货物所有人或者他们的代理人的行为。

⑨货物的自然特性或者固有缺陷。

⑩货物包装不良或者标志欠缺、不清。

⑪经谨慎处理仍未发现的船舶潜在缺陷。

⑫非由于承运人或者承运人的受雇人、代理人的过失造成的其他原因。

由前两项来看，与国内水路货物运输实施的完全过错责任原则不同，对国际海上货物运输承运人实行不完全的过错责任原则，或称为过错责任原则加列明的过失免责。即承运人对货物在其责任期间发生的灭失或损害是否负责，应以其本人、代理人或受雇人员有无过错而定，有过错就应负责，没有过错可不负责。但如果货物的灭失或损害是由于船长、船员或其他受雇人员在驾驶船舶或管理船舶方面的过失所造成的，承运人也可以免责，这种海运的特别免责被称为航海过失免责。并且，如果货物灭失或损坏是由于以上人员的过失所造成的火灾所导致的，承运人亦可以免责，被称为火灾免责。①

（三）承运人的责任限制

国内水路货物运输中承运人不享有责任限制，而国际海上货物运输的承运人则享有这项权利。具体规定如下。

承运人对货物的灭失或者损坏的赔偿限额，按照货物件数或者其他货运单位数计算，每件或者每个其他货运单位为 666.67 计算单位，或者按照货物毛重计算，每千克为 2 计算单位，以二者中赔偿限额较高的为准。但是，托运人在货物装运前已经申报其性质和价值，并在提单中载明的，或者承运人与托运人已经另行约定高于本条规定的赔偿限额的除外。

承运人对货物因迟延交付造成经济损失的赔偿限额，为所迟延交付的货物的运费数额。货物的灭失或者损坏和迟延交付同时发生的，承运人赔偿责任限额适用货物灭失或损坏的限额。

就海上货物运输合同所涉及的货物灭失、损坏或者迟延交付对承运人提起的任何诉讼，不论海事请求人是否是合同的一方，也不论是根据合同者还是根据侵权行为提起的，均适用关于承运人的抗辩理由和限制赔偿责任的规定。如果该诉讼是对承运人的受雇人或者代理人提起的，经承运人的受雇人或者代理人证明，其行为是在受雇或者受委托的范围之内的，也适用上述规定。

（四）承运人责任限制丧失的条件

经证明，货物的灭失、损坏或者迟延交付是由于承运人的故意或者明知可能造成损失而轻率地作为或者不作为造成的，承运人丧失限制赔偿责任的权利。经证明，货物的灭失、损坏或者迟延交付是由于承运人的受雇人、代理人的故意或者明知可能造成损失而轻率地作为或者不作为造成的，承运人的受雇人或者代理人丧失限制赔偿责任的权利。

六、海上货物运输国际公约

在国际海上货物运输领域中，最重要的公约主要有四个：1924 年的《统一提单的若干法律规则的国际公约》（简称《海牙规则》）、经 1968 年《修改统一提单的若干法律规则的国际公约的议定书》修订后的《海牙规则》（简称《维斯比规则》)②、1978 年的《联合国海上货物运输公约》（简称《汉堡规则》)，以及 2008 年的《联合国全程或部分海上国际货物运输合同公约》（简称《鹿特丹规则》)。现今前三个公约都已经生效，处于并存的状态，而《鹿特丹规则》于 2008 年 12 月 11 日在联合国第 63 届大会第 67 次会议在纽约审议通过了，并于 2009 年 9 月 23 日在荷兰鹿特丹开放签署，但至今尚未生效。我国虽然没有参加上述前三个公约中的任何一个，也没有签署《鹿特丹规则》，但我国在制定《海商法》的时候也参照并吸收了上述前三个公约的合理内容。《鹿特丹规则》虽然至今尚未生效，但从其制定的过程和内容上来看，《鹿特丹规则》是当前国际海上货物运输领域统一

① 我国《海商法》该免责事项部分主要是参照《海牙规则》制定的，《汉堡规则》和《鹿特丹规则》已经将航海过失免责和火灾免责取消。

② 有很多学者将《海牙规则》和《维斯比规则》称为《海牙—维斯比规则》，因为《维斯比规则》是在《海牙规则》的基础上修订而来的。

性规则的集大成者，不仅涉及包括海运在内的多式联运，在船货两方的权利义务之间寻求新的平衡点，而且还引入了如电子运输单据、批量合同、控制权、管辖权和仲裁等新的内容，因此，该规则值得我们仔细学习和密切关注。上述四个国际公约对国际海上货物运输具有或将具有重要的意义和深远的影响，下面我们简单介绍这四个国际公约的基本内容。

（一）《海牙规则》

《海牙规则》主要规定了以下内容。

（1）承运人的最低限度义务。即承运人负有使船舶适航和合理管货两项最低限度的义务。提单中如果有相反的规定，该规定无效。

（2）承运人的免责事项。《海牙规则》所规定的承运人的 17 项免责事项与我国《海商法》的规定基本一致。两者都包括了航海过失免责和火灾免责两项过失免责。

（3）承运人的责任期间。即从货物装上船之时起至卸离船舶之时止。至于"装前卸后"这段时间内的货物责任，托运人和承运人可自行约定，不受《海牙规则》各项规定的约束。

（4）承运人的责任限制。即承运人对每件货物或每一计费单位的货物的责任限额为 100 英镑，但对于托运人已经声明价值的货物，则应按声明价值赔偿。

（5）托运人的基本义务。即提供托运的货物，并保证所提供的货物情况的正确性；不得擅自装运危险品。

（6）诉讼时效为 1 年。自货物交付之日起计算，如果货物灭失，则自货物应交付之日起计算。

（二）《维斯比规则》

《维斯比规则》对《海牙规则》主要作了以下几个方面的修改。

（1）明确了提单的最终效力。即当提单已经转让给善意的第三人时，相反的证据不予采用。

（2）提高了承运人的责任限额。承运人的责任限额提高到每件或每单位 10000 金法郎或货物毛重每千克 30 金法郎，以两者中较高的为准。1979 年议定书将计算单位由金法郎改为特别提款权。此外，还特别规定，如经证实，货物损失是由于承运人的故意或明知可能造成损失而轻率地作为或不作为造成的，承运人就丧失享受责任限制的权利。

（3）扩大了责任限制的适用对象。即适用于就运输合同所涉及的有关货物的灭失或损坏对承运人所提出的任何诉讼，不论该项诉讼是以合同为根据还是以侵权行为为根据。并且承运人的受雇人或代理人有权援引《海牙规则》中承运人的各项抗辩和责任限制的规定。

（三）《汉堡规则》

《汉堡规则》主要在以下几个方面作了重大的变革。

（1）承运人责任原则的变更。即抛弃了《海牙规则》的不完全过错责任原则，取消了承运人免责事项中的航海过失免责和火灾免责两项过失免责，而实行完全的过错责任原则。

（2）延长了承运人的责任期间。将承运人的责任期间延长至从承运人接收货物时起至承运人交付货物时止，货物在承运人掌管下的期间。

（3）明确规定了承运人迟延交货的责任。

（4）又一次提高了承运人的责任限额。即承运人的责任限额提高到了每件或每单位 835 特别提款权或毛重每千克 2.5 特别提款权，以两者较高的为准。并且规定承运人迟延交付的责任限额为迟延交付货物的应付运费的 2.5 倍，但不得超过合同中规定应付运费的总额。

（5）延长了诉讼时效。将诉讼时效规定为 2 年。

最后需要指出的是，《海牙规则》和《维斯比规则》都是只适用于提单所证明的海上货物运输合同，包括航次租船合同项下签发的提单，而不适用于航次租船合同本身。而《汉堡规则》则适用于海上运输合同，而不适用于航次租船合同。

（四）《鹿特丹规则》

《鹿特丹规则》与之前三个主要的已生效的国际海上货物运输公约——《海牙规则》《维斯比规则》和《汉堡规则》相比，其主要的内容和变革如下。

1. 扩大了公约的调整范围

与《海牙规则》"钩至钩"或"舷至舷"及《汉堡规则》"港至港"的调整范围不同，为适应国际集装箱货物"门到门"运输方式的变革，《鹿特丹规则》调整范围扩大到"门至门"运输，国际海运或包括海运在内的国际多式联运货物运输合同均在公约的规范范围之内，同时，《鹿特丹规则》排除了国内法的适用，使公约成为最小限度的网状责任制，拓宽了公约的适用范围，有利于法律适用的统一。

2. 明确规定了电子运输记录及其效力

与前述三个公约不同，《鹿特丹规则》明确规定了电子运输记录，确认其法律效力，并将电子运输记录分为可转让与不可转让电子运输记录。该规定适应了电子商务的发展，具有一定的超前性，势必加速运输单证的流转速度并提高安全性。

3. 加重了承运人的责任

《鹿特丹规则》规定了承运人必须在开航前、开航当时和海上航程中都恪尽职守使船舶保持适航状态，从而使得承运人的适航义务扩展到了航程的始终。承运人根据公约对货物的责任期间，自承运人或履约方为运输而接收货物时开始，至货物交付时终止。承运人责任基础采用了完全过错责任原则，废除了现行的"航海过失"免责和"火灾过失"免责。承运人的单位责任限制有较大幅度的提高。总的来说，承运人的责任比以前加重了。

4. 增设了单证托运人

单证托运人是指托运人以外的同意在运输单证或电子运输记录中记名为"托运人"的人，单证托运人享有托运人的权利并承担其义务。

5. 创设了履约方和海运履约方制度

《鹿特丹规则》下没有实际承运人的概念，但创设了履约方和海运履约方制度。履约方是指承运人以外的，履行或承诺履行承运人在运输合同下有关货物接收、装载、操作、积载、运输、照料、卸载或交付的任何义务的人，以该人直接或间接在承运人的要求、监督或控制下行事为限。海运履约方是指凡在货物到达船舶装货港至货物离开船舶卸货港期间履行或承诺履行承运人任何义务的履约方。内陆承运人仅在履行或承诺履行其完全在港区范围内的服务时方为海运履约方。海运履约方与托运人之间不存在直接的合同关系，而是在承运人直接或间接的要求、监督或者控制下，实际履行或承诺履行承运人在"港至港"运输区段义务的人，突破了合同相对性原则。海运履约方承担公约规定的承运人的义务和赔偿责任，并有权享有相应的抗辩和赔偿责任限制。班轮运输条件下的港口经营人作为海运履约方将因此受益。

6. 增设了批量合同规定

批量合同是指在约定期间内分批装运特定数量货物的运输合同，其常见的类型是远洋班轮运输中的服务合同。公约适用于班轮运输中使用的批量合同，除承诺的货物数量外，每次运输项下承托双方关于货物运输的权利、义务或责任等方面适用公约的规定。公约赋予批量合同当事人双方较大的合同自由，允许在符合一定条件时背离公约的规定自行协商合同条款，这是合同自由在一定程度上的回归。

7. 创设了货物控制权

《鹿特丹规则》首次在海上货物运输领域规定货物的控制权。货物控制权是指根据公约规定按运输合同向承运人发出有关货物的指示的权利，具体包括就货物发出指示或修改指示的权利，此种指示不构成对运输合同的变更；在计划挂靠港或在内陆运输情况下在运输途中的任何地点提取货物的权利；由包括控制方在内的其他任何人取代收货人的权利。在符合一定条件下，承运人有执行控制方指示的义务；在无人提货的情况下，承运人有通知托运人或单证托运人请其发出交付货物指示的义务。

8. 专章规定了诉讼与仲裁

《鹿特丹规则》专章规定了诉讼和仲裁，除批量合同外，索赔方有权在公约规定的范围内，选择诉讼地和仲裁地，且运输合同中的诉讼或仲裁地点，仅作为索赔方选择诉讼或仲裁地点之一。参与制定公约的各国代表团对这两章的内容分歧比较大，为了不影响公约的生效，允许缔约国对这两章做出保留。

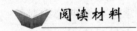 阅读材料

海上货物运输无单放货纠纷案①

2000 年 7 月 31 日、8 月 7 日，原告浙江纺织公司与案外人 K 公司以传真方式分别签订了各 20 万套男、女生校服的售货确认书，嗣后作为该项贸易不可撤销可转让信用证的被转让受益人，收到了案外人 HBZ FINANCE LIMITED 出具的 4 份信用证项下文件。信用证项下文件规定，托运人为 AL HOSAN FOR IMPORT AND EXPORT/AL FARIS FOR IMPORT，收货人为凭伊高教部指示，货物标签上需显示 AL HOSAN 或 AL FARIS 或 FAST 根据买方安排。

涉案货物出运后，原告浙江纺织公司将全套贸易单证通过交通银行杭州分行向 HBZ FINANCE LIMITED 托收，因无人赎单，全套贸易单证最终由该行退还浙江纺织公司，退单背面均没有伊高教部的指示背书。庭审中，被告台湾立荣公司确认其已将涉案货物运抵伊拉克并交付给该国政府指定的伊拉克国家水运公司，由后者向伊高教部交付所有货

---

① 改编自：(2003) 沪高民四（海）终字第 39 号判决书。

物，故涉案货物的正本海运提单均未收回。

本案争议焦点是：提单上托运人一栏中未列名的人能否以托运人主体资格提起本案诉讼？台湾立荣公司应否承担无单放货责任？无单放货引起的经济损失应当如何认定？

上海海事法院经审理认为：

涉案提单背面相关条款约定：任何因提单而产生的纠纷和索赔适用承运人（本案被告台湾立荣公司）所选择的法庭和法律，这些法庭和法律可以是承运人主要营业地，或者装货或交付地，或者装船或卸货港所在地的法庭和法律。本案确定由上海海事法院行使管辖权后，双方当事人特别是台湾立荣公司明确表示，愿选择《海商法》《合同法》解决本案争议。为尊重争议双方这一选择，确定《海商法》《合同法》为界定争议双方权利义务的准据法。

关于第一个问题。《海商法》第42条第3项规定："'托运人'是指：①本人或者委托他人以本人名义或者委托他人为本人与承运人订立海上货物运输合同的人；②本人或者委托他人以本人名义或者委托他人为本人将货物交给与海上货物运输合同有关的承运人的人。"故缔约人、交货人均可以成为《海商法》所指的托运人。鉴于《海商法》没有强制规定交货人作为托运人时必须在提单中载明，因此交货人能否作为托运人，不以其名称是否出现在提单上为法定条件。《海商法》第72条规定："货物由承运人接收或者装船后，应托运人的要求，承运人应当签发提单。""提单可以由承运人授权的人签发。提单由载货船舶的船长签发的，视为代表承运人签发。"根据业已查明的事实，原告浙江纺织公司从国内各生产厂商处完成收购后，依次通过各货运代理环节，向被告台湾立荣公司订舱。支付运费并交付出运；台湾立荣公司也依次通过各货运代理环节，接受了涉案货物，收取了运费，并按照浙江纺织公司的要求出具了海运提单。除了浙江纺织公司以外，目前没有证据证明他人向台湾立荣公司交付了涉案货物，并指示该公司如何履行本案海上货物运输合同。尽管根据贸易中的约定，浙江纺织公司未将其名称在提单上载明，但前述事实证明，该公司无疑是本案海上货物运输合同项下的缔约人和唯一交货人。据此，应当认定浙江纺织公司有资格以涉案货物托运人的身份提起本案诉讼。

关于第二个问题。《海商法》第71规定："提单，是指用以证明海上货物运输合同和货物已经由承运人接收或者装船，以及承运人保证据以交付货物的单证。提单中载明的向记名人交付货物，或者按照指示人的指示交付货物，或者向提单持有人交付货物的条款，构成承运人据以交付货物的保证。"提单是承运人出具的保证书，凭正本提单交付提单项下货物，是承运人保证履行的一项义务。尽管被告台湾立荣公司企图证明，其已按涉案提单的指示，将提单项下货物交付给了伊高教部，但该公司不得不承认，其在交付涉案货物时未收回正本海运提单。作为承运人，台湾立荣公司如此履行义务，不仅不符合海上货物运输合同中的约定，也违反了海运惯例和法律规定，应当承担违约责任，赔偿因无单放货而使浙江纺织公司遭受的实际损失。

关于第三个问题。《海商法》第55条第1款规定："货物灭失的赔偿额，按照货物的实际价值计算；货物损坏的赔偿额，按照货物受损前后实际价值的差额或者货物的修复费用计算。"《合同法》第113条第1款规定："当事人一方不履行合同义务或者履行合同义务不符合约定，给对方造成损失的，损失赔偿额应当相当于因违约所造成的损失，包括合同履行后可以获得的利益，但不得超过违反合同一方订立合同时预见到或者应当预见到的因违反合同可能造成的损失。"现有证据证明浙江纺织公司遭受的损失包括：涉案货物外销价 2602562 美元，此款是浙江纺织公司在正常贸易情况下应取得的货款，也是涉案货物的实际价值；退税款 3111486.35 元，这是根据国家有关部门规定，浙江纺织公司在正常贸易情况下应取得的款项；涉案货物外销价 2602562 美元，从正常收汇时间 2001 年 1 月起至 2002 年 9 月底；退税款 3111486.35 元，从国家规定退税期 2001 年 7 月起至 2002 年 9 月底。这两笔款在此期间按企业活期存款利率计算的利息，是正常贸易情况下浙江纺织公司应取得的法定孳息，属于该公司实际损失的组成部分。以上款项，均应由台湾立荣公司赔偿。

原告浙江纺织公司诉请被告台湾立荣公司赔偿的贴息损失及贴息损失的相应利息，是根据浙江省政府为鼓励出口创汇制定的地方政策计算的。地方政策在所在特定行政区域内有效，对外不具有普遍约束力，故该公司的此项诉请不予支持。

原告浙江纺织公司诉请被告台湾立荣公司赔偿的律师资及律师差旅费，虽然属于浙江纺织公司为支持诉讼而支出的相应费用，但由于现有法律法规对这部分诉请尚无明确规定，同时也由于对这部分诉请目前尚缺乏统一的、具体的、可供实际操作的计算标准，故目前难以支持。

据此，上海海事法院判决如下：

（1）被告台湾立荣公司赔偿原告浙江纺织公司应得货款损失 2602562 美元，及该款的银行利息。

（2）被告台湾立荣公司赔偿原告浙江纺织公司退税款损失 3111486.35 元，及该款的银行利息。

第六节　航空运输法律法规

航空运输是一种现代化的运输方式，随着航空工业技术的发展和国际贸易市场对货物供应的要求，航空货物运输在货运中所占的比例越来越大。对物流企业来说，航空运输是一种越来越重要的运输方式。但由于我国对航空业的控制和管理十分严格，物流企业很难使用自己的航空器进行运输，而更多的是与航空公司签订包机合同或航空货物运输合同来完成货物运输。在我国，航空货物运输要受《民用航空法》《合同法》《中国民用航空货物国内运输规则》和《中国民用航空货物国际运输规则》的调整。同时，目前，调整国际航空货物运输的国际公约主要有 1921 年在华沙签订的《统一国际航空运输的某些规则的公约》（简称《华沙公约》）以及系列议定书和 1999 年在蒙特利尔签订的《统一国际航空运输的某些规则的公约》（简称《蒙特利尔公约》）。《蒙特利尔公约》是为了适应国际航空运输制度的发展在《华沙公约》的基础上制定的，于 2003 年 11 月 4 日正式生效。目前这两个公约都已经生效，我国于 1957 年加入了《华沙公约》，2005 年加入了 1999 年《蒙特利尔公约》。这些航空公约对我国航空运输具有法律约束力，物流企业从事国际航空货物运输必须遵守这些国际公约。

一、航空货物运输合同

航空货物运输合同是指航空承运人与托运人签订的，由航空承运人通过空运的方式将货物运至托运人指定的航空港，交付给托运人指定的收货人，由托运人支付运费的合同。

（一）航空货物运输合同的订立

实践中，航空货物运输合同订立的过程，即要约和承诺的过程，主要表现为托运人托运和承运人承运的过程。

1. 托运

托运人托运货物应先填写货物托运书。托运书是指托运人办理货物托运时填写的书面文件，是据以填开航空货运单的凭据。托运人应当对托运书内容的真实性、准确性负责，并在托运书上签字或者盖章。托运人在托运货物时，承运人有权要求托运人填写航空货运单，同样地，托运人也有权要求承运人接受该航空货运单。

航空货运单是指托运人或者托运人委托承运人填制的，是托运人和承运人之间为在承运人的航线上承运货物所订立合同的证据。托运人应当正确填写航空货运单，并对航空货运单上关于货物的说明和声明的正确性负责。因航空货运单填写的错误、不完全或不符合规定，而给承运人或承运人对之负责的其他人造成损失的，托运人要负赔偿责任。如果航空货运单是由承运人根据他的请求填写的，在没有相反证据的情况下，视为代他填写。航空货运单正本一式三份，连同货物一起交给承运人。

2. 承运

航空承运人对托运人提供的航空货运单和货物要进行认真地核查，认定货物与货运单的内容是否一致，并有权在必要时会同托运人开箱进行安全检查。如有不符合规定的，承运人可以要求托运人加以改善。如果其不改善或者改善后仍不符合规定的话，承运人有权拒绝承运。在检查中发现违禁物品或者危险品的，应当按照有关规定处理。经检查，货物与航空货运单一致的，承运人应予以确认，并签发航空货运单。航空承运人同意对货物进行承运后，航空货物运输合同即告成立。

（二）航空货物运输合同双方的义务

1. 托运人的义务

（1）应当按照航空货物运输合同的约定提供货物。

（2）应对货物按照国家主管部门规定的包装标准进行包装。如果没有上述包装标准的话，则应按照货物的性质和承载飞机的条件，根据保证运输安全的原则对货物进行包装。如果不符合上述包装承运人有权利拒绝承运。必须在托运的货件上标明发站、到站，托运人和收货人的单位、姓名及地址，按照国家规定标明包装储运指示标志。

（3）要及时支付运费。除非托运人与承运人有不同约定，运费应当在承运人开具航空货运单时一次付清。

（4）如实申报货物的品名、重量和数量。

（5）要遵守国家有关货运安全的规定，妥善托运危险货物，并按国家关于危险货物的规定对其进行包装。不得以普通货物的名义托运危险货物，也不得在普通货物中夹带危险品。

（6）应当提供必需的资料和文件，以便在货物交付收货人前完成法律、行政法规规定的有关手续。

2. 承运人的义务

（1）按照航空货运单上填明的地点，在约定的期限内将货物运抵目的地。

（2）按照合理或经济的原则选择运输路线，避免货物的迂回运输。

（3）对承运的货物应当精心组织装卸作业，轻拿轻放，严格按照货物包装上的储运指示标志作业，防止货物损坏。

（4）保证货物运输安全。

（5）按货运单向收货人交付货物。

（三）合同的变更和解除

1. 合同的变更

在履行航空货物运输合同规定的义务的条件下，托运人有权在出发地机场或者目的地机场将货物提回，或者在途中经停时中止运输，或者在目的地或途中要求将货物交给非航空货运单上指定的收货人，或者要求将货物运回出发地机场。但是，托运人不得因行使此种权利而使承运人或者其他托运人遭受损失，并应当偿付由此产生的费用。

收货人的权利开始时，托运人的这项权利即告终止。但是，收货人拒绝接受航空货运单或者货物，或者承运人无法同收货人联系的，托运人将恢复其对货物的处置权。

2. 合同的解除

托运人和承运人如果认为继续运输已经没有必要或者已经不可能，可以协商解除合同。要求解除的一方向对方提出解除合同的要求，经对方同意后即可以解除合同。承运人提出解除合同的，应当退还已经收取的运费；托运人提出解除合同的，应当付给承运人已经发生的费用。任何一方因不可抗力不能履行合同时，也可以解除合同，但应当及时通知对方。由于承运人执行国家交给的特殊任务或由于天气等原因使货物运输合同的履行受到影响，需要变更或者解除运输合同时，承运人应当及时与托运人或收货人商定处理办法。

（四）违约责任

1. 托运人的责任

（1）对因在托运货物内夹带、匿报危险物品，错报笨重货物重量，或违反包装标准和规定而造成承运人或第三者的损失，承担赔偿责任。

（2）对因没有提供必需的资料、文件，或者提供的资料、文件不充足或者不符合规定造成的损失，除由于承运人或者其受雇人、代理人的过错造成的外，应当对承运人承担责任。

（3）未按时缴纳运输费用的，应承担违约责任。

2. 承运人的责任

（1）承运人的赔偿责任。因发生在航空运输期间的事件，造成货物毁灭、遗失或者损坏的，承运人应当承担责任。航空运输期间，是指在机场内、民用航空器上或者机场外降落的任何地点，托运行李、货物处于承运人掌管之下的全部期间，不包括机场外的任何陆路运输、海上运输、内河运输过程；但如果此种陆路运输、海上运输、内河运输是为了履行航空运输合同而装载、交付或者转运，在没有相反证据的情况下，所发生的损失视为在航空运输期间发生的损失。

在货物运输中，经承运人证明，损失是由索赔人或者代行权利人的过错造成或者促成的，应当根据造成或者促成此种损失的过错的程度，相应免除或者减轻承运人的责任。货物在航空运输中因延误造成的损失，承运人应当承担责任。但是，承运人证明本人或者其受雇人、代理人为了避免损失的发生，已经采取一切必要措施或者不可能采取此种措施的，不承担责任。

（2）承运人的免责事项。承运人证明货物的毁灭、遗失或者损坏完全是由于下列原因之一造成的，不承担责任。

①货物本身的自然属性、质量或者缺陷。

②承运人或者其受雇人、代理人以外的人包装货物的，货物包装不良。

③战争或者武装冲突。

④政府有关部门实施的与货物入境、出境或者过境有关的行为。

（3）承运人的责任限额。国内航空运输承运人的赔偿责任限额由国务院民用航空主管部门制定，报国务院批准后公布执行。《中国民用航空货物国内运输规则》规定："货物没有办理声明价值的，承运人按照实际损失的价值进行赔偿，但赔偿最高限额为毛重每千克人民币 20 元。"托运人在交运货物时，特别声明在目的地点交付时的利益，并在必要时支付附加费的，除承运人证明物流企业声明的金额高于货物在目的地点交付时的实际利益外，承运人应当在声明金额范围内承担责任。

根据我国《航空法》规定，任何旨在免除承运人责任或者降低承运人赔偿责任限额的条款，均属无效。但是，此种条款的无效不影响整个航空运输合同的效力。有关航空运输中发生的损失的诉讼，不论其根据如何，只能依照《航空法》规定的条件和赔偿责任限额提出。经证明，航空运输中的损失是由于承运人或者其受雇人、代理人的故意或者明知可能造成损失而轻率地作为或者不作为造成的，承运人无权援用有关赔偿责任限制的规定；证明承运人的受雇人、代理人有此种作为或者不作为的，还应当证明该受雇人、代理人是在受雇、代理范围内行事。

就航空运输中的损失向承运人的受雇人、代理人提起诉讼时，该受雇人、代理人证明他是在受雇、代理范围内行事的，有权援用有关赔偿责任限制的规定。在这种情形下，承运人及其受雇人、代理人的赔偿总额不得超过法定的赔偿责任限额。经证明，航空运输中的损失是由于承运人的受雇人、代理人的故意或者明知可能造成损失而轻率地作为或者不作为造成的，不适用上述规定。

二、包机合同

（一）包机合同的概念

包机合同是指航空公司按照合同约定的条件把整架飞机或飞机的部分舱位租给包机人，把货物由一个或几个航空港运到指定目的地，并由包机人支付约定费用的合同。包机分为整机包机和部分包机。整机包机是指航空公司整架飞机租给一个包机人的航空运输方式。而部分包机是指由几家包机人联合包租一架飞机，或者由航空公司把一架飞机的舱位分别租给几家包机人的航空运输方式。物流企业可以根据货物的具体情况选择是否使用包机运输，作为包机人与航空公司签订包机合同。包机运输虽然具有高度的灵活性，但由于政府出于安全考虑对航空的限制，复杂的审批手续使运输成本大大增加，因而实际开展包机业务的地区并不多。

（二）包机合同的订立

包机合同的签订要经过要约和承诺的过程。通常由物流企业作为包机人向航空公司提出包机申请，视为要约。物流企业申请包机，要凭单位介绍信或个人有效身份证件与航空公司联系。双方在对包机运输条件进行协商，达成一致后，包机合同即告成立。

（三）包机合同双方的义务

1. 包机人的义务

（1）提供包机合同中约定的货物，并对货物进行妥善的包装。

（2）按照约定支付费用。

2. 出租人的义务

（1）按照合同约定提供适宜货物运输的飞机或舱位。

（2）按照合同约定的期限将货物运到目的地。

（3）保证货物运输的安全。

三、国际航空货物运输

（一）国际航空运输的概念

《蒙特利尔公约》第1条第2款规定，"国际运输"系指根据当事人的约定，不论在运输中有无间断或者转运，其出发地点和目的地点是在两个当事国的领土内，或者在一个当事国的领土内，而在另一国的领土内有一个约定的经停地点的任何运输，即视该国为非当事国。在一个当事国的领土内两个地点之间的运输，而在另一国的领土内没有约定的经停地点的，不是国际运输。

（二）航空货运单

航空货运单是国际航空货物运输合同的主要形式。就货物运输而言，应当出具航空货运单，任何保存将要履行的运输记录的其他方法都可以用来代替出具航空货运单。采用此种其他方法的，承运人应当应托运人的要求，向托运人出具货物收据，以便识别货物并能获得此种其他方法所保存记录中的内容。航空货运单或者货物收据的内容应当包括：①对出发地点和目的地点的标示；②出发地点和目的地点是在一个当事国的领土内，而在另一国的领土内有一个或者几个约定的经停地点的，至少对其中一个此种经停地点的标示；③对货物重量的标示。

承运人有权要求托运人填写航空货运单，托运人也有权要求承运人接受航空货运单。托运人托运货物时必须填写航空货运单，每批货物填写航空货运单正本一式三份。第一份应当注明"交承运人"，由托运人签字。第二份应当注明"交收货人"，由托运人和承运人签字。第三份由承运人签字，承运人在接受货物后应当将其交给托运人。承运人和托运人的签字可以印就或者用戳记。承运人根据托运人的请求填写航空货运单的，在没有相反证明的情况下，应当视为代托运人填写。

航空货运单或者货物收据是订立合同、接受货物和所列运输条件的初步证据。航空货运单上或者货物收据上关于货物的重量、尺寸和包装以及包件件数的任何陈述是所述事实的初步证据；除经过承运人在托运人在场时查对，并在航空货运单上或者货物收据上注明经过如此查对或者其为关于货物外表状况的陈述外，航空货运单上或者货物收据上关于货物的数量、体积和状况的陈述不能构成不利于承运人的证据。航空货运单可以作为运费账单、保险证明，并可作为向海关报关的依据。但与海运提单不同，航空货运单不是货物所有权的凭证，在实践中一般都印有"不可转让"字句，不能流通转让。但是，《海牙议定书》允许签发可以流通的航空货运单。

（三）货物的托运和承运

国际航空货物运输的托运和承运的过程与国内航空运输基本一致，只是在航空货运单的填写方面，国际航空运输明确要求航空货运单应当由托运人填写，同时明确了承运人根据托运人的请求填写货运单的，在没有相反证据的情况下，应当视为代托运人填写，进一步明确了承运人和托运人之间填制货运单的责任。

（四）合同双方的义务

在托运人和承运人的义务方面，国际航空货物运输与国内航空货物运输是基本一致的。

（五）承运人的责任

《蒙特利尔公约》规定对承运人责任采用严格责任原则，即对于货物毁损灭失所造成的损失，只要造成损失的事件是在航空运输期间发生的，承运人就应当承担责任。但是，承运人证明货物的毁损灭失是由于货物的固有缺陷或质量瑕疵、货物非由承运人或其雇员或代理人包装时的包装缺陷、战争或武装冲突、公共当局对货物的出境及入境或过境实施的行为造成的，承运人不承担责任。承运人对货物毁损、灭失的赔偿责任限额为每千克17特别提款权（2009年12月30日起，《蒙特利尔公约》在货运运输中造成毁灭、遗失、损坏或者延误的，对每千克货物的赔偿责任限额从17特别提款权提高至19特别提款权。）但托运人申报的价值更高的不在此限。

（六）索赔和诉讼

《华沙公约》规定，当货物遭受损害时，收货人应7天内以书面形式向承运人提出异议，如货物延时交付，则收货人应在货物交由其支配之日起14天内提出异议。如果收货人没有在上述期限内提出异议，则不得起诉承运人，但承运人有欺诈行为的，收货人则不受上述期限的限制。《海牙议定书》和《蒙特利尔公约》则将上述期限分别延长至14天和21天。航空运输合同的诉讼时效为2年，自货物到达或应当到达或运输停止之日起计算。

按照《蒙特利尔公约》的规定，损害赔偿诉讼必须在一个当事国的领土内，由原告选择，向承运人住所地、主要营业地或者订立合同的营业地的法院，或者向目的地点的法院提起。自航空器到达目的地点之日、应当到达目的地点之日或者运输终止之日起两年期间内未提起诉讼的，丧失对损害赔偿的权利。

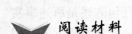

阅读材料

航空货物运输合同纠纷案①

　　2005年7月至8月，案外人吴某、何某（均已判刑）经密谋在深圳市宝安区公明街道合水口十三区以虚假的深圳市银河实业有限公司的名义，与湖南高纯化学试剂厂（以下简称高纯厂）商谈银粉的购销事宜，意图骗取银粉。其中吴某充当公司采购员苏尧忠，负责业务洽谈；何某充当公司业务员，负责接发传真。经吴某与高纯厂法定代表人陈某商谈后，2005年8月8日，吴某将拟订的合同传真给高纯厂，约定以2390元/千克的价格购银粉120千克，发货的同时汇款。第二天，吴某和何某又将一份伪造的汇票传真给高纯厂，并催促高纯厂发货。高纯厂将一份假的发货单传真给吴某，吴某看出发货单是假的，就打电话给陈某说要取消生意。高纯厂表示马上发货。

　　2005年8月10日下午16时19分，高纯厂员工王某接受指派，以个人名义到黄花机场公司办理空运银粉事宜。王某按普通货物向黄花机场公司交纳了航空运费370元，燃油附加费26元，合计396元。黄花机场公司开出了湖南长沙黄花国际机场航空运输服务有限公司货运、快递发票，并将其中的发票联、抵扣联、收货人联交给高纯厂。发票上注明的始发站是"长沙"，目的站是"深圳"，托运人是"王某"，收货人是高纯厂法定代表人"陈某"，提货方式为"机场自提"，货物毛重132千克，费率为2.8，货物品名是"银粉"，并留下了王某和陈某的联系电话。收货人联上有"提货注意事项"，其中第1条明确记载"收货人凭本收货人联或其复印件和本人居民身份证或其他有效身份证件提货；委托他人提货时，凭本货运单所指定的收货人及提货人的居民身份证或其他有效身份证件提货。如承运人或其代理人要求出具单位介绍信或其他有效证明时，收货人应予提供"。办理托运手续时王某没有声明货物的价值。16时20分，黄花机场公司将该笔业务以132元的价格交给深圳航空公司实际承运。货物运到目的地深圳宝安机场后，深圳航空公司将货物交给深圳机场公司代为交货。

　　在此期间，吴某利用高纯厂传真过来的假发货单，推测出货物运输方式和始发站，打电话给黄花机场公司的机场发货处，冒充高纯厂工作人员说自己忘记了货单号，骗得发货处工作人员的信任，取得了涉案银粉的航班号、提货单号，并得知提货单上指定的收货人为陈某。吴某和何某立即找人伪造了陈某的身份证、驾驶证。2005年8月11日上午8时许，吴某与何某前往深圳机场公司提货处以伪造的陈某的身份证提取了120千克银粉。当日晚，由何某将银粉卖至番禺，得赃款219600元。

　　事发后，吴某、何某已被深圳市宝安区人民法院依法分别判处有期徒刑。经鉴定，涉案银粉价值286800元，但没有追回任何赃物赃款。后高纯厂向黄花机场公司发函要求该公司全额赔偿未果，于是诉至法院。

---

① 改编自：（2005）芙民初字第1451号判决书。

法院经审理认为：本案争议的焦点一是本案原、被告身份是否适格；二是本案货物被骗无法追回的责任如何划分；三是赔偿额如何确定。

1. 主体资格问题

黄花机场公司答辩称托运人是王某而不是高纯厂，高纯厂作为原告不适格；深圳航空公司答辩称该公司不是合同当事人，不应成为本案被告，同时也对原告身份提出了质疑；深圳机场公司则提出自己是深圳航空公司的受托人。本院认为，王某作为高纯厂的工作人员，接受单位委派以个人名义将银粉托运，该行为属于为企业进行经营活动的职务行为，应由所在单位承担相应法律责任。现高纯厂对王某的代理行为予以认可，且生效的（2006）深宝法刑初字第46号刑事判决书已经认定高纯厂的托运行为，故高纯厂作为本案原告是适格的。

本案中，黄花机场公司是以本人名义与托运人订立航空运输合同的缔约承运人，深圳航空公司是履行了空中运输的实际承运人，深圳机场公司是提供该运输的货物保管和交付服务的实际承运人。虽然深圳航空公司与深圳机场公司没有与高纯厂直接缔结航空运输合同，但是在诉讼中黄花机场公司要求深圳航空公司参加诉讼，深圳航空公司要求深圳机场（集团）有限公司（后本院依法变更为深圳机场公司）参加诉讼，因此本案三被告均是本案的适格被告。

2. 本案的责任划分问题

黄花机场公司向高纯厂出具的货运发票收货人联中有提货注意事项，已明确约定"收货人凭本收货人联或其复印件和本人居民身份证或其他有效身份证件提货"，虽然罪犯吴某、何某持有伪造的身份证件，但未持有发票中的收货人联原件或者复印件，深圳机场公司在未进行相应核对的情况下即向罪犯发货，以致损失发生，深圳机场公司应当明知自己的行为可能造成损失而轻率地作为，该轻率发货的行为是损失发生的主要原因。黄花机场公司在吴某冒充高纯厂工作人员套取运输信息时没有认真核实对方身份，从而随意泄露了货物运输的航班号、提货单号和提货人姓名，该轻率泄露运输信息的行为是货物被骗受损的次要原因。

本案中，黄花机场公司轻率泄露信息的行为与深圳机场公司轻率发货的行为均与对方应该履行的义务相关联。黄花机场公司作为缔约承运人，在对合同约定的全部运输负责的同时，还应当对深圳机场公司的过错承担责任；深圳机场公司对自己的过错承担责任的同时，还应该对黄花机场公司的过错承担责任。因此，黄花机场公司与深圳机场公司应该互负连带赔偿责任，赔偿高纯厂的货物损失。

深圳航空公司已经按照合同约定履行了空运货物的义务，并且对本案货物发生损失没有任何过错，依法不应当承担本案的赔偿责任。

三被告在诉讼中均提出高纯厂在与犯罪交易的过程中有过错，高纯厂应该自行承担货物受损的责任。本院认为，高纯厂与犯罪分子进行了交易洽谈，并发出了一份虚假的发货单，但货物被骗受损的根本原因是由于黄花机场公司与深圳机场公司随意泄露了运输信息及无单发货所致，与高纯厂的行为没有必然的因果关系。因此，三被告关于货物被骗应由高纯厂承担主要责任的抗辩主张不能成立。

3. 赔偿额的确定问题

三被告在诉讼中均提出高纯厂托运时没有声明货物价值，本案应适用限额赔偿。本院认为，被告关于限额赔偿的主张不能成立，但是根据本案的具体情况可以适当减少黄花机场公司与深圳机场公司的赔偿额度。

本院认为黄花机场公司与深圳机场公司承担本案货物全部损失的 80%（即 229440 元）为宜。法院判决如下：被告黄花机场公司与被告深圳机场公司互负连带责任赔偿原告湖南高纯化学试剂厂货物损失 229440 元。

第七节　多式联运法律法规

对物流企业来说，选择多式联运的方式来运送货物可以缩短运输时间，保证货运质量，节省运输费用，实现真正的运输合理化。我国的《海商法》和《合同法》对多式联运的相关事项都作了规定。1997 年交通运输部（现交通运输部）和铁道部（现国家铁路局）还联合颁布了《国际集装箱多式联运管理规则》，专门对集装箱多式联运的有关问题作了规定。

一、多式联运合同

（一）多式联运合同的概念

多式联运合同是指多式联运经营人与托运人签订的，由多式联运经营人以两种或者两种以上不同的运输方式将货物由接管地运至交付地，并收取全程运费的合同。物流企业在选择与多式联运经营人签订多式联运合同时，则为托运人。

（二）多式联运合同的订立

订立多式联运合同的程序与其他订立单一运输方式的运输合同一样，要经过要约和承诺两个阶段。所不同的是，与托运人直接订立合同的是多式联运经营人，其他区段承运人并不直接参与合同的订立。托运人可以与某一多式联运经营人进行谈判协商，双方意思达成一致，即可订立合同。但在实践中，很多多式联运经营人有专门的业务机构或代理机构为其办理揽货事务，并对其联运路线、运价本、联运单据等情况加以宣传。托运人在向其业务机构或代理机构托运货物时，可以以托运单或订舱单的形式提出运输申请，多式联运经营人根据运输申请的内容决定是否承运，如果他决定承运的话，多式联运合同即告成立。

如果安排的是长期稳定的货物运输的话，托运人还可以与多式联运经营人签订长期的多式联运协议，在货物发运时，以装运通知或托运单的形式通知多式联运经营人或指定的代理人，以便安排运输。

（三）多式联运单据

多式联运中通常采用的运输单证是多式联运单据，当多式联运的运输方式之一是海运，尤其是第一种运输方式时，多式联运单据多表现为多式联运提单。多式联运经营人收到托运人交付的货物时，应当签发多式联运单据。按照托运人的要求，多式联运单据可以是可转让单据，也可以是不可转让单据。

多式联运单据应当载明下列事项：

①货物名称、种类、件数、重量、尺寸、外表状况、包装形式。

②多式联运经营人名称和主营业所。

③托运人名称。

④收货人名称。

⑤接受货物的日期、地点。

⑥交付货物的地点和约定的日期。

⑦多式联运经营人或其授权人的签字及单据的签发日期、地点。

⑧运费的交付。

⑨预期运输经由路线、运输方式以及换装地点等。

（四）多式联运合同双方的义务

1. 托运人的义务

①按照合同约定的货物品类、数量、时间、地点提供货物，并交付多式联运经营人。

②认真填写多式联运单据的基本内容，并对其正确性负责。

③按照货物运输的要求妥善地包装货物。

④按照约定支付各种运输费用。

2. 多式联运经营人的义务

①及时提供适合装载货物的运输工具。

②按照规定的运到期间，及时将货物运至目的地。

③在货物运输的责任期间内保证货物的运输安全。

④在托运人或收货人按约定缴付了各项费用后，向收货人交付货物。

二、多式联运经营人的责任

1. 责任期间

多式联运经营人的责任期间是指多式联运经营人对所运输保管的货物负责的期间。托运人可以要求多式联运经营人对在其责任期间发生的货物灭失、损坏和迟延交付负赔偿责任。

我国《海商法》第 103 条规定："多式联运经营人对多式联运货物的责任期间，自接收货物时起至交付货物时止。"《合同法》第 318 条亦规定："多式联运经营人可以与参加多式联运的各区段承运人就多式联运合同的各区段运输约定相互之间的责任，但该约定不影响多式联运经营人对全程运输承担的义务。"《国际集装箱多式联运管理规则》对多式联运经营人的责任期间也作了与《海商法》和《合同法》相一致的规定。

2. 多式联运的责任制类型

多式联运经营人的责任形式决定了托运人可以要求多式联运经营人对哪些损失负责以及负什么样的责任，因而托运人对多式联运经营人的责任形式要有充分的了解。目前，多式联运责任制类型有以下四种。

（1）责任分担制。在这种责任制下，多式联运经营人和各区段承运人在合同中事先划分运输区段。多式联运经营人和各区段承运人都仅对自己完成的运输区段负责，并按各区段所应适用的法律来确定各区段承运人责任。这种责任制实际上是单一运输方式损害赔偿责任制度的简单叠加，并没有真正发挥多式联运的优越性，不能适应多式联运的要求，故目前很少被采用。

（2）网状责任制。在这种责任制下，由多式联运经营人就全程运输向货主负责，各区段承运人对且仅对自己完成的运输区段负责。无论货物损害发生在哪个运输区段，托运人或收货人既可以向多式联运经营人索赔，也可以向该区段的区段承运人索赔。但各区段适用的责任原则和赔偿方法仍根据调整该区段的法律予以确定。多式联运经营人赔偿后有权就各区段承运人过失所造成的损失向区段承运人进行追偿。网状责任制是介于统一责任制和责任分担制之间的一种制度，故又称为混合责任制。目前，国际上大多采用的是网状责任制。

（3）统一责任制。在这种责任制下，多式联运经营人对全程运输负责，各区段承运人对且仅对自己完成的运输区段负责。不论损害发生在哪一区段，统一责任制均按照同一责任进行赔偿，多式联运经营人和各区段承运人均承担相同的赔偿责任。这种责任制有利于货方，但对多式联运经营人来说责任负担则较重，目前世界上对这种责任制的应用并不广泛。

（4）修正后的统一责任制。有些学者也称之为"可变性的统一责任制"，是由《联合国多式联运公约》所确立的以统一责任制为基础，以责任限额为例外的一种责任制度。根据这一制度，不管是否能够确定货运事故发生的实际运输区段，都适用公约的规定。但是，若货运事故发生的区段适用的国际公约或强制性国家法律规定的赔偿责任限额高于公约规定的赔偿责任限额，则应该按照该国际公约或国内法的规定限额进行赔偿。很明显，这种责任制度有利于货主而不利于多式联运经营人，因《联合国多式联运公约》尚未生效，所以实践中适用该责任制的情况也较少。

3. 我国所采用的责任形式

我国的法律法规在多式联运经营人的责任形式方面一致采用了网状责任制。《海商法》规定，多式联运经营人负责履行或者组织履行多式联运合同，并对全程运输负责。多式联运经营人与参加多式联运的各区段承运人，可以就多式联运合同的各区段运输，另以合同约定相互之间的责任。但此项合同不得影响多式联运经营人对全程运输所承担的责任。货物的灭失或者损坏发生于多式联运的某一运输区段的，多式联运经营人的赔偿责任和责任限额适用调整该区段运输方式的有关法律法规。货物的灭失或者损坏发生的运输区段不能确定的，多式联运经营人应当依照《海商法》第4章关于承运人赔偿责任和责任限额的规定负赔偿责任。

《国际集装箱多式联运管理规则》则作了如下规定，货物的灭失、损坏或迟延交付发生于多式联运的某一区段的，多式联运经营人的赔偿责任和责任限额适用该运输区段的有关法律法规。不能确定所发生的区段时，多式联运经营人承担赔偿责任的赔偿责任限制为：多式联运全程中包括海运的适用于《海商法》的规定，多式联运全程中不包括海运的适用于有关法律法规的规定。

三、国际货物多式联运法律制度

物流企业在自己组织国际货物多式联运的时候，要注意遵守前面所提的各种运输方式在国际货物运输中的特别规定，而在作为托运人与多式联运经营人签订国际货物多式联运合同时，则应对合同中有可能选择适用的几个国际公约的特殊规定有所了解。

在国际货物多式联运领域内，较有影响的国际公约主要有三个：1980 年《联合国国际货物多式联运公约》、1973 年《联运单证统一规则》，以及 1991 年《多式联运单证规则》。但第一个公约至今尚未生效，后两个则是民间规则，而非强制性的公约，仅供当事人选择适用。这三个公约以及与我国的规定之间相比较，主要的不同点在于联运经营人的责任制度。我国采用了网状责任制，而三个公约则分别采取了不同的责任制度。

（一）多式联运经营人的责任基础

1.《联合国国际货物多式联运公约》的规定

该公约实行修正后的统一责任制。多式联运经营人对全程运输负责。不管是否能够确定货运事故发生的实际运输区段，都适用公约的规定。但是，若货运事故发生的区段适用的国际公约或强制性国家法律规定的赔偿责任限额高于公约规定的赔偿责任限额，则应该按照该国际公约或国内法的规定限额进行赔偿。

该公约实行推定过失责任制，即如果造成货物灭失、损坏或迟延交付的事故发生在联运责任期间，联运经营人就应负赔偿责任，除非联运经营人能证明其本人、雇用人或代理人等为避免事故的发生及后果已采取了一切所能合理要求的措施。

2.《联运单证统一规则》的规定

该规则实行网状责任制。如果能够确定灭失、损坏发生的运输区段，多式联运经营人的责任应按适用于该运输区段的强制性国内法或国际公约的规定办理。如不能确定灭失、损坏发生的区段，则按本规则的规定办理。

该规则对多式联运经营人实行推定过失责任制，具体规定类似于《汉堡规则》的承运人推定过失责任制。

3.《多式联运单证规则》的规定

该规则实行一种介于网状责任制和统一责任制之间的责任形式。总体上采用推定过失责任原则，但是对于水上运输的区段，实际上仍采用了《维斯比规则》的不完全过失责任制。该规则规定，多式联运经营人对海上或内河运输中由于下列原因造成的货物灭失或损坏以及迟延交付不负赔偿责任：船长、船员、引航员或受雇人在驾驶或管理船舶中的行为、疏忽或过失；火灾（除非由于承运人的实际过失或私谋而造成）。

（二）多式联运经营人的赔偿责任限额

各公约在责任限额方面的规定也都不尽相同。

1.《联合国国际货物多式联运公约》的规定

该公约规定，多式联运包括水运者，每包或其他货运单位的最高赔偿数额不得超过920 特别提款权，或者按毛重每千克不得超过 2.75 特别提款权计算，以其中较高者为准；如联运中不包括水运，则按毛重每千克不超过 8.33 特别提款权计算，单位限额不能适用。关于迟延交付的限额为所迟延交付的货物应付运费的总额。如经证明，货物的灭失、损坏或迟延交付系多式联运经营人的故意或者明知可能造成的轻率地作为或不作为所引起，多式联运经营人便丧失上述责任限制的权利。

2.《联运单证统一规则》的规定

该规则规定，如果能够知道货物损失发生的运输区段，多式联运经营人的责任限额依据该区段适用的国际公约或强制性国内法的规定确定。如果不能确定损失发生的区段，则责任限额为货物毛重每千克 30 金法郎，除非经联运经营人同意，发货人已就货物申报较高的价值，则不在此限。但是，在任何情况下，赔偿金额都不应超过有权提出索赔的人的实际损失。

3.《多式联运单证规则》的规定

该规则规定，如果能够确定货物损失发生的运输区段，则应适用该区段适用的国际公约或强制性国内法确定的责任限额。如不能确定损失发生的区段，如果运输方式中包含水运，其责任限额为每件或每单位 666.67 特别提款权或者毛重每千克 2 特别提款权，以其中较高的为准；如果不包含水运，责任限额则为每千克 8.33 特别提款权。如果发货人已对货物价值做出声明的，则应以声明价值为限。

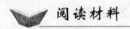 阅读材料

多式联运合同纠纷案[①]

1999 年 10 月 30 日，原告青海省民和经贸有限责任公司与朝鲜真诚合作公司签订出口 9.6 万米、货值为 180480 美元的印染布销售合同。2000 年 6 月 8 日，原告向被告中国外运天津集团有限公司出具了货物进出口委托书，内容为：发货单位青海省民和经贸有限公司，收货人朝鲜真诚合作公司，装货港天津，卸货港朝鲜新义州，货名印染布。同日，原、被告双方签订了多式联运合同。2000 年 6 月 20 日，应被告要求，原告向被告出具了声明，声明内容为：指定朝鲜真诚合作公司为唯一收货人，提单只作为议付单据。2000 年 6 月 26 日，被告签发了联运提单，该提单托运人提供细目一栏中注有"仅作议付用"字样。被告将本案货物从天津港经海运至大连后转公路运至丹东，在丹东转铁路运至朝鲜新义州。2000 年 6 月 28 日，将货物交付朝鲜真诚合作公司。原告持提单结汇时因单据不符被银行退回，未能得到货款。原告以被告无单放货为由，要求被告对其不能收回货款承担责任，请求法院判令被告赔偿原告货款损失 180480 美元及利息。

一审合议庭认为，构成承运人因无单放货而承担责任的基础，在于提单具有承运人保证据以交付货物的物权凭证这一功能，而本案所涉提单因双方在运输合同中的约定即提单"仅作议付用"，已丧失了作为交付凭证和物权凭证的这一功能，因此，被告按照联运合同的约定，将货物交付合同指定的收货人后，原告以被告无单放货为由，要求被告对其不能收回货款承担责任，其理由显属不当，不应支持。为此一审判决驳回原告诉讼请求。

原告不服，提起上诉。

原告上诉理由：①被上诉人只是声称已正确履行了交付义务，却从未提供足以证明其

---

① 改编自：《青海省民和经贸有限责任公司与中国外运天津集团有限公司多式联运合同纠纷案》，中国涉外商事海事审判网，http://www.ccmt.org.cn/shownews.php? id=5581。

主张的相关证据；②本案所涉货物运输完全符合《海商法》，而一审法院因为货物的最终运输段是铁路运输，就适用了《铁路运输规程》，属于适用法律错误。

二审认定的事实与一审基本相同。不同的是，二审未确认被告已将货物交付朝鲜真诚合作公司，只是查明被告将本案货物从天津港经海运至大连后转公路运至丹东，同年6月27日在丹东将货物交付中国外运丹东公司进行铁路运输，铁路运单载明从丹东运至朝鲜新义州，收货人为朝鲜真诚合作公司。

二审认为：上诉人与被上诉人之间存在着多式运输合同关系，被上诉人作为承运人的责任期间应是自接收货物时起至交付货物时止的全程运输。货物装船后，承运人签发了联运提单，但提单正面注明：仅作议付用。因此该提单不再具有物权凭证的效力，承运人交付货物应凭托运人的指令。本案中，涉案提单最终未能流转，而为托运人所持有，故提单项下货物的所有权仍为托运人所享有，承运人应按照与托运人的约定交付货物。由于在提单签发前上诉人出具了声明，宣布提单只作为议付单据，涉案货物的唯一收货人为朝鲜真诚合作公司，因而被上诉人应将货物交付给指定收货人。

对于涉案货物是否已交付指定收货人，被上诉人主张，上诉人在原审起诉状中已作过"被告在收货人朝鲜真诚合作公司无货运提单情况下，无单放货，任由该公司将货提走"的陈述，因此货物已交付指定收货人的事实无须举证。但法律所规定无须举证的案件事实应是公理或者当事人明确表示承认的事实，对于本案所涉货物是否已交付指定收货人的事实，上诉人在原审庭审中并未明确表示承认，二审中又提出起诉状中所称"货物被朝鲜真诚合作公司提走"是据被上诉人与中国外运丹东公司告知，并不了解货物的真正去向，要求被上诉人提供货物已由收货人收受的证明，故不构成无须举证的事实。被上诉人提供的铁路运单，目前只能证明其将货物交付铁路运输，却不能证明将货物交付给了指定收货人，因此被上诉人要承担此项举证不充分的法律后果。为此，二审判决：撤销一审判决，改判被上诉人赔偿上诉人的货物损失180480美元。

被告（被上诉人）向最高人民法院申请再审。理由是：①原告在一审中已承认货物交付给了实际收货人朝鲜真诚合作公司。②二审中被告已提交中国和朝鲜铁道部门的证据证明货物已交实际收货人，但二审以被告举证超过举证时限及证据未经公证、认证为由，对被告所提证据不予认定。

再审认定的事实与一审基本相同。

再审认为，根据本案中多式联运单证——提单的记载，本案的装货港为天津港，交货地点为朝鲜的新义州，本案应为国际多式联运合同纠纷。本案多式联运合同和提单背面均约定适用中华人民共和国的法律。故本案应当以中华人民共和国的法律作为调整当事人之间法律关系的准据法。但我国《海商法》第2条第2款规定"本法第4章海上货物运输合同的规定，不适用于中华人民共和国港口之间的海上货物运输"，《海商法》规定的多式联运要求其中一种运输方式必须是国际海上运输。因此，本案不适用《海商法》的规定，应适用《中华人民共和国合同法》。

本案双方当事人签订的多式联运合同、提单等均合法有效，货物出口委托书和青海民和公司签署的声明均可以作为合同的组成部分，其中的提单为不可转让的单据。依据合同中关于朝鲜真诚合作公司为收货人、"唯一收货人为朝鲜真诚合作公司"的约定，天津外运公司仅负有将货物交付朝鲜真诚合作公司的合同义务。故青海民和公司主张天津外运公司负有收回正本提单的义务依据不足。

关于天津外运公司是否按照约定已将货物交给朝鲜真诚合作公司的事实，一审中双方当事人未就此事实发生争议。二审中，青海民和公司改变其在一审中诉承运人无单放货的主张，提出天津外运公司只是声称已正确交付货物，但从未提供证据加以证明，二审认为天津外运举证不充分，不能证明货物交给了朝鲜真诚合作公司。最高院认为，根据我国《民事诉讼法》第64条第1款的规定，当事人对自己的主张，有责任提供证据。因此，此事实的举证责任在青海民和公司。二审对此举证责任分配不当。另外，给予当事人的举证时间不合理。天津外运公司提供的经铁道部有关部门出具的加盖发电专用章的电报，证明货物已经由铁路运输交付给收货人。该证据支持了天津外运公司的主张。因此，天津外运公司已经履行了运输合同约定的义务，对于青海民和公司的货款损失不应承担责任。最高人民法院做出判决，撤销二审判决，维持一审判决。

第八节　国际货运代理法律法规

国际货运代理业已经成为各国经济领域中一个不可或缺的行业，但到目前为止，无论是国际还是国内层面，这个行业都没有比较完整的、法律意义层面的规范体系，国际货运代理无论在法律上还是在实践中，因没有国际规则进行规范，在不同国家存在着很大的差异。为了缩小货运代理在法律上存在的差异，国际货运代理协会（FIATA）制定了《FIATA货运代理服务示范法》（"FIATA Model Rules for Freight Forwarding Services"，简称《FIATA示范法》）。它是迄今试图解决国际货运代理领域统一性问题的重大尝试。《FIATA示范法》就货运代理的权利和义务作了明确的规定。随后，各国货运代理协会也纷纷参照《FIATA示范法》制定本国的国际货运代理示范条款。2008年7月2日，为规范我国国际货运代理行业、提升行业的整体素质、推进健康发展，我国国家质量监督检验检疫总局和中国国家标准化管理委员会联合发布了《国际货运代理通用交易条件》（GB/T 22153—2008）以及相关质量、要求和标准的共五个国家标准。

在法律法规层面，我国的《民法通则》《合同法》《海商法》《中华人民共和国海事诉讼特别程序法》《海运条例》《海运条例实施细则》等法律法规中包含了部分规范国际货运代理法律条款。特别是《中华人民共和国国际货物运输代理业管理规定》（以下简称《货代管理规定》）、《中华人民共和国国际货物运输代理业管理规定实施细则（试行）》（以下简称《货代管理实施细则》）等更是直接规范国际货运代理的部门规章。为正确审理海上货运代理纠纷案件，最高人民法院2012年3月18日发布《最高人民法院关于审理海上货运代理纠纷案件若干问题的规定》，自2012年5月1日起施行。

一、国际货运代理的概念和法律地位

国际货运代理人源于英文"The Freight Forwarder"，本意是指为他人安排货物运输的人，在运输领域应被称为"运输业者、运输行、转运公司"等，台湾地区统称之为"货运承揽人"，而我们国内将其译为"货运代理人"。目前，国内外尚没有一个公认的、明确的国际货运代理人的定义。

国际货运代理协会联合会认为，国际货运代理人是根据客户的指示，并为客户的利益而揽取货物运输的人，其本人并不是承运人，国际货运代理人也可以依据这些条件，从事与运输合同有关的活动，如储货（也含寄存）、报关、验收、收款等。该含义将国际货运代理人局限于代理人地位。

《货代管理规定》第 2 条认为："国际货运代理业是指接受进出口货物收货人、发货人的委托，以委托人的名义或者以自己的名义，为委托人办理国际货物运输及相关业务并收取服务报酬的行业。"该定义突破了代理人的含义，认为国际货运代理还可能以自己的名义办理国际货物运输承担承运人的责任。

2003 年修订的《货代管理实施细则》第 2 条更为明确地规定国际货运代理人具有代理人或者当事人身份："国际货物运输代理企业可以作为进出口货物收货人、发货人的代理人，也可以作为独立经营人，从事国际货运代理业务。国际货运代理企业作为代理人从事国际货运代理业务，是指国际货运代理企业接受进出口货物收货人、发货人或其代理人的委托，以委托人的名义或者以自己的名义办理有关业务收取代理费或佣金的行为。国际货运代理企业作为独立经营人，从事国际货运代理业务，是指国际货运代理企业接受进出口货物收货人、发货人或其代理人的委托，签发运输单证、履行运输合同并收取运费以及服务费的行为。"

从上述定义可以看出国际货运代理人的法律地位的复杂性，虽然从传统意义上来说，他是为客户安排货物运输的代理人，不承担运输责任。但目前，国际货运代理人可以承担承运人的责任已经成为共识。

二、国际货运代理的业务范围

根据《货代管理规定》第 17 条和《货代管理实施细则》第 32 条的规定，国际货运代理企业可以作为代理人或者独立经营人从事经营活动。其经营范围包括以下几方面。

①揽货、订舱（含租船、包机、包舱）、托运、仓储、包装。

②货物的监装、监卸、集装箱装拆箱、分拨、中转及相关的短途运输服务。

③报关、报检、报验、保险。

④缮制签发有关单证、交付运费、结算及交付杂费。

⑤国际展品、私人物品及过境货物运输代理。

⑥国际多式联运、集运（含集装箱拼箱）。

⑦国际快递（不含私人信函）。

⑧咨询及其他国际货运代理业务。

但国际货物运输代理企业不得有下列行为：①以不正当竞争手段从事经营活动；②出借、出租或者转让批准证书和有关国际货物运输代理业务单证。

三、货运代理企业作为代理人或当事人的法律地位区分

在国际货物运输中，货运代理企业的法律地位必然是当事人或代理人之中的一个，然而货运代理企业到底是代理人还是当事人？区分标准有哪些？这是当前货运代理业务中最

为棘手的一个问题。依当前理论和司法实践，通常认为，界定货运代理企业作为代理人或当事人的法律地位的标准主要为四条：①货运代理企业和客户之间的合同约定；②运输单证的签发；③报酬的取得方式；④货运代理企业和客户之间的交易习惯。

（一）合同约定

合同中关于权利义务的约定是明确货运代理企业和客户之间法律关系首先要考虑的因素，也是判断货运代理企业的法律地位最为简单直接的方法。在货运代理企业与委托人签订书面合同的情形下，人民法院应首先根据合同约定的内容来认定双方之间形成何种法律关系，进而确定货运代理企业是当事人抑或代理人的法律地位。

（二）运输单证的签发

提单或运单是运输合同的证明，是承运人收取货物的收据。当货运代理企业签发了自己的提单或运单时，其法律地位显然应该认定为当事人。从《最高人民法院关于审理海上货运代理纠纷案件若干问题的规定》第4条①来看，货运代理企业签发的提单对其身份的认定具有决定性作用，提单通常是人民法院确定货运代理企业是否具有承运人法律地位的主要依据。但如果货运代理企业签发的不是提单而是货运代理企业收货凭证（FCR）或货运代理企业运输凭证（FCT），则不能以此认定货运代理企业为当事人。实际上，该两份单证正是FI-ATA为满足货运代理企业业务上的需要并同时避免其被认定为承运人而推荐使用的。

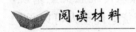
阅读材料

签发未经登记的货代提单效力问题

由于货运代理业务的广泛性以及进出口业务的需要，货运代理企业在处理货运代理业务时有权以自己名义或承运人的代理人名义等多种身份签发提单。出于行政管理的需要，货运代理企业能否作为签发提单的主体应当符合法律规定的条件。依照《海运条例》第7条第1款的规定，经营无船承运业务，应当向国务院交通主管部门办理提单登记，并缴纳保证金。依照第26条的规定，未办理提单登记并缴纳保证金的，不得从事无船承运业务，也不能以自己名义签发提单。但是实践中货运代理企业未经登记签发提单的情况非常普遍，如果一律因其不具备经营资格而否认其签发的提单效力，必然对贸易环节和海上运输产生重大的消极影响。2007年11月最高人民法院民四庭以〔2007〕民四他字第19号复函对天津市高级人民法院就此问题的请示明确答复，货运代理企业未取得无船承运经营资格签发提单的行为属于违反行政法规的违法行为，应受到相应的行政处罚，但不影响其签发的提单的效力。

---

① 第4条"货运代理企业在处理海上货运代理事务过程中以自己的名义签发提单、海运单或者其他运输单证，委托人据此主张货运代理企业承担承运人责任的，人民法院应予支持。货运代理企业以承运人代理人名义签发提单、海运单或者其他运输单证，但不能证明取得承运人授权，委托人据此主张货运代理企业承担承运人责任的，人民法院应予支持。"

（三）报酬的取得方式

实践中货运代理企业报酬的取得方式、开具发票的类型是人民法院认定货代企业法律地位应当考虑的因素。作为代理人身份，货运代理企业应该赚取的是佣金，但如果货运代理企业按照自己的运价表向货主收取固定运费并以自己的名义开具运费发票，即不是收佣金而是赚取运费差价的，一般应该认定为当事人的法律地位。但在货代实务中，货运代理企业常采用"大包干"（向委托人收取一笔总的数额，实务中常以运费的形式出现）、"小包干"（海运费代收代付，另向委托人收取包括杂费和代理费在内的一笔总的数额）等多种报酬取得方式。对于是否将赚取运费差价的收费方式作为认定货运代理企业法律地位的直接依据，实践中分歧很大。

（四）货运代理企业与客户之间的交易习惯

货运代理企业与客户以前的交易习惯往往成为法院在具体案件中判断货运代理企业是代理人还是当事人的重要考虑因素。实践中，有些客户与货运代理有着长时间的合作关系，如果货运代理一直是当事人的身份，那么当某一次交易中处于代理人的法律地位时，出于保护第三人的信赖利益，法院往往会倾向于认定其是当事人。这时，货运代理就应当举证证明自己的代理人身份，反之亦然。

四、货运代理企业的权利、义务

（一）货运代理企业作为代理人身份时的权利与义务

国际货运代理企业作为纯粹的代理人有以下的权利。

第一，根据委托代理协议自主从事代理业务的权利。我国《国际货运代理协会标准交易条件》规定，除非另有相反书面约定，货运代理公司有权就下列事项自己或代表客户签订合同，无须通知客户：

（1）选择货物运输的承运人、方式和路线。

（2）选择货物是否装集装箱、是否装载在甲板上。

（3）进行货物储存、装卸、拆包、转运或其他方式处理货物。

（4）根据客户指示或货运代理公司认为必须做出的其他安排。

第二，根据代理合同取得报酬和要求委托人偿还其因履行代理义务而支出的费用的权利。

第三，货运代理企业的留置权。即当委托人拒绝或者拖延支付货运代理费用或者其他相应费用时，货运代理企业有权将其占有的委托人的货物留置下来，如果委托人在一定期限内仍然不支付费用，货运代理企业可以以某种适当的方式将货物出售，以此来补偿其所应收取的费用。

根据我国法律规定，国际货代代理人作为代理人的应承担以下责任：

（1）因不履行职责给委托人造成损失的赔偿责任。

（2）因自身过错给委托人造成损失的赔偿责任。国际货运代理作为纯粹的代理人，通常应对其本人及其雇员的过失承担责任，货代常见的错误和疏忽包括：①未按指示交付货物；②尽管得到指示，办理过程中仍然出现疏忽；③报关有误；④运往错误的目的地；⑤未能按必要的程序取得再出口（进口）货物退税；⑥未取得收货人的货款而交付货物；

⑦应对其经营过程中造成第三人的财产灭失或损坏或人身伤亡承担责任。

如果国际货运代理能够证明他对第三人的选择做到了合理的谨慎（即如果货代能够证明其在第三人选择上不存在过失），那么他一般不承担因第三人的行为或不行为引起的责任。

（3）与第三人恶意串通损害委托人利益的，由该国际货运代理和第三人向委托人承担连带责任。

（4）明知委托事项违法仍进行代理的，与委托人承担连带责任。

（5）擅自将委托事项转委托他人代理的责任，应对转委托的行为向委托人承担责任。国际货运代理不经委托人同意，擅自将委托人委托的事项转委托他人代理的，应当对其转委托的行为向委托人承担责任。但当出现法定事由的情况下，如因国际货运代理不能亲自办理委托事务，又不能与委托人及时取得联系，如不及时转委托他人办理，就会给委托人利益造成损失或扩大损失的紧急情况下，为了保护委托人的利益，国际货运代理也可以不经委托人同意将委托事项的全部或一部分转委托他人办理。

（6）从事无权代理行为，如果事后委托人不予追认，对委托人不发生效力，应由代理人自行承担责任。

FIATA推荐的国际货运代理标准交易条件范本中规定，国际货运代理仅对属于其本身或雇员的过失负责，如其在选择第三人时已做到恪尽职守，则对于该第三人的行为或疏忽不负责任。如能证明其未做到恪尽职守，则应承担不超过与其订立合同的任何第三人的责任。

我国《国际货运代理协会标准交易条件》规定，除非货运代理公司在履行代理职责时由于本身疏忽造成客户损失，否则货运代理公司不须承担赔偿责任。货运代理公司作为代理人时，对第三人的行为和疏忽所造成的损失不承担责任，包括但不限于承运人、仓库保管员、港口装卸公司、铁路局、卡车公司等，除非货运代理公司在选择、指示及监督第三人时未恪尽职守。

（二）货运代理人作为当事人身份时的权利与义务

国际货运代理作为当事人（或称独立经营人），从事的是无船承运人业务，承担的是承运人责任，并享有承运人的权利。货运代理应作为当事人对客户要求提供的服务以自己的名义承担责任，他要对与他共同履行合同的有关的承运人、转委托代理人等的行为和不行为负责。作为当事人的货运代理负有对发货人、收货人承担货损货差的责任，除非能证明他为避免货损货差或延期交货已采取了所有适当的措施。

《FIATA国际货运代理业示范法》中规定，货运代理作为承运人所承担的责任，不仅仅在于他直接使用自己的运输工具进行运输时（从事承运人的业务），而且在于他如果签发了自己的运输单证，则已明示或默示其做出了承担承运人责任的承诺（契约承运人）。货运代理作为提供其他服务的当事人时，也即货运代理从事与货物运输相关的其他服务时，例如但不仅限于货物的积载、处置、包装、分检及相关的辅助服务，将承担当事人的责任。货运代理作为当事人，将对其所雇用的第三人在完成运输合同或其他服务时的行为和疏忽承担责任，如同该行为和疏忽是他自己造成的一样。他的权利及义务应依据适用于该运输或服务的有关法律，以及无论是否明示，但适用于该运输方式的惯用附加条款。

我国《国际货运代理协会标准交易条件》规定，货运代理公司在使用自己的运输工具进行运输或在签订协议和以承运人身份签发运输单证时，应承担当事人责任。在货运代理公司作为多式联运经营人时，责任期间自接收货物时起，至交付货物时止。货运代理公司责任的判定，应依据"网状责任制"原则，具体适用调整该运输区段运输方式的法律法规。如果客户接受了货运代理公司以外的其他人签发的运输单证，并且在合理的时间里没有主张货运代理公司承担当事人责任，则货运代理公司不再承担当事人责任。货运代理公司作为当事人，将对其所雇用的第三人在完成运输合同或其他服务时的行为和疏忽承担责任，如同该行为是其自己做出的一样。

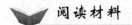

货运代理合同违约赔偿纠纷案①

　　2007 年 8 月 18 日，天然公司与案外人嘉利公司签订出口代理合同，双方约定天然公司代理嘉利公司出口商品。同年 12 月，天然公司委托泛艺分公司出运三个集装箱输美 338/339 纺织品货物，装货港为宁波，卸货港为美国西雅图。天然公司根据泛艺分公司提供的船期信息，要求泛艺分公司安排于同年 12 月 28 日开航的"Tian Rong V. 475N"航次出运。泛艺分公司以无船承运人 UPS Ocean Freight Serices，Inc. 的代理人名义，向实际承运人商船三井有限公司的订舱代理宁波致远国际货运有限公司订舱。后因已订舱的"Tian Rong"轮发生故障，船公司于同年 12 月 29 日通知泛艺分公司，但泛艺分公司没有及时转告天然公司。上述三个集装箱于 2008 年 1 月 5 日转至"Mingzhou8 V. 476N"航次出运。涉案货物使用了 2007 年的出口配额进行出口报关，实际未在 2007 年 12 月 31 日之前出运。经货物买受人要求，天然公司又使用了受让的 2008 年出口配额。天然公司认为，泛艺分公司的行为构成违约，遂诉请法院判令泛艺分公司赔偿其出口配额损失 683334.60 元人民币及逾期付款利息。

　　宁波海事法院经审理认为：

　　(1) 关于天然公司、泛艺分公司之间的法律关系问题。泛艺分公司接受天然公司委托，为天然公司货物出运向承运人订舱，可认定泛艺分公司系天然公司的海上货运代理人；而泛艺分公司又以无船承运人代理人的名义，向实际承运人的代理人订舱，并向天然公司签发无船承运人提单，亦可认定泛艺分公司系无船承运人的代理人。因此，本案中，泛艺分公司对于天然公司具有货运代理人和无船承运人的代理人的双重身份，天然公司有权以货运代理合同关系对泛艺分公司提起诉讼，双方之间的货运代理合同关系应予以确认。天然公司与嘉利公司系外贸代理关系，嘉利公司已声明将该权利转让给天然公司，故天然公司有权向泛艺分公司主张。

---

　　①　改编自：(2009) 浙海终字第 73 号民事判决书。

（2）关于泛艺分公司是否违约的问题。泛艺分公司接受天然公司委托，向天然公司提供船公司航线船期资料，然后根据天然公司的托单要求，以无船承运人代理人名义向实际承运人的订舱代理订舱，船名与航次为天然公司所要求的"Tian Rong V. 475 N"，预期开航日期为 2007 年 12 月 28 日，至此并不存在代理过错。然而，由于"Tian Rong"轮出现故障，已装船的涉案货物没有于 2007 年 12 月 28 日如期出运，泛艺分公司作为代理人于 2007 年 12 月 29 日才得知以上事实后，没有及时向天然公司履行通知/告知义务，而顺由实际承运人将涉案货物于 2008 年 1 月 5 日转至"Mingzhou8 V. 476N"出运，故泛艺分公司作为代理人对货物未能于 2007 年 12 月 31 日之前出运存在一定的过错。

（3）关于天然公司有否损失及泛艺分公司应否承担赔偿责任的问题。天然公司诉称因泛艺分公司没有及时出运涉案货物导致其 2007 年、2008 年的出口配额损失（包括出口配额竞标损失），泛艺分公司应承担赔偿责任。涉案货物以 2007 年的出口配额报关但没有在 2007 年 12 月 31 日之前出运，又实际使用了 2008 年的出口配额，表明涉案货物因出运延期而多使用了一次出口配额，对此造成的合理损失应予以确认。对于天然公司两次从市场上购买出口配额支付 683334.60 元人民币，根据 2003 年《行政许可法》第 80 条第（1）项等法律法规均明确规定，禁止买卖出口许可证（包括出口配额许可）。但中标方在一定条件下可以将其出口配额转让给其他企业，并可以收取为竞标出口配额而支付的投标金，但中标方不能以高出投标金转让或买卖出口配额从而获取不法利益。天然公司主张其涉案出口配额所支付的损失，应以投标价格每打 7 元人民币计算损失，6739 打，共计 47173 元人民币。综合考虑本案查明的事实，泛艺分公司作为货运代理人的过错较轻，且造成涉案出口配额损失的原因有一定特殊性，故天然公司的出口配额损失酌情保护 1 万元人民币，判决泛艺分公司赔偿天然公司出口配额损失 1 万元人民币。

 思考题

一、名词解释

货物运输合同；提单；运单；承运人；多式联运合同；货运代理

二、问答题

1. 简述货物运输合同的当事人。

2. 简述货物运输合同中主要当事人的义务。

3. 简述多式联运经营人的责任期间。

4. 简述国际货运代理企业的权利和义务。

第六章　仓储与配送法律制度

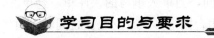

学习目的与要求

1. 理解和熟悉仓储合同的概念，仓储合同的法律适用，仓储合同的订立与内容，仓单的概念和记载内容。

2. 掌握物流企业在仓储业务中的权利和义务。

3. 了解保税仓库的概念和功能，我国海关对保税仓库的监管，保税货物的入库、储存与出库监管。

4. 理解和熟悉配送合同的概念和种类，配送合同的法律适用，配送合同的主要内容，配送合同中当事人的权利义务。

第一节　仓储法律制度

一、仓储合同的概念

仓储合同，是保管人储存存货人交付的仓储物，存货人支付仓储费的合同。存货人就是仓储服务的需求者，保管人就是仓储服务的提供者。仓储物就是存货人交由保管人进行储存的物品。仓储费是保管人向存货人提供仓储服务取得的对价。与其他合同相比，仓储合同是属于提供劳务类的合同，是诺成、双务和有偿合同。实务中，它往往是格式合同，经营公共仓库的保管人为了与多数相对人订立仓储合同，通常事先拟定并印刷了大部分子款，如存货单、入库单、仓单等，在实际订立仓储合同时，再由双方把通过协商议定的内容填进去从而形成仓储合同关系，而不另行签订独立的仓储合同。

二、仓储合同的法律适用

仓储合同的法律适用即仓储合同履行或发生争议时所运用的解决双方纠纷的法律。按照《合同法》法律适用的一般准则，有关仓储合同的争议，应首先适用《合同法》关于仓储合同的规定；仓储合同一章未规定的，应适用《合同法》有关保管合同的规定；保管合同一章仍未规定的，在不违反《合同法》相关规定的情况下，应适用《仓储保管合同实施细则》的有关规定。

三、仓储合同的订立与内容

(一) 仓储合同的订立

与其他合同一样，仓储合同的订立也要经过要约和承诺两个阶段。仓储合同的要约既可以由保管人根据自己的仓储能力发出，也可以由存货人根据自己的委托存储计划发出。由于仓储合同是诺成合同，因而一方发出的要约，经双方协商，对方当事人承诺后，仓储合同即告成立。

《合同法》没有对仓储合同的形式做出明确规定，双方当事人不仅可以订立书面的仓储合同，也可以选择订立口头的或其他形式的仓储合同。但在实践中，仓储合同一般都采用书面形式。无论当事人采取什么样的形式订立仓储合同，当事人填写的入库单、仓单、出库单等，均可以作为仓储合同的证明。如果当事人采用合同书形式订立仓储合同的，通常情况下，自保管人和存货人签字或者盖章时合同才告成立。但如果存货人在此之前就将仓储物交付至保管人，而保管人又接受该仓储物入库储存的，仓储合同自仓储物入库时成立。

（二）仓储合同的内容

仓储合同的内容是明确保管人和存货人双方权利、义务关系的根据，通常体现在合同的条款上。一般说来，仓储合同应当包含以下主要条款：

（1）保管人、存货人的名称或者姓名和住所。

（2）仓储物的品名、品种、规格。

（3）仓储物的数量、质量、包装、件数和标记。在仓储合同中，应明确规定仓储物的计量单位、数量和仓储物质量，以保证顺利履行合同，同时，双方还要对货物的包装、件数以及包装上的货物标记做出约定，对货物进行包装，与货物的性质、仓库中原有货物的性质、仓库的保管条件等有着密切关系。

（4）仓储物验收的项目、标准、方法、期限和相关资料。对仓储物的验收，主要是指保管人按照约定对入库仓储物进行的验收，以确定仓储物入库时的状态。仓储物验收的具体项目、标准、方法和期限等应由当事人根据具体情况在仓储合同中事先做出约定。保管人为顺利验收需要存货人提供货物的相关资料的，仓储合同还应就资料的种类、份数等做出约定。

（5）仓储物的储存期间、保管要求和保管条件。储存期间即仓储物在仓库的存放期间，期间届满，存货人或者仓单持有人应当及时提取货物。保管要求和保管条件是针对仓储物的特性，为保持其完好所要求的具体条件、因素和标准。为便于双方权利义务和责任的划分，应对储存期间、保管要求和保管条件作出明确具体的约定。

（6）仓储物进出库手续、时间、地点和运输方式。仓储物的入库，即意味着保管人保管义务的开始，而仓储物的出库，则意味着保管人保管义务的终止。因此，仓储物进出库的时间、地点对划清双方责任非常关键。而且，仓储物的进出库有多种不同的方式，会影响到双方的权利、义务关系，也会影响到双方的责任划分。因此，双方当事人也应对仓储物进出库的方式、手续等做出明确约定，以便于分清责任。

（7）仓储物的损耗标准和损耗处理。仓储物在储存、运输、搬运过程中，由于自然的原因（如干燥、风化、挥发、粘结等）和货物本身的性质以及度量衡的误差等原因，不可避免地要发生一定数量的减少、破损或者计量误差。对此，当事人应当约定一个损耗的标准，并约定损耗发生时的处理方法。当事人对损耗标准没有约定的，应当参照国家有关主管部门规定的相应标准。

（8）计费项目、标准和结算方式。

（9）违约责任条款。违约责任条款即对当事人违反合同约定义务时应如何承担违约责任，承担违约责任的方式等进行的约定。违约责任的承担方式包括继续履行、支付违约金、赔偿损失等。

除此之外，双方当事人还可就变更和解除合同的条件、期限，以及争议的解决方式等做出约定。

四、仓单

（一）仓单的概念

仓单是由保管人在收到仓储物时向存货人签发的，表明已收到一定数量的仓储物的法律文书。仓单记载的事项，直接体现当事人的权利义务，是仓储合同存在以及合同内容的证明。

1. 仓单是由保管人签发的

根据《合同法》第 386 条的规定，保管人给付存货人仓单时，应当在仓单上签字或者盖章。因此，仓单只能由保管人签发。所谓由保管人签发，不仅包括保管人亲自签发，也包括保管人的代理人或其雇员签发。保管人的代理人或者雇员签发的仓单视为由保管人签发，在法律上与保管人亲自签发的仓单具有同等的效力，后果归由保管人承担。

2. 仓单是由保管人向存货人签发的

签发仓单是保管人履行仓储合同的行为，而有权接受其履行的权利人，只能是仓储合同的另一方当事人即存货人，所以保管人只能对存货人签发仓单。需要注意的是，存货人不一定是仓储物的所有人。因此，当存货人与仓储物的所有人不一致时，保管人也只能向存货人签发仓单，而不应向仓储物的所有人签发。

3. 仓单表明保管人已收到仓储物

《合同法》第 385 条规定："存货人交付仓储物的，保管人应当给付仓单。"可见，保管人签发仓单是以其收到仓储物为前提条件的，因而仓单的签发表明保管人已收到仓储物。

（二）仓单上的记载内容

根据《合同法》第 386 条的规定，仓单包括事项如下。

（1）存货人的名称或者姓名和住所。存货人为法人或者其他社会组织、团体的，应当写明其名称。名称应写全称。存货人为自然人的，则应写明姓名。

（2）仓储物的品种、数量、质量、包装、件数和标记。这些内容是经过保管人验收确定后再填写在仓单上的。需注意的是，保管人和存货人订立仓储合同时，对仓储物的上述情况的约定，不能作为填写仓单的依据。

（3）仓储物的损耗标准。一般地，仓储合同中约定有仓储物的损耗标准，仓单上所记载的损耗标准通常与该约定相同。当然，当事人也可以在仓单上对仓储合同中约定的标准进行变更。当仓储合同约定的标准与仓单上所记载的标准不一致时，一般以仓单的记载为准。

（4）储存场所。即表明仓储物所在的具体地点。

（5）储存期间。在一般情况下，存货人与保管人在仓储合同中商定储存期间，仓单上的储存期间与仓储合同中的储存期间一般是相同的。

(6) 仓储费。即存货人向保管人支付的报酬。

(7) 仓储物已经办理保险的，记载其保险金额、期间及保险人的名称。

(8) 填发人、填发地和填发日期。填发人也就是仓储合同的保管人，填发地一般是仓储物入库地。

五、仓储合同当事人的权利和义务

由于仓储合同是双务有偿合同，双方当事人的权利和义务是相对的，存货人的义务相对于保管人就是权利，存货人的权利相对于保管人就是义务。因此，我们主要从义务的角度考察仓储合同当事人的权利和义务。

(一) 保管人的义务

1. 给付仓单的义务

保管人仓单，既是其接收客户所交付仓储货物的必要手段，也是其履行仓储合同义务的一项重要内容。《合同法》第 385 条规定："存货人交付仓储物的，保管人应当给付仓单。"保管人在向客户给付仓单时，应当在仓单上签字或者盖章，保证仓单的真实性。

2. 对客户入库货物的验收义务和通知义务

根据《合同法》第 384 条的规定，保管人应当按照约定对入库货物进行验收。保管人对货物进行验收时，应当按照仓储合同约定的验收项目、验收标准、验收方法和验收期限进行。

(1) 验收项目和标准。验收项目一般包括：货物的品名、规格、数量、外包装状况，以及无须开箱拆捆、通过直观就可以识别和辨认的质量状况。外包装或货物上无标记的，以客户提供的验收资料为准。保管人一般无开拆包装进行检验的义务，但如果客户有此要求，保管人也可根据与客户签订的协议进行检查。对于散装货物，则应当按照国家有关规定或者合同所确定的标准进行验收。

(2) 验收方法。验收方式有实物验收（逐件验收）和抽样验收两种。在实物验收中，保管人应当对客户交付的货物进行逐件验收；在抽样验收中，保管人应当依照合同约定的比例提取样品进行验收。验收方法有仪器检验和感官检验两种，实践中更多采用后者。如果根据客户要求要开箱拆包验收，一般应有两人以上在场。对验收合格的货物，在外包装上印贴验收合格标志；对不合格的货物，应做详细记录，并及时通知客户。

(3) 验收期限。即自货物和验收资料全部送达保管人之日起，到验收报告送出之日止的一段时间。验收期限应依合同约定，保管人应当在约定的时间内及时进行验收。

(4) 通知义务。保管人验收时发现入库货物与约定不符合的，应当及时通知客户，即保管人应在验收结束后的合理期限内通知。保管人未尽通知义务的，客户可以推定验收结果在各方面都合格。

3. 同意客户或者仓单持有人及时检查货物或者提取样品的义务

根据《合同法》第 388 条"保管人根据存货人或者仓单持有人的要求，应当同意其检查仓储物或者提取样品"的规定，保管人具有同意客户或者仓单持有人及时检查货物或者提取样品的义务，以便于客户或者仓单持有人及时了解、知悉货物的有关情况及储存、保管情况，发现问题后及时采取措施。

4. 对货物异状的通知义务

根据《合同法》第 389 条规定，保管人对入库货物发现有变质或者其他损坏的，应当及时通知客户或者仓单持有人，便于客户或者仓单持有人及时处理或者采取相应的措施，以避免损失的进一步扩大。

5. 催告义务

为了保证客户或仓单持有人对变质或损坏的货物的利益不致继续受损，保护其他货物的安全和正常的保管，我国《合同法》第 390 条规定，保管人对入库货物发现有变质或者其他损坏，危及其他货物的安全和正常保管的，应当催告客户或者仓单持有人做出必要的处置。如果保管人怠于催告，则应对其他货物的损失（如腐蚀、污染等损害）负责，对自己遭受的损失则自负责任。

6. 妥善储存、保管货物的义务

保证被储存物的质量，是完成储存功能的根本要求，保管人应当按照合同约定的保管条件和保管要求，妥善储存和保管货物，尽到善良管理人的注意义务。如果在储存期间，保管人因保管不善造成货物毁损、灭失的，应根据《合同法》第 394 条的规定承担损害赔偿责任。但因货物的性质、包装不符合约定或者超过有效储存期造成货物变质、损坏的除外。

7. 返还货物的义务

仓储合同中，保管人对货物不具有所有权和处分权，储存期间届满，当客户或者仓单持有人凭仓单提货时，保管人应当返还货物。当事人对储存期间没有约定或者约定不明确的，根据《合同法》第 391 条的规定，客户或者仓单持有人可以随时提取货物，保管人也可以随时要求客户或者仓单持有人提取货物，但应当给予必要的准备时间。保管人返还货物的地点，由当事人约定；或由客户或仓单持有人到仓库自行提取；或由保管人将货物送至指定地点。

（二）存货人的义务

1. 按照合同约定交付货物的义务

存货人有义务将货物交付给保管人。存货人交付保管人的货物在品种、数量、质量、包装等方面必须符合仓储合同的约定。

2. 说明危险物品或易变质物品的性质并提供相关资料的义务

《合同法》第 383 条规定："储存易燃、易爆、有毒、有腐蚀性、有放射性等危险物品或者易变质物品，存货人应当说明该物品的性质，提供有关资料。""存货人违反前款规定的，保管人可以拒收仓储物，也可以采取相应措施以避免损失的发生，因此产生的费用由存货人承担。"

3. 配合保管人对货物进行验收并提供验收资料的义务

在保管人对入库货物进行验收时，存货人应当对保管人的验收行为给予配合。如果保管人对入库货物的验收需要存货人提供验收资料，存货人提供的资料应当完备和及时，提供的资料不全面或迟延造成验收差错及其他损失，应承担责任。

4. 对变质或者有其他损坏的货物进行处置的义务

为了确保其他货物的安全和正常的保管活动，根据《合同法》第 390 条的规定，当入库货物发生变质或者其他损坏，危及其他货物的安全和正常保管，保管人催告时，存货人或仓单持有人有做出必要处置的义务。对于存货人或仓单持有人的这种处置义务，应当注意以下几点：①以能够保证其他货物的安全和正常保管为限；②如果保管人对存货人或者仓单持有人的处置要求过高，存货人或者仓单持有人可以拒绝；③如果存货人或者仓单持有人对货物的处置已主动地逾越必要的范围，由此而给保管人造成不便或带来损害的，保管人有权要求赔偿；④如果存货人或者仓单持有人怠于处置，则应对这些损失承担赔偿责任。

5. 容忍保管人对变质或者有其他损坏的货物采取紧急处置措施的义务

保管人的职责是储存、保管货物，一般对货物并无处分的权利。然而在货物发生变质或其他损坏，危及其他货物的安全和正常保管，情况紧急时，根据《合同法》第390条的规定，保管人可以做出必要的处置，但事后应当将该情况及时通知存货人或者仓单持有人。在这种情况下，存货人和仓单持有人事后不得对保管人的紧急处置提出异议，但保管人采取的紧急处置措施必须符合下列条件：①必须是情况紧急，即保管人无法通知存货人、仓单持有人的情况；保管人虽然可以通知，但可能会延误时机的情况；②处置措施必须是有必要的，即货物已经发生变质或者其他损坏，并危及其他货物的安全和正常保管；③所采取的措施应以必要的范围为限，即以能够保证其他货物的安全和正常保管为限。

6. 按时提取货物的义务

双方当事人对储存期间有明确约定的，储存期间届满，存货人或者仓单持有人应当凭仓单提取货物，存货人或者仓单持有人逾期提取仓储的，应当加收仓储费。在储存期间尚未届满之前，存货人或者仓单持有人也有权随时提取货物，但提前提取的，不得请求减收仓储费。根据《合同法》第393条的规定，储存期间届满，存货人或者仓单持有人不提取货物的，保管人可以催告其在合理期限内提取，逾期不提取的，保管人可以将货物提交给提存机关，提存货物。

7. 支付仓储费和其他费用的义务

（1）仓储费。即保管人因其所提供的仓储服务而应取得的报酬，根据《合同法》第381条的规定，应由存货人支付。存货人支付仓储费的时间、金额和方式依据仓储合同的约定。仓储费与一般保管费有所不同，当事人通常约定由存货人在交付货物时提前支付，而非等到提取货物时才支付。根据《合同法》第392条的规定，存货人或者仓单持有人逾期提取货物的，应当加收仓储费；而提前提取的，不减收仓储费。

（2）其他费用。即为了保护存货人的利益或者避免其损失而发生的费用，例如存货人所储存的货物发生变质或者其他损坏，危及其他货物的安全和正常保管的，在紧急情况下，保管人可以做出必要的处置，因此而发生的费用，就应当由存货人承担。

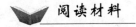

仓储合同纠纷案[①]

2011 年 9 月 23 日，原告杨某、王某与被告震郁冷藏有限公司签订"农产品冷藏保鲜保管合同"。合同签订后，两原告即向果农收购葡萄，自 2011 年 9 月 27 日至 2011 年 10 月 10 日期间共分 11 次向被告冷库存入葡萄 3523 件（筐），经核算，每件（筐）红提葡萄成本价为 39.3 元。根据灵宝市气象局出具的证明，两原告收购葡萄时，有部分时段是小雨天或轻雾天。2011 年 11 月 2 日，两原告提走红提葡萄 653 件，并支付被告储藏费用 10000 元。2011 年 12 月 5 日，两原告发现在被告冷库中 2870 件红提葡萄全部被漂白变质，原告找被告协商赔偿事宜未果，诉至法院。审理中，两原告申请对其在被告处储存的 2870 件（筐）红提葡萄变质原因做司法鉴定，经原审法院多方查找以及与相关部门联系，均未找到相关鉴定机构。为了减少损失继续扩大，两原告提走 2617 件（筐）出售，得款 25774 元，其余因变质严重，两原告拒绝提货出库。两原告认为被告放置保鲜剂方法不当以及使用不适宜包装葡萄的聚乙烯塑料袋，造成其葡萄漂白变质，要求被告全部承担经济损失；被告则坚持两原告在雨天、雾天采摘葡萄以及两原告收购的葡萄在采摘前未喷洒液体保鲜剂，两原告也有过错为由，不愿全部承担两原告的经济损失。

法院经审理认为，冷藏中的葡萄变质，存在着两种可能，一是两原告收购葡萄时确有部分时间段是在小雨天或轻雾天，葡萄本身存在质量问题，不适合长期储存；二是储存技术不过关或储存方法不当。双方所签订的合同并未约定由谁负责对入库冷藏物进行检验，但该合同是由被告震郁冷藏有限公司负责起草，应当做出不利于被告震郁冷藏有限公司一方的解释，结合本案的相关证据，被告震郁冷藏有限公司接受两原告收购的葡萄入库应承担检验不严的责任；同时，被告震郁冷藏有限公司储存的葡萄变质还存在储存不当或技术不过关的可能性，故被告震郁冷藏有限公司应对两原告的葡萄变质承担主要责任。根据两原告所提交的入库单及被告震郁冷藏有限公司提交的气象局出具的天气变化情况表，不能排除两原告收购的葡萄不符合质量要求的可能性，两原告应承担次要责任。法院判决：两原告在灵宝市震郁冷藏有限公司处储存的 2870 件红提葡萄出现漂白变质，其成本价应为 112791 元，扣除两原告卖出得款 25774 元，两原告实际损失为 87017 元，由被告震郁冷藏有限公司承担 80% 即 69613.6 元，其余由两原告承担。

[①] 改编自：河南省三门峡市中级人民法院（2012）三民终字第 276 号民事判决书。

第二节　配送法律制度

一、配送合同的概念和种类

（一）配送合同的概念

配送合同是配送人根据用户需要为用户配送商品，用户支付配送费的合同。用户是配送活动的需求者，配送人是配送活动的提供者。

作为配送活动需求者的用户，既可能是销售合同中的卖方，也可能是买方，甚至可能是与卖方或买方签订了配送服务合同的物流企业。作为配送活动提供者的配送人，则既可能是销售合同中的卖方，也可能是独立于买卖双方的第三方物流企业。

配送费是配送人向用户配送商品而取得的对价。根据配送的具体方式不同，销售配送合同的配送费可能包括商品价款和配送服务费两个部分。

（二）配送合同的种类

1. 配送服务合同

配送服务合同是指配送人接收用户的货物，予以保管，并按用户的要求对货物进行拣选、加工、包装、分割、组配作业后，最后在指定时间送至用户指定地点，由用户支付配送服务费的合同。

这是一种单纯的提供配送服务的合同，双方当事人仅就货物的交接、配货、运送等事项规定各自的权利义务，不涉及货物所有权。在配送服务实施过程中，货物所有权不发生转移，自始至终均属于用户所有，只发生货物物理位置的转移和物理形态的变化。配送人不能获得商品销售的收入，仅因提供了存储、加工、运送等服务而获得服务费收益。

2. 销售配送合同

销售配送合同，是指配送人在将物品所有权转移给用户的同时为用户提供配送服务，由用户支付配送费的合同。

在销售配送及销售、供应一体化配送中，销售企业与买受人签订的合同就是销售配送合同。销售企业出于促销目的，在向用户出售商品的同时又向买受人承诺提供配送服务。在这种配送中，用户就是商品购买者，销售企业为用户提供配送服务的承诺已构成销售合同的一部分，不存在独立的配送合同。双方的权利义务主要根据销售合同约定，这种配送实际上就是销售商品加送货上门。

在这种配送合同中，销售企业向用户收取配送费时，可能只收取商品的价款金额，而不另收配送服务费，如为促销而进行的一次性配送服务；也可能在商品价款之外，再收取一定数额的配送服务费。

二、配送合同的法律适用

配送合同的性质直接影响了该类合同的法律适用。由于配送合同是无名合同，因此，配送合同只能适用《合同法》总则的规定，并可就相关问题参照《合同法》分则或其他法律最相类似的规定。具体地说，在不违反法律规定的情况下，配送合同双方当事人的权利义务主要依据双方的约定。其中，配送人向用户提供配送服务部分，根据服务的具体内容可分别适用运输合同、加工承揽合同、仓储合同、保管合同以及委托合同的规定。就销售配送合同来说，关于商品所有权转移的部分则可以参照买卖合同的规定。

三、配送合同的主要内容

配送合同中的约定是明确配送人和用户双方权利义务关系的最主要根据。双方当事人除就合同的一般条款进行约定外，还应特别根据配送合同的特征就配送合同中的特别事务进行明确约定，以避免不必要的纠纷。

（一）配送服务合同的主要内容

配送服务合同是商流分离的合同，是单纯提供配送服务的合同。一般来说，配送服务合同主要有以下条款：

（1）配送人与用户的名称或者姓名和住所。这是配送合同应具备的一般条款，以确定双方当事人的身份与联系方式。

（2）服务目标条款。配送服务应实现用户特定的经营、管理和财务目标。

（3）服务区域条款。即约定配送人向用户提供运送服务的地理范围的条款，配送人据此安排其运力。

（4）配送服务项目条款。该条款主要是就配送人的服务项目进行明确具体的约定，包括用户需要配送人提供配送的商品品种、规格、数量等；还包括用户需要配送人提供哪些具体的配送作业，如是否需要加工、包装等。

（5）服务资格管理条款。即约定配送人为实现配送服务目标应具备的设施、设备，以及相关设施、设备的管理、操作标准等条款。

（6）交货条款。既包括用户将货物交付给配送人的环节，也包括配送人将货物配送交付给用户或其指定的其他人这一环节。双方应就交货的方式、时间、地点等进行约定。

（7）检验条款。货物检验发生在两个环节：一是用户将货物交付给配送人时的验收；二是配送人向用户或用户指定人交付货物时的验收。检验条款应规定验收时间、检验标准，以及验收时发现货物残损的处理方法。

（8）配送费及支付条款。主要规定配送人服务报酬的计算依据、计算标准，以及配送费支付的时间和支付方式。

（9）合同期限条款。

（10）合同变更与终止条款。即约定当事人在合同存续期间得以变更、终止合同的条件，以及变更或终止合同的处理。

（11）违约责任条款。

（12）争议解决条款。

（二）销售配送合同的主要内容

销售配送合同是商流合一的合同，其中关于配送服务部分的条款与配送服务合同基本相同；而关于转移标的物所有权部分的条款与买卖合同相似。一般地，销售配送合同主要包括下列条款：

(1) 当事人名称、地址。

(2) 商品名称、品质条款。

(3) 加工条款。双方关于配送人对商品进行拣选、组配、包装等的约定。

(4) 送货条款。约定配送人送货的数量和批次、送货时间和地点等内容。

(5) 检验条款。

(6) 价格与报酬条款。约定配送人向用户出售商品的价格和配送服务报酬的计算。双方当事人可以将配送费计入商品价格统一计算，也可以分别约定。

(7) 结算条款。

(8) 合同变更与终止条款。

(9) 违约责任条款。

(10) 争议解决条款。

四、配送合同中当事人的权利义务

配送合同中配送人的权利义务和用户的权利义务是相对的，因此，以下我们主要阐述配送人的权利和义务。

(一) 配送服务合同中的配送人的权利义务

1. 配送人的权利

(1) 要求用户支付配送费的权利。配送服务合同是有偿合同，物流企业通过提供配送服务获得收入，有权要求用户支付配送费。

(2) 要求用户按约定提供配送货物的权利。由于配送服务合同是商物分离的合同，要求物流企业配送的货物（如汽车等）都是由用户提供的，因此，配送人有权要求用户按约定提供配送货物，否则配送人不能完成配送任务的，无须承担责任。

(3) 要求用户及时接收货物的权利。配送人将货物送到用户指定地点时，有权要求用户指定相应人员及时接收货物，并与配送人办理货物交接。用户迟延接收货物造成配送人损失的，应赔偿其损失。

(4) 协助义务。配送人如果要按约定履行其义务，在很大程度上依赖于用户的协助。用户应向配送人提供有关配送业务的单据和相关资料，主要包括以下内容：

①品名、型号、数量等有关货物的资料。如果涉及危险品，用户还应将有关危险品的正式名称和性质，以及应当采取的预防措施书面通知配送人。用户违反此项义务造成配送人损失的，应承担赔偿责任。

②送货时间、送货地址、联系电话、联系人等与货物交接有关的资料。用户还应指派专人负责与配送人联系，并协调配送过程中有关事宜，以便双方更好地合作。

2. 配送人在配送服务合同中的义务

(1) 安全并及时供应的义务。配送的一个重要意义就是提高用户的供应保证能力，用最小的成本降低供应不及时的风险，减少由此造成的生产损失或对下家承担的违约责任。因此，安全性和准时性是配送人的首要义务。配送人应做到以下几方面。

①有良好的货物分拣、管理系统，以便在用户指令下达后，在最短时间内备齐相关物品。

②有合理的运送系统，包括车辆、运输人员、装车作业、运送路线等。但需要注意的是，在多用户配送中，配送人应对每一用户负责，即配送人不得以其向其他用户配送为由，来免除其对某一用户的违约责任。

（2）按约定理货的义务。配货是配送业务的一个特殊环节，配送人必须严格按照用户的要求对货物进行加工，使货物最终以用户希望的形态被送至指定地点。在消费品领域，个性化的商品具有更高的商业价值，能更好地实现销售者的销售目标，配送人的理货活动对商品的增值功能得到体现。因此，经过配送人组配的物品，应具有用户所要求的色彩、大小、形状、包装组合等外部要求，否则，因此给用户造成的损失，配送人应承担责任。

（3）妥善保管货物的义务。虽然在配送业务中，储存并不是配送服务的目标，但具有相应存储、保管能力是配送人必不可少的条件。配送人从接收货物时起，至交付货物时止的全过程，应当以一个合理谨慎的所有人的注意，妥善地照看、保护、管理货物，以保证货物的数量和质量。除合同另有约定外，配送人应对其占有货物期间所发生的货损、货差承担责任。

（4）告知义务。配送人在履行配送合同的过程中，应将履行的情况、可能影响用户利益的事件等，及时、如实地告知用户，以便采取合理的措施防止或减少损失的发生，否则配送人应承担相应的责任。例如，配送人在接收货物时，应仔细核对货物与清单记载是否一致，检查货物是否完好，如果发现货物包装出现破损、短量、变质等情况，应及时告知用户。配送人在合理时间内未通知用户的，视为配送人接收的货物完好，与合同约定一致。

配送人在理货、运送时，无论任何原因，无法按用户要求及时完成义务时，应立即通知用户，并按用户合理指示妥善处理。否则，配送人不仅要承担其违反配送义务的违约责任，还要对由于未及时通知而造成用户的其他损失承担赔偿责任。

（二）配送人在销售配送合同中的权利义务

1. 配送人在销售配送合同中的权利

（1）要求用户支付配送费的权利。这是配送人在销售配送合同中最基本的权利。配送人在销售配送合同法律关系中有权向用户收取的配送费，包括货物的价款和配送服务费两部分。

（2）要求用户及时受领货物的权利。

（3）要求用户协助的权利。

2. 配送人在销售配送合同中的义务

（1）及时提供符合合同约定货物的义务。配送人不仅要按用户要求组配货物，使其物理形态满足用户需要，更应当保证商品的内在质量符合约定。与一般销售合同不同的是，销售配送合同对交付货物的时间性要求较高，因此，配送人除了在配送环节应安排好相关事务外，在组织货源环节上也应充分考虑其时间性。配送人违反此项义务，应向用户承担替换货物、退货、减价、赔偿损失等买卖合同中的责任。

（2）转移货物所有权的义务。这是销售配送合同区别于配送服务合同之处。物流企业除了向用户提供配送服务，还要将货物的所有权由己方转移给用户，实现货物所有权的转移。为实现所有权的转移，配送人应向用户提交有关单证，如发票、检验证书等。

（3）告知义务。配送人在履行销售配送合同的过程中，应将履行的情况、可能影响用户利益的事件等，及时、如实地告知用户，以便采取合理的措施防止或减少损失的发生，否则，配送人应承担相应的责任。

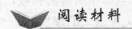 **阅读材料**

配送服务合同纠纷案①

2011 年 8 月，甲方山东某医药有限公司（以下简称"医药公司"）与乙方济南某运输服务部（以下简称"运输服务部"）签订《协议书》，双方约定："一、服务方式：1. 乙方为甲方提供国内"门到门"物流配送服务，乙方应负责将货物从甲方指定地点装运，运送到甲方指定的收货人手中。二、双方权利和义务：3. 每次货物运输甲方或甲方指定的工作人员必须提供货物的名称、数量、收货人的详细名址和联系方式给乙方，并详细填写××快运详情单而且签字确认。三、赔偿请求及索赔：1. 如因不可抗力因素（如水灾、地震等）导致货物的毁损、遗失、短少，或外包装完好但内物破损的乙方均不受理索赔申请。液体、违禁品不予赔付……"。

2011 年 9 月 27 日，医药公司委托运输服务部某分部运输原料药。医药有限公司填写编号为＊5×××××××××××××快运速递原单，填写"目的地城市××"、"联系电话（非常重要）136××××××××"、"收件地址××市××区××路××号"、"收件人姓名吕××"。2011 年 9 月 29 日，运输服务部某分部将货物送到收件地址即××市××区××路××号，由该单位门卫陈××签收，保价金额为 6000 元。该快递件签收时外包装完好。陈××于同日将该外包装完好的货物交付于吕××。医药公司收到该货打开包装发现货物毁损，遂要求运输服务部赔偿 6000 元。

医药公司主张，运输服务部未按照《协议书》的约定将货物交予指定的签收人吕××签收，并由此造成货物损失 6 万元，因此，医药公司主张按照双方约定，由运输服务部赔偿医药公司保价款 6000 元。医药公司为证明其主张，向法院提交了如下证据：①网络下载运输单，证明货物的实际签收人为陈××，不是指定的签收人吕××。运输服务部对证据的真实性没有异议，但认为双方没有指定签收人。②速递原单。证明医药公司填写的收货人是吕××。运输服务部认为收件人是吕××并不能证明吕××是指定的签收人。③未开启的包装箱一个及货物毁损照片 4 张。包装箱打开后有另一包装箱，医药公司称是原寄包裹，经法院对照，该包装箱上所粘贴快递单与原被告出具的快递单一致。该包装箱内有一塑料泡沫包装箱，内有两包粉末状物品，其中一包有粉末状物品泄漏。医药公司称收到货物时外包装未毁损，但内包装坏了。照片 1 为外包装照片，照片 2、3、4 均为包装箱打开后货物照片。医药公司称照片是吕××发现货物毁损后发给医药公司的，照片 1 中反映

① 改编自：山东济南市市中区人民法院（2011）市商初字第 1700 号民事判决书。

的外包装不一定是涉案货物，照片 2、3、4 中反映的货物毁损情况是真实的。

运输服务部对照片 1、2、3、4 的真实性均不予认可，认为经对比，照片与打开的实物外形、数量均不一致，无法证明照片中的货物就是包装箱中的货物，而医药公司提交的货物只能说明货物破损，并不能证明该货物是运输服务部运输的。

法院经审理认为，根据被告提交的照片及双方的陈述，陈××作为收件人单位的门卫，其在签收货物时包装完好，陈××签收后将外包装完好的货物及时转交于吕××，应视为运输服务部将托运物品送达于收件人吕××。运输服务部于××依照合同约定履行了自己的合同义务。医药公司认可该货物签收时外包装未毁损，故根据现有证据无法认定医药公司所主张的货物毁损系由原告的邮寄行为造成。遂判决驳回医药公司的索赔请求。

 思考题

一、名词解释

仓储合同；仓单；保税仓库；配送合同

二、问答题

1. 简述仓储合同的订立与内容。

2. 简述物流企业在仓储业务中的权利和义务。

3. 简述配送合同中当事人的权利义务。

第七章　货物包装、流通加工、装卸搬运法律制度

学习目的与要求

1. 了解包装法规的概念和特征，理解和熟悉普通货物的包装法律法规，危险货物的包装法律法规，国际物流中的包装法律法规。

2. 熟悉流通加工法律法规，理解加工承揽合同的相关内容，物流企业在流通加工中的权利、义务和责任。

3. 熟悉和理解货物装卸、搬运法律制度，搬运装卸作业中的港口作业合同，物流企业在港口搬运装卸作业中的义务，集装箱码头搬运装卸的特殊规定，铁路搬运装卸作业、公路搬运装卸作业中所涉及的法律问题。

第一节　货物包装法律法规

一、货物包装法律法规的概念和特征

包装法律法规指的是一切与包装有关的法律法规的总称。目前我国的包装法规散见在各类有关的法规中，例如《专利法》《商标法》等，另外，出版、印刷方面的法律中也有包装法规的内容。

包装法律法规有以下特点。

1. 强制性

强制性即在进行包装的过程中，必须按照相应法规的要求进行，不得随意变更。包装法规具有这一特点是由于大部分包装法规都属于强制性法律规范，如《食品卫生法》《一般货物运输包装通用技术条件》《危险货物运输包装通用技术条件》《危险货物包装标志》等，这些标准都是强制性的，是必须遵守的技术规范。

2. 标准性

标准性即包装法规多体现为国家标准或行业标准。标准化是现代化生产和流通的必然要求，也是现代化科学管理的重要组成部分。我国的包装立法也体现了这一点。中国包装业协会制定了包装标准体系，主要包括以下四大类：①包装相关标准，主要包括集装箱、托盘、运输、储存条件的有关标准。②综合基础包装标准，包括标准化工作准则、包装标志、包装术语、包装尺寸、运输包装件基本试验方法、包装技术与方法、包装管理等方面的标准。③包装专业基础标准，包括包装材料、包装容器和包装机械标准。④产品包装标准，包括建材、机械、轻工、电子、仪器仪表、电工、食品、农畜水产、化工、医疗器

械、中药材、西药、邮政和军工 14 大类，每一大类产品中又有许多种类的具体标准。

3. 技术性

技术性即包装法规中包含大量以自然科学为基础而建立的技术性规范。包装具有保护物品不受损害的功能，特别是高精尖产品和医药产品，采取何种技术和方法进行包装将对商品有重要的影响，因此，国家颁布的包装法规含有很强的技术性。

4. 分散性

分散性即包装法规以分散的形态分布于各个相关法律规范中。我国的包装法规不仅分散于各类与包装有关的法规中，例如《食品卫生法》《商标法》，还广泛地分布于有关主管单位的通知和意见中，例如铁道部颁发的一系列关于铁路运输包装的通知和规定等。

二、包装中所涉及的知识产权

知识产权是指民事主体对其创造性的智力劳动成果依法享有的专有权利。分为工业产权和著作权（版权）两大部分，工业产权包括专利权和商标权。包装中所涉及的知识产权主要为商标权和专利权。

1. 商标权

商标权又称商标专用权，是指商标所有人在法律规定的有效期限内，对其经商标主管机关核准的商标享有的独占地、排他地使用和处分的权利。商标通常印刷在包装特别是销售包装上，成为包装的一部分，从而作为知识产权，亦受到法律的保护，在进行包装设计时要特别注意不要造成对商标权的侵害。根据《商标法》，以下行为都属于侵害商标权的行为。

（1）未经商标注册人的许可，在同一种商品或者类似商品上使用与其注册商标相同或者近似的商标的。

（2）销售侵犯注册商标专用权的商品的。

（3）伪造、擅自制造他人注册商标标识或者销售伪造、擅自制造的注册商标标识的。

（4）未经商标注册人同意，更换其注册商标并将该更换商标的商品又投入市场的。

（5）给他人的注册商标专用权造成其他损害的。

2. 专利权

专利权是指专利主管机关依照专利法授予专利的所有人或持有人或者他们的继受人在一定期限内依法享有的对该专利制造、使用或者销售的专有权和专用权。根据我国《专利法》，专利包括发明、实用新型和外观设计。

（1）发明是指对产品、方法或者其改进所提出的新的技术方案。新的包装材料的发明可以申请发明专利。

（2）实用新型是指对产品的形状、构造或者其结合所提出的适于实用的新的技术方案。新的包装形状可以申请实用新型专利。

（3）外观设计是指对产品的形状、图案、色彩或其结合所做出的富有美感并适用于工业上应用的新设计。新的包装图案设计可以申请外观设计专利。专利权是一种无形资产，随着时代的发展，我们已经进入到了知识经济的年代，专利作为一种资产的价值越来越明显，随之而来的是专利侵权的事情也越来越多。我国包装专利特别是外观设计专利很少，由于忽视包装专利注册工作而引起很多麻烦，甚至造成巨大的无形资产流失，应予以充分重视，加强包装中知识产权的保护。按出版、印刷方面法律的规定，有些文字、图案等在包装物上的使用也要受到限制。

三、普通货物的包装法律法规

（一）普通货物的界定

普通货物即指除危险货物、鲜活易腐的货物以外的一切货物。与危险货物相比，普通货物的危险性大大小于危险货物，因而其对包装的要求相对较低。物流企业在对普通货物进行包装时，有国家强制性的包装标准时，应当按照该标准包装，没有强制性规定时，应从适于仓储、运输和搬运，从适于商品的适销性的角度考虑，按照对普通货物包装的原则，妥善地进行包装。

（二）普通货物包装中所适用的法律法规

我国没有关于包装的专门法律，但是与货物销售、运输、仓储有关的法律、行政法规、部门规章、国际公约中都包含了对包装的规定。如《合同法》《海商法》《食品卫生法》《水路货物运输规则》《联合国国际货物买卖合同公约》《国际海运危险货物规则》等。除了遵守这些法律法规的规定，包装法规还包含各种包装标准。在我国，普通包装方面最重要的标准是《一般货物运输包装通用技术标准》（GB/T 9174—2008）、《运输包装件尺寸界限》（GB/T 16471—2008）、《运输包装件试验》（GB 4857）、《包装储运图标标志》（GB/T 191—2008）。这些标准基本上是强制的，为技术法规。

（三）普通货物运输包装的基本要求

1. 普通货物运输包装材料及强度的规定

按照《一般货物运输包装通用技术标准》的规定，一般货物运输包装的包装材料、辅助材料和容器应该符合有关国家标准的规定，没有标准的材料和容器必须经过包装试验，在验证其能够满足流通环境条件的要求后，才投入使用。

2. 运输包装件尺寸的规定

对运输包装件尺寸，我国在国家标准化机构的组织下，通过各有关方面合作制作的国家推荐标准《运输包装件尺寸界限》，规定了公路、铁路、水路、航空等运输方式的运输包装件外廓尺寸界线，该标准虽然不具有强制性，但是对于运输包装件的设计和装载运输等具有指导作用。

（四）销售包装的基本要求

销售包装通常情况下由商品的生产者提供。但是如果在物流合同中规定由物流企业为商品提供销售包装的，则物流企业需要承担商品的销售包装，因而，物流企业在进行销售包装时需要按照销售包装的基本要求进行操作。在销售包装上，一般会附有装潢图画和文字说明，选择合适的装潢和说明将会促进商品的销售。销售包装的基本要求主要涉及以下几个方面：

1. 图案设计

图案是包装设计的三大要素之一。它包括商标图案、产品形象、使用场面、产地景色、象征性标志等内容。在图像的设计中，使用各国人们喜爱的形象固然重要，但更重要的是避免使用商品销售地所禁忌的图案。在国际物流中因包装图案触犯进口国禁忌，造成货物在海关扣留或遭到当地消费者抵制的事例时有发生。1985 年，美国黑人教会组织人士在美国一些地区见到黑人牙膏的包装图案后，极为反感，认为包装上采用的英文"黑人"字样和貌似黑人老艺人老乔逊的笑脸是典型歧视黑人的做法。为此他们不断向拥有该牙膏制造公司 50％股份的美国公司提出抗议，三年后该公司更改了牙膏的名称和包装。在美国社会中，种族歧视是一个相当严重的问题，因此，运往美国的货物在凡是可能涉及种族、性别、年龄的包装设计上都应该十分注意。

2. 文字说明

在销售包装上应该附一定的文字说明，表明商品的品牌、名称、产地、数量、成分、用途、使用说明等。在制作文字说明时一定要注意各国的管理规定。例如日本政府规定，凡销往日本的药品除必须说明成分和使用方法外还要说明功能；加拿大政府则规定，销往该国的商品必须同时使用英文和法文两种文字说明。

3. 条码

商品包装上的条码是按一定编码规则排列的条、空符号，用表示有一定意义的字母、数字及符号组成，利用光电扫描阅读设备为计算机输入数据的特殊的代码语言。条码自1949 年问世以来得到了广泛的运用。20 世纪 70 年代美国将其运用到食品零售业。目前世界许多国家的商品包装上都使用条码，各国的超级市场都使用条码进行结算，如果没有条码，即使是名优商品也不能进入超级市场。有些国家还规定，如果商品包装上没有条码则不予进口。

（五）物流服务合同中的包装条款

1. 包装条款的内容

在物流服务合同中可能会订立包装条款。包装条款一般包括以下三个方面的内容。

（1）包装的提供方。在物流服务合同中，包装条款应该载明包装由哪一方来提供。这样的规定不仅有助于明确物流企业在包装中所处的法律地位，而且有助于在由于包装的问题引起货物损坏或灭失时分清责任。

（2）包装材料和方式。包装材料和方式是包装的两个重要方面，分别反映了静态的包装物和动态的包装过程。包装材料条款主要载明采用什么包装，如木箱装、纸箱装、铁桶装、麻袋装等，包装方式条款主要载明怎样进行包装。在这两点之外可以根据需要加注尺寸、每件重量或数量、加固条件等。随着科学技术的发展，包装材料和包装方式也越来越精细。同样都是塑料包装，不同的塑料则有不同的特性。所以订立这一条款时应准确详细，以免产生不必要的纠纷。

（3）运输标志。运输标志是包装条款中的主要内容。运输标志通常表现在商品的运输包装上。在贸易合同中按国际惯例，一般由卖方设计确定，也可由买方决定。运输标志会影响货物的搬运装卸，所以要求在合同条款中明确载明。

2. 订立包装条款时应注意的事项

（1）合同中的有些包装术语如"适合海运包装""习惯包装"等，因可以有不同理解容易引起争议，除非合同双方事先取得一致认识，否则应避免使用。尤其是设备包装条件，应在合同中做出具体明确的规定，如对特别精密的设备，除规定包装必须符合运输要求外，还应规定防震措施等条款。

（2）包装费用一般都包括在货价内，合同条款不必列入。但如果一方要求特殊包装，则可增加包装费用，如何计费及何时收费也应在条款中列明。如果包装材料由合同的一方当事人供应，则条款中应明确包装材料到达时间，以及逾期到达时该方当事人应负的责任。运输标志如由一方当事人决定，也应规定标志到达时间（标志内容须经卖方同意）及逾期不到时该方当事人应负的责任等。

（3）包装条款不能太笼统。在一些合同中，包装条款仅写明"标准出口包装"，这是一个较为笼统的概念。在国际上还没有统一的标准来界定包装是否符合"标准出口包装"的要求。因此，国外一些客户在这方面大做文章，偷工减料，以减少包装成本。

（六）对物流包装业务中作为包装物的集装箱的要求

在集装箱出现之前，闲散货物通常以小包装的方式进行运输，占用的空间大且搬运装卸不易操作，不能发挥运输工具的最大效率，而且运输的成本高，影响货物的流通速率，集装箱的出现就解决了这个问题。集装箱作为这些闲散货物的统一外包装，不仅节约，而且安全简便。

四、危险货物的包装法律法规

（一）危险货物的概念

危险货物是指具有爆炸、易燃、毒害、腐蚀、放射性等性质，在运输、装卸和存储保管过程中容易造成人身伤亡和财产损毁而需要特别防护的货物。

（二）危险货物包装的基本要求

由于危险货物自身的危险性质，我国对危险货物的包装采用了不同于普通货物的特殊要求，并且这些规定和包装标准均是强制性的，因而物流企业在进行危险货物的包装时，应当严格按照我国的法律规定和标准，以避免危险货物在储存、运输、搬运装卸中出现重大事故。根据《危险货物运输包装通用技术条件》《道路危险货物运输管理规定》《铁路危险货物运输管理规定》《航空危险货物运输管理规定》《水路危险货物运输规则》及其他相关法规的规定，我国对危险货物包装的基本要求如下：

（1）应该能够保护货物的质量不受损坏。

（2）保证货物数量上的完整。

（3）防止物流过程中发生燃烧、爆炸、腐蚀、毒害、放射性辐射等事故造成损害，保证物流过程的安全。

（4）危险货物的包装的基本要求、等级分类、性能试验、检验方法都应该符合国家强制性标准。

（三）危险货物运输包装的要求

1. 危险货物运输包装的概念和种类

根据《危险货物运输包装通用技术条件》规定，危险货物的运输包装即指运输中的危险货物的包装。除爆炸品、压缩气体、液化气体、感染性物品和放射性物品的包装外，危险货物的包装按其防护性能分为三类。

（1）I类包装，即适用于盛装高度危险性的货物的包装。

（2）Ⅱ类包装，即适用于盛装中度危险性的货物的包装。

（3）Ⅲ类包装，即适用于盛装低度危险性的货物的包装。

2. 危险货物运输包装所适用的标准及其基本内容

危险货物运输所适用的国家标准是《危险货物运输包装通用技术条件》，该标准是国家颁布的，规定了危险货物运输包装的分级，运输包装的基本要求、性能测试和测试的方法，同时也规定了运输包装容器的类型和标记代号的强制适用的技术标准，该标准强制适用于盛装危险货物的运输包装，是运输生产和检验部门对危险货物运输包装质量进行性能试验和检验的依据。

该标准不适用于以下几种情况的包装：

（1）盛装放射性物质的运输包装。

（2）盛装压缩气体和液体气体的压力容器的包装。

（3）净重超过 400kg 的包装；容积超过 450L 的包装。

3. 对危险货物运输包装的强度、材质等的要求

根据《危险货物运输包装通用技术条件》的规定，危险货物运输包装的强度及采用的材质应满足以下基本要求：

（1）危险货物运输包装应结构合理，具有一定强度，防护性能好。

（2）包装的材质、形式、规格、方法和单件质量（重量），应与所装危险货物的性质和用途相适应，并便于装卸、运输和储存。

（3）包装应该质量良好，其构造和封闭形式应能承受正常运输条件下的各种作业风险。不因温度、湿度、压力的变化而发生任何泄漏，包装表面应该清洁，不允许粘附有害的危险物质。

（4）包装与内包装直接接触部分，必要时应该有内涂层或进行防护处理。

（5）包装材质不得与内包装物发生化学反应，而形成危险产物或导致削弱包装强度；内容器应该固定。如果属于易碎的，应适用于内装物性质相适应的衬垫材料或吸附材料衬垫妥实；盛装液体的容器，应能经受在正常运输条件下产生的内部压力。灌装时必须留有足够的膨胀余地，除另有规定外，应该保证在 55℃时，内装物不会完全充满容器。

（6）包装封口应该根据内包装物性质采用严密封口、液密封口或气密封口。

（7）盛装需浸湿或夹有稳定剂的物质时，其容器缝补形式应能有效地保证内装液体、水溶剂或稳定剂的百分比在储运期间保持在规定范围内。

（8）有降压装置的包装，排气孔设计和安装应能防止内装物泄漏和外界杂质的混入。排出的气体量不得造成危险和污染环境。复合包装内容器和外包装应紧密贴合，外包装不得有擦伤内容器的凸出物。

（9）无论新型包装、重复使用的包装还是修理过的包装，均应符合危险货物运输包装性能测试的要求。

4. 危险货物运输包装标记和标志

危险货物在物流的过程中，货物包装的外表应该按规定的方式标以正确耐久的标记和标志。包装标记是指包装中的内装物的正确运输名称文字，包装标志则标明包装内所装的物质性质的识别图案。标记和标志的主要作用是便于从事运输作业的人员在任何时候、任

何情况下都能对包装内所装的物质进行迅速识别，以便正确地识别危险货物以及危险货物所具有的危害性，在发生危险的情况下采取相应的安全措施，避免损害的发生或降低损害的程度。根据《包装储运图示标志》（GB/T 191—2008）的规定，标志和标记应该满足以下每种危险品包装件，应按其类别贴相应的标志。但如果某种物质或物品还有属于其他类别的危险性质，包装上除了粘贴该类标志作为主标志以外，还应粘贴表明其他危险性的标志作为副标志，副标志图形的下角不应标有危险货物的类项号。标志应清晰，并保证在货物储运期内不脱落。标志应由生产单位在货物出厂前标打，出厂后如改换包装，其标志由改换包装单位标打。

储运的各种危险货物性质的区分及其应标打的标志，应按《危险货物分类和品名编号》（GB/T 6944—2008）、《危险货物品名表》（GB/T 12268—2012）及有关国家运输主管部门规定的危险货物安全运输管理的具体办法执行，出口货物的标志应按我国执行的有关国际公约（规则）办理。

五、国际物流中的包装法律法规

（一）国际物流中包装的特点

国际物流是相对于国内物流而言的，是国内物流的延伸和发展，同样包括运输、包装、流通加工等若干子系统。相对于国内物流的包装，国际物流中的包装具有以下特点：

（1）国际物流对包装强度的要求相应提高。国际物流的过程与国内物流相比时间长、工序多，因此在国际物流中，一种运输方式难以完成物流的全过程，经常采取多种运输方式联运，就增加了搬运装卸的次数及存储的时间。在这种情况下，只有增加包装的强度才能达到保护商品的作用。

（2）国际物流的标准化要求较高。这也是由国际物流过程的复杂性所引起的。为了提高国际物流的效率，减少不必要的活动，国际物流过程中对包装的标准化程度越来越高，以便于商品顺利地流通。

（3）国际物流涉及两个或两个以上不同的国家，法律制度存在着差异，同时又存在着若干调整包装的国际公约，所以国际物流中与包装有关的法律适用更加复杂。

（二）国际物流中包装所适用的法律

1. 国际物流经停国的国内法

国际物流是商品在不同国家的流动，所以其包装应该遵守国际物流经停国的法律规定，它包括物流过程的各个环节所涉及的国家，如运输起始地所在国、仓储地所在国、流通加工地所在国。国际物流中的包装必须遵守国际物流经停国的关于包装的强制法，对于任意性的法律规定及当事人可以选择适用的法律，可以由当事人自行决定。

2. 相关的国际公约

目前世界上并没有专门规定商品包装的国际公约，但是在国际贸易以及国际运输领域的公约中包含着对商品包装的规定。如《汉堡规则》《联合国国际货物买卖公约》等。

（三）国际物流中运输包装的标志

在国际物流中，为了方便装卸、运输、仓储检验和交接工作的顺利进行，提高物流效率，防止发生错发错运和损坏货物与伤害人身事故，保证货物安全迅速准确地交给收货人，同样要在运输包装上书写、压印、刷制各种有关的标志，用来识别和提醒人们操作时应注意的事项，相对于国内物流来说，国际物流中的运输包装标志更加重要，主要包括以下几方面：

1. 运输标志

运输标志又称唛头，通常由一个简单的几何图形和一些字母、数字及简单的文字组成。主要包括以下内容：目的地的名称或代号；收货人、发货人的代号；件号、批号。有些运输标志还包括原产地、合同号、许可证号、体积与重量等内容。运输标志的内容繁简不一，由买卖双方根据商品特点和具体要求商定。顺应物流业迅速发展的要求，联合国欧洲经济委员会简化国际贸易程序工作组，在国际标准化组织和国际货物装卸协调协会的支持下，制定了一套运输标志，向各国推荐使用。该标准运输标志包括：收货人或买方名称的英文缩写字母和简称；参考号，如运单号、订单号货发票号；目的地；件号。

2. 指示性标志

指示性标志，是提示人们在装卸、运输和保管过程中需要注意的事项，一般都是以简单、醒目的图形在包装中标出，故有人称其为注意事项。我国国家技术监督局发布的《包装储运图示标志》规定了指示性标志。

根据商品性质的不同应该选择不同的标志，确保商品在整个物流过程中不受到错误的操作。由于国际物流的特殊性，标志上的文字大多采用英文。

3. 警告性标志

警告性标志，又称危险货物包装标志。

4. 包装检验检疫

进口国为了保护本国的森林资源、农作物、建筑物，防止包装材料中夹带病虫害，以致传播蔓延而危害本国的资源，在货物进入海关时会进行检疫。各国通常对包装的材料作了若干规定，所以在国际物流中选择包装材料十分重要，否则在海关检疫时可能被禁止入境。美国、菲律宾、澳大利亚、新西兰、英国等国家都禁止使用稻草作为包装的材料或者衬垫；日本由于木结构的房屋较多，最忌白蚁和木蛀虫的带入和传播。在包装中使用竹片可能夹带蛀虫，所以日本买方通常拒绝在包装中使用竹子；澳大利亚则规定使用木板箱、木托盘的，必须在出口国进行熏蒸处理，出口商必须提供已做熏蒸处理的证明，否则不准入境。各国根据国情对包装检疫的要求各不相同，并各有所侧重，这就要求物流企业在实际操作中了解进口国的法律法规、生活习惯，事前做好准备，避免不必要的损失。

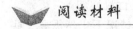 阅读材料

货物"裸装"也是包装①

原告港机公司与被告保险公司签订了一揽子的保险协议，约定了投保险种、预估保险

---

① 摘选自，单丹：《货物"裸装"也是包装》，《中国水运报》，2012年4月9日第6版。

金额、保险费率等基本条件。随后，原告就一批货物向被告出具了货物运输险投保单，列明被保险人为原告，货物名称为 1 台套 40t - 45m 门机部件、备件、随机工具。被告出具了保险单，列明险别为货运综合险，责任范围是，凡固体货物因"受震动、碰撞、挤压而造成碰碎、弯曲、凹瘪、折断、开裂或包装破裂致使货物散失的损失"，属保险责任。

货物起运前，被告未按一揽子保险协议中的约定，就载运工具和实际装载情况的安全性发表意见。货物运输途中，由于门机机房和吊臂等受自身重力、船舶横摇和纵摇的惯性力、风浪力等共同作用，致使甲板、底座、撑杆破裂，货物在长江口掉入海中。原告认为：被告作为保险人应在事故发生后及时履行保险合同项下的赔付义务，请求法院依法判令被告赔偿损失。

上海海事法院经审理后认为：原、被告之间保险合同关系成立。在超大件货物运输中，用于对运输货物固定绑扎的一系列措施，客观上起到了包装的作用，因此认为钢架断裂是包装破裂，涉案事故属于保险赔偿责任范围之内，被告应对原告的损失进行赔付。

第二节　流通加工法律法规

流通加工法律法规是与流通加工相关的法律规范的总称。关于流通加工的立法主要表现在加工承揽合同上。就我国现有的法律而言，与其他物流法规一样，目前，我国没有单独的流通加工的法规，《民法通则》《合同法》及关于加工承揽合同的具体规定，可适用于流通加工。

一、物流企业在流通加工中的法律地位

流通加工是物流过程中的一个特殊的环节，与其他环节不同，流通加工具有生产的性质。流通加工可能改变商品的形态，对物流的影响巨大。流通加工并不是每个物流过程都必须进行的，所以也不是每个物流合同中都含有关于流通加工的规定。当双方当事人在物流合同中约定物流企业承担流通加工义务时，根据物流企业履行流通加工义务所采用的方式不同，从而物流企业具有不同的法律地位。

1. 物流企业按照物流合同的约定提供流通加工服务，并且亲自进行流通加工

物流企业如果有加工的能力，并以自身的技术和设备亲自从事加工的，则物流企业即是物流服务合同中的物流提供者，其权利和义务根据物流服务合同和相关法规的规定予以确定。

2. 物流企业按照物流合同的约定提供流通加工服务，但不亲自进行流通加工

虽然物流过程中的流通加工与生产加工相比比较简单，但在一些情况下仍然需要一些特殊的技能或者工具。从效率和技术的角度考虑，物流企业可能将流通加工转交给有能力的专业加工人进行。此时，物流企业通过与加工人签订加工承揽合同的方式履行其在物流服务合同中的义务。在这种情况下，一方面物流企业针对物流服务合同的需求方而言，为物流服务提供方；另一方面，针对加工承揽人而言，为定作人。在流通加工中受到物流服务合同和加工承揽合同的约束，并根据相关的法规享有权利，承担义务。

在流通加工环节中，物流企业可能通过加工承揽合同履行其物流服务合同的加工义

务，即物流企业通过与加工承揽人签订分合同的形式将其加工义务分包出去。对此，物流企业通常处在加工承揽合同中的定作人的地位。因而作为定作人，物流企业应当了解与其有关的加工承揽合同的法律适用、合同的订立、内容及相应的权利和义务。

二、加工承揽合同的概念和特征

根据我国《合同法》第 251 条的规定，加工承揽合同是指承揽人按照定作人的要求完成工作，交付工作成果，定作人给付报酬的合同。其中，按照他方的要求完成一定工作的人是加工承揽人，接受工作成果并给付约定报酬的人是定作人。加工承揽合同有以下特征：

1. 以完成一定工作为目的

这是加工承揽合同最典型的特征，也是其区别于劳务合同的本质特征。虽然在加工承揽合同中，承揽人为了完成工作成果需要付出劳动，但劳动本身不是加工承揽合同的目的，不过是加工承揽合同手段。因此，承揽人虽然付出劳动，但没有成果无权请求定作人给付报酬。

2. 标的具有特定性

承揽人在承揽活动中对于承揽标的的种类、规格、形状、质量等均需按照定作人的特定要求完成工作。因而，承揽人完成的工作成果不是普通的工作成果，而是具有特定性的成果。加工承揽合同的意义就在于以特定性的工作成果满足定作人的特定需要。

3. 承揽人在完成工作过程中承担风险责任

承揽方在加工承揽合同履行过程中要承担意外损失的风险。在完成工作过程中，因不可抗力等不可归责于双方当事人的原因，致使工作成果无法实现或工作物遭受意外灭失或损坏，从而导致工作物的原材料损失和承揽人劳动价值损失由承揽人承担。但是如果原材料由定作人提供，则原材料的损失由定作人自行承担。

4. 双务合同、有偿合同

在加工承揽合同中，当事人双方互向对方负担债务，并且互为对价。

三、加工承揽合同的种类

加工承揽合同是社会经济生活中极为常见的合同，适用的范围十分广泛。我国《合同法》第 251 条第 2 款规定了加工承揽包括加工、定作、修理、复制、测试、检验等工作。由此可以将加工承揽合同按照工作内容的不同主要分为以下几类：

1. 加工合同

加工合同是指承揽人按照定作方的具体要求，使用自己的设备、技术和劳动对定作人提供的原材料或者半成品进行加工，将成果交给定作人，由定作人支付价款的合同。该合同的特点是由定作方提供大部分或全部的原材料，承揽方只提供辅助材料，仅收取加工费用。这种合同是物流中常见的合同。

2. 定作合同

定作合同是由承揽方根据定作方需要，利用自己的设备、技术、材料和劳动力，为定作方制作成品，由定作人支付报酬的合同。如运输企业为运输某些特殊商品而向承揽人定作专门的包装物。在定作合同中，原材料全部由承揽方提供，定作方则支付相应的价款，定作合同的价款包括加工费和原材料费用。

3. 修理合同

修理合同是指承揽人为定作人修理功能不良、缺失或外观被损坏的物品，使其恢复原状，由定作人支付报酬的承揽合同。在修理合同中，定作方可以提供原材料，也可以不提供原材料，在不提供原材料的情况下，定作人所支付的价款主要是原材料的价值。修理合同在物流过程中也很常见。由于物流过程中产品和包装的破损不可避免，所以修理合同履行的好坏将影响物流的效率。

四、加工承揽合同的法律适用

有关加工承揽合同的法律法规主要为《合同法》和1984年12月20日国务院发布的《加工承揽合同条例》。因此，有关加工承揽合同的争议，应首先适用《合同法》关于加工承揽合同的规定；加工承揽合同一章未规定的，在不违反《合同法》相关规定的情况下，应适用《加工承揽合同条例》的有关规定。

五、加工承揽合同的订立和形式

加工承揽合同的订立过程，是双方当事人就其相互间的权利义务协商一致的过程。与其他合同相同，根据《合同法》的规定，加工承揽合同的订立包括要约和承诺两个阶段。一般情况下，在加工承揽合同中，要约是由定作人发出的，承揽人是被要约人。当然，承揽方同样可以主动向定作人发出要约。无论是哪一方发出的要约，取得对方当事人承诺后，加工承揽合同均即告成立并生效。

《合同法》没有对加工承揽合同的形式做出特别的要求，因而，双方当事人不仅可以以书面的方式，也可以选择口头的或其他形式订立承揽合同。但在实践中，承揽合同一般都采用书面形式，以便在发生纠纷时分清责任。

六、加工承揽合同的主要内容

合同的内容是双方当事人关于权利义务所作的具体的约定，体现在合同的条款上。根据我国《合同法》第252条规定，加工承揽合同包括以下内容：

1. 承揽合同的标的

承揽合同的标的是定作人和加工承揽人权利和义务指向的对象，是承揽合同必须具备的条款。承揽标的是将承揽合同特定化的重要因素，在合同中应该将加工定作的物品名称和项目写清楚。承揽合同的标的应该具有合法性，标的不合法将导致合同无效。

2. 承揽标的的数量

数量是以数字和计量单位来衡量定作物的尺寸。根据标的物的不同，有不同的计算数量的方法。数量包括两个方面：数字和计量单位。在合同中，数量条款中的数字应当清楚明确，数量的多少直接关系到双方当事人的权利义务，也与价款或酬金有密切的关系。在计量单位的使用上，应该采用国家法定的计量单位，如米、立方米、千克等。

3. 承揽标的的质量

质量是定作物适合一定用途、满足一定需要的特征，不仅包括特定物本身的物理化学和工艺性能等特性，还包括形状、外观、手感及色彩等，主要是对承揽标的品质的要求。承揽合同中对于标的的质量通常由定作人提出要求。

4. 报酬条款

报酬条款应当在合同中明确约定，包括报酬的金额、货币种类、支付期限和支付方式等。

5. 履行条款

履行条款包括履行期限、履行地点、履行方式三部分。

（1）履行期限是合同当事人履行合同义务的期限。承揽合同的履行期限包括提供原材料、技术资料、图纸及支付定金、预付款等义务的期限。

（2）履行地点是指履行合同义务和接受对方履行的成果的地点。履行地点直接关系到履行合同的时间和费用。

（3）履行方式是指当事人采用什么样的方法履行合同规定的义务。在加工承揽合同中履行方式指的是定作物的交付方式，例如是一次交清还是分期分批履行，定作物是定作人自己提取还是由承揽人送货等。

6. 验收标准和方法条款

验收标准和验收方法是指对承揽方所完成的工作成果的验收标准的方法。验收标准用于确定工作成果是否达到定作方所规定的质量要求和技术标准。在加工承揽合同中，这一条款应该规定得具体、明确。

7. 材料提供条款

承揽合同中的原材料既可以由承揽人提供也可以由定作人提供，而且不仅原材料的提供会影响价金的确定，而且原材料的质量将会直接影响定作物的质量，从而影响合同是否得到完全履行。流通加工是在流通的过程中对货物进行加工，加工的对象是货物，所以在由物流企业进行流通加工的情况下，原材料通常由是由物流需求方提供。但是在一定情况下，如将货物进行分包装，包装物有可能由物流企业提供。

8. 样品条款

凭样品确定定作物的质量是加工承揽合同中一种常见的现象。在这种情况下，定作人完成的工作成果的质量应该达到样品的水平。样品可以由定作方提供，也可以由承揽方提供。提供的样品应封存，由双方当场确认并签字，以作为成果完成后的检验依据。

9. 保密条款

由于加工承揽合同的特殊性，定作方有时会向承揽人提供一定的技术资料和图纸，可能涉及定作人不愿被他人所知的商业秘密或技术秘密。所以，在合同中规定保密条款是十分必要的。保密条款应该对保密的范围、程度、期限、违反的责任进行细致约定。

七、加工承揽合同中当事人的权利、义务

（一）承揽人的义务

1. 按加工承揽合同约定完成工作的义务

按加工承揽合同约定完成工作，是承揽人最基本的义务，对此，承揽人应恪守信用，严格按加工承揽合同约定的关于流通加工的标的、规格、形状、质量等完成工作，以满足

委托方的要求。这一义务主要包括以下三个方面：①应该在合同规定的时间开始工作，并在合同规定的期限内完成工作。②应当按照物流委托人的要求按质按量地完成工作。③应当以自己的设备、技术、劳力完成工作或主要工作。

2. 检验和保管原材料的义务

承揽人的保管义务是针对材料由物流委托方提供的情形而言的。在原材料由物流委托方提供时，承揽人应当及时对原材料进行检验，并在发现不符约定的情形下及时通知物流委托方。

3. 提供原材料并接受检查、监督及诚信的义务

根据合同约定，流通加工的原材料由承揽人提供的，承揽人应当按照约定选用材料。

4. 对流通加工中涉及的商业秘密负有保密义务

承揽人应当按照物流需求方的要求，保守秘密，未经物流需求方的同意，不得保留复制品和技术资料。承揽人的保密义务是一种随附义务，基于诚信原则而产生。

5. 保证加工物在品质、效用等方面符合物流服务合同的约定。

（二）定作人的义务

1. 及时接受工作成果的义务

定作人应按约定的方式、时间、地点及时验收工作成果。定作人在验收时发现工作成果有缺陷的，可以拒绝受领，但定作人如果迟延接受或无故拒绝加工物的，应承担违约责任。

2. 按合同约定和法律规定支付报酬的义务

合同对报酬有约定的，定作人应当按照约定的期限和方式支付报酬。对报酬的支付期限没有约定或者约定不明确的，双方可以协议补充，定作人按此补充协议支付报酬；不能达成补充协议的，按照合同有关条款或者交易习惯确定；仍不能确定的，定作人应当在承揽加工人交付工作成果时支付，工作成果部分支付的，定作人应当按照合同的约定支付；对支付方式未作约定或约定不明时，定作人应当在接受工作成果时，以货币为支付方式。

3. 按合同的约定提供原材料

定作人应该按照合同约定的质量、数量、规格、种类提供原材料。这里的材料，不仅包括钢材、木料、沙石等生产材料，还包括加工承揽合同中所涉及的技术资料，如技术标准、技术要求等。

4. 协助承揽加工人完成加工

多数流通加工工作需要定作人的协助，只是根据具体合同的不同所需要的协作程度不同。这里的协作不仅包括技术上的，如及时提供技术资料、有关图纸，而且还包括物质上的，如提供场地、水、电等。

八、物流企业在流通加工中涉及的责任

（一）物流企业作为承揽人的责任

1. 违约责任

物流企业承揽人根据物流服务合同的要求进行流通加工，物流服务合同中规定了物流企业承揽人应履行的义务，当其违反合同中的约定时，就应当承担违约责任。其承担的违

约责任应该根据物流服务合同的具体内容确定。

2. 产品责任

若加工物本身的缺陷给物流需求方或第三人的人身、财产造成损失的，物流企业承揽人应当承担产品责任，依据《民法通则》和《产品质量法》的有关规定，这种产品责任是一种侵权责任。

（二）物流企业作为定作人的责任

1. 提供的原材料不符合同的要求

物流企业没能在合同的约定时间内提供原材料及技术资料，或者提供的原材料、技术资料不符合合同的规定，则应该承担违约责任，并且承担由此给加工承揽方带来的损失。

2. 不领取或逾期领取定作物

加工承揽方按照合同的约定完成定作物后，物流企业应该在合同约定的时间内领取加工物，如果无故推迟领取，应该承担违约责任，并且承担由此给加工承揽方造成的额外费用和其他损失。

3. 中途变更加工要求

在加工承揽合同的履行过程中，物流企业单方面地改变合同的内容，变更标的的内容，增加定作物的数量、质量、规格、设计等，同样是一种违约行为，对此应该承担违约责任，并对由此给加工承揽方所带来的其他损失负赔偿责任。

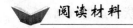
阅读材料

承揽业务的责任承担①

湖南望城建设（集团）有限公司（下称望城公司）承包重庆市荣昌县濑溪河清淤和防护工程后，与陈伟口头约定由陈伟的挖掘机负责河道清淤，并约定了报酬标准及支付方式。2011 年 5 月 14 日，望城公司与郭宗寿、何祖华约定，由二人负责将陈伟的挖掘机从河道旁的街上吊运至河道内，并约定每台吊车由望城公司支付 800 元报酬。次日 11 时许，在望城公司与郭宗寿、何祖华未就作业方案及指挥人员达成一致意见的情况下，何俞良驾驶何祖华所有的渝 BH5908 号吊车和郭宗寿驾驶自己所有的渝 C67218 号吊车开始作业，两台吊车将陈伟的挖掘机吊起向河道内下降，但因两车配合不当，造成挖掘机坠入河道淤泥中，受损严重。因三方在事发当天未就赔偿事宜协商一致，陈伟不同意将挖掘机吊出河道。当天下午及晚上，持续下暴雨，挖掘机被雨水浸泡，加重了受损程度；第二天，挖掘机方从河道内吊出。

2011 年 12 月 29 日，陈伟诉至重庆市荣昌县人民法院，要求判令郭宗寿、何祖华两被告连带赔偿修理费 6.8193 万元、评估费 2645 元、拖车费 4700 元、停运损失 1.8 万元，

---

① 摘选自：刘千军，谢彬：《承揽与雇佣的区别及责任承担》，《人民法院报》，2013 年 05 月 23 日第 6 版。

共计 9.3538 万元，第三人望城公司承担补充赔偿责任。

荣昌县人民法院经审理认为，望城公司和被告郭宗寿、何祖华约定由二人负责将陈伟的挖掘机从荣昌县警民桥旁吊运到河道内，并按照每台吊车 800 元的标准给付报酬，两被告与望城公司之间形成承揽合同关系。郭宗寿、何祖华作为共同承揽人，应以自己的劳力、设备和技术，独立完成吊运挖掘机工作，并应承担取得工作成果的风险，对工作成果的完成负全部责任。该事故发生后，两被告要求将该挖掘机吊出事发现场的河道，原告以没有妥善处理为由予以拒绝，后因下雨加重了挖掘机的损坏，原告存在一定过错，应对加重该挖掘机损坏部分承担责任。综上，对该挖掘机修理费 6.8193 万元，两被告共同承担 80% 的责任，原告承担 20% 的责任。

荣昌法院判决：被告郭宗寿、何祖华应赔偿原告挖掘机修理费、拖车费、评估费合计 6.18994 万元及停运损失 9000 元。

第三节 货物装卸搬运法律法规

一、与搬运装卸作业有关的法律法规

我国在物流方面的立法还处于起步阶段，所以，我国并不存在专门的搬运装卸法律，调整这一部分的法规广泛地分布在规范与搬运装卸有关的其他活动的法规中。如《民法通则》《合同法》《海商法》等法律中存在着与搬运装卸有关的法律规范，《港口货物作业规则》《水路货物运输规则》《铁路装卸作业安全技术管理规则》《汽车货物运输规则》等是调整搬运装卸关系的部门规章。国际公约和国际惯例《联合国国际贸易运输港站经营人赔偿责任公约》和《国际海协劳工组织装箱准则》等也有关于搬运装卸方面的规定。

二、港口搬运装卸作业中的法律法规

（一）港口货物作业合同

港口货物作业合同是指港口经营人在港口对水路运输货物进行装卸、驳运、储存、装拆集装箱等作业，作业委托人支付作业费用的合同。港口经营人是指接受货主、承运人或其他有关方的委托，在港口对水路运输货物提供或安排堆存、包储、搬运、装卸、积载、平舱、隔垫和绑扎等有关服务的人。根据《港口货物作业规则》的规定，港口货物作业合同的主要内容包括以下几方面：

（1）作业委托人、港口经营人和货物接收人名称。

（2）作业项目。

（3）货物名称、件数、重量、体积（长、宽、高）。

（4）作业费用及其结算方式。

（5）货物交接的地点和时间。

（6）包装方式。

（7）识别标志。

（8）船名、航次。

（9）起运港（站、点）（以下简称起运港）和到达港（站、点）。

（10）违约责任。

（11）解决争议的方法。

当事人可以根据需要订立单次作业合同和长期作业合同。订立作业合同可以采用书面形式、口头形式和其他形式。

（二）港口经营人在港口搬运装卸作业中的义务

（1）按照作业合同的约定，根据作业货物的性质和状态，配备适合的机械、设备、工具、库场，并使之处于良好的状态。

（2）在单元滚装装卸作业中，港口经营人应当提供适合滚装运输单元候船待运的停泊场所、上下船舶和进出港的专用通道；保证作业场所的有关标志齐全、清晰，照明良好；配备符合规范的运输单元司乘人员及旅客的候船场所。旅客与运输单元上下船和进出港的通道应当分开。

（3）按照合同的要求进行搬运装卸作业。

（三）作业委托人在港口搬运装卸作业中的义务

（1）及时办理港口搬运装卸作业所需的各种手续，因办理各项手续和有关单证不及时、不完备或者不正确，造成港口经营人工作时间延误或其他损失的，作业委托人应当承担赔偿责任。

（2）对有特殊搬运装卸要求的货物，应当与港口经营人约定货物搬运装卸的特殊方式和条件。

（3）以件为单位进行搬运装卸的货物，港口经营人验收货物时，发现货物的实际重量或者体积与作业委托人申报的重量或者体积不符时，作业委托人应当按照实际重量或者体积支付费用，并向港口经营人支付衡重等费用。

（4）对危险货物的搬运装卸作业，作业委托人应当按照有关危险货物运输的规定妥善包装，制作危险品标志和标签，并将其正式名称和危害性质以及必要时应当采取的预防措施书面通知港口经营人。作业委托人未按照以上规定通知港口经营人或者通知有误的，港口经营人可以在任何时间、任何地点根据情况需要停止搬运装卸作业、销毁货物或者使之不能为害，而不承担赔偿责任。作业委托人对港口经营人作业此类货物所受到的损失，应当承担赔偿责任。港口经营人知道危险货物的性质并且已同意作业的，仍然可以在该项货物对港口设施、人员或者其他货物构成实际危险时，停止作业、销毁货物或者使之不能为害，而不承担赔偿责任。

（5）作业合同约定港口经营人从第三方接收货物的，作业委托人应当保证第三方按照作业合同的约定交付货物；作业合同约定港口经营人将货物交付第三方的，作业委托人应当保证第三方按照作业合同的约定接收货物。

三、铁路搬运装卸作业的法律法规

（一）与铁路搬运装卸作业有关的法律及其适用

同其他物流环节涉及的法规相同，铁路搬运装卸法规也散布在各个法规中。在法律层次上，《民法通则》《铁路法》《合同法》中的许多规定都适用于铁路搬运装卸。在部门规章中铁道部颁布了《铁路货物运输管理规则》《铁路装卸作业安全技术管理规则》。在《铁路装卸作业安全技术管理规则》第4章专门规定了装车和卸车，在《铁路装卸作业安全技术管理规则》中规定了铁路搬运装卸中应该遵守的技术标准。除此之外还存在着各种国家标准，如《铁路装卸作业标准》等。

（二）铁路搬运装卸作业人的义务

1. 作业前三检制

作业前，作业工组应配合货运员检查：①车门、钩链、槽轮、车窗、车底板是否完好，车内清洁状态及有无异味、异状。②货物状态。③机具、防护用品和防护信号安设情况。作业前应召开工前会，根据货运员的要求研究确定安全作业方法和注意事项。

2. 货物堆码

货物在场地、仓库和车内的堆垛码放应根据箭头向上等包装指示标志进行，要做到轻拿轻放、大不压小、重不压轻、稳固整齐、标签向外、按批分清。纸箱包装要箱口向上，液体货物封口向上，怕湿货物露天堆码地面要铺垫防湿垫木，上部要起脊并苫盖严密。货垛码放形状要便于清点保管和下一道工序的装卸、搬运，保证人身、货物、行车安全。装车货垛要距钢轨头部外侧2米以上距离，卸车货物要距钢轨头部外侧1.5米以上，货垛与站台边沿距离不得少于1米。货垛与货垛之间应留出机械或人行通道，货垛与电源开关、消火栓等设备的距离不得少于2米。车站应按货物品名制定具体堆码标准。

3. 装车

装车时，由货运员核对车号和货物后，装卸工组才能作业，并要核对件数，做到不错装、不漏装、巧装满载，防止偏重、超重，必要时对易磨损货件采取防磨措施，对怕污染的货物要采取有效隔离措施，棚车装载货件不要挤住车门，长大货物不堵车门，包装不合标准或破损不准装车。

4. 卸车

卸车时必须由货运员启封或检查后才能开始作业，卸下的货物要件数清楚，码放稳妥，便于清点，发现破损件要通知货运员并单独码放。要按规定完成附属作业。

5. 作业后三检制

作业后工组要检查：①车辆清扫、门窗关闭、道沿清理情况。②货物码放、装载加固、苫盖情况。③防护信号的撤除情况和装卸机具齐全完好及熄火断电停放状态。

四、公路搬运装卸作业的法律法规

公路搬运装卸所涉及的法规，在法律层面包括《民法通则》《公路法》；在部门规章的层面包括交通运输部颁布的《汽车货物运输规则》等一系列法规。其中，交通运输部在《汽车货物运输规则》中第4章规定了公路搬运装卸所应该遵守的规则，该部分内容已经在第五章第二节公路货物运输法律法规部分阐述，请参阅。

港口装卸作业损害赔偿案①

　　华兴船行所属的"华顺"轮系钢质干杂货船，各货舱舱底的内底板上铺有木铺板，木铺板中央有多处每一排三座独立的、不高出木铺板的、连接内底板的凸出钢结构件。该轮系 1970 年 8 月由西德不莱梅富坎造船厂制造。"华顺"轮在营口港装载木材 1840 立方米、钢材 1200 吨及散煤 9797 吨运往广州港，华兴船行与新沙公司于 1996 年 7 月 19 日签订《速遣协议书》，约定卸载杂货的速遣费每吨 4 元，因煤炭放在二层舱，作业难度加大，卸载煤炭的速遣费每吨增加 1 元，即速遣费为每吨 5 元。22 日 14 时 "华顺"轮靠广州港新沙港务公司 2 号码头卸载煤炭。23 日 00：30 时，新沙公司 3 号桥式卸船机卸至"华顺"轮第 5 号舱时，该卸船机的 25 吨抓力抓斗被损坏，下缘斗口开裂，在原因未查明的情况下，新沙公司更换同一抓力的抓斗继续卸货，新换抓斗又于 03：10 时被损坏，5 号舱因此停卸。7 月 24 日，华兴船行代表及"华顺"轮船长向新沙港务公司调度室出具确认书，确认抓斗抓到"华顺"轮底舱双层底人孔盖，使港方两个抓斗造成不同程度、不同部位的局部开焊和变形，并认为造成事故的原因双方互有共同责任，修理费用双方按责任比例承担。7 月 30 日 18：30 时，新沙公司更换小抓斗续卸 5 舱，23：30 时卸完。

　　应新沙公司的申请，中国船级社广州分社派员于 7 月 31 日在广州港新沙码头对"华顺"轮第 5 号舱及新沙公司两只被损坏的抓斗做了检验。经检验认为：①"华顺"轮原设计为杂货船型，且内底板上铺有木铺板，一般情况下，不采用此种类型船舶装载使用抓斗卸货的货物。②5 号舱货舱内中央部分木铺板裂散及松脱出来的木铺板可能是抓斗作业所造成的。③两台抓斗的损坏推断为由于抓斗抓到舱内内底板上的独立、凸出钢结构件所造成。9 月 6 日，中国船级社广州分社对两只被损坏抓斗的修理费作了评估，认为修理费用为 177261 元，包括损坏及修理申请验船师检验的费用 6500 元。同日，中国船级社广州分社又对"华顺"轮进行海损检验，检验认为：1 号、2 号、4 号货舱底木铺板和 5 号货舱口区域外木铺板的损坏，属于卸货方采用大型机械在货舱内作业所致的可能性是存在的。12 月 31 日，"华顺"轮在大连联合船舶修造工程公司对受损的木铺板进行修理，华兴船行支付了修理费 6000 元。辽宁省船舶检验局大连检验处认为修理费用合理。

　　新沙公司向法院提起诉讼，要求判令华兴船行赔偿抓斗修理费 177261 元、公证检验费 3300 元，共 180561 元。

　　华兴船行答辩并提出反诉认为，本案事故的原因是由于新沙公司的装卸工人在卸货作业时未能严格遵守操作规程，在作业现场不安排指挥手，违章盲目操作，野蛮卸货，以致在吊重负荷超出机械安全负荷数时不能及时发觉，强行起吊，导致起吊设备损坏，亦造成

　　① 改编自：《"华顺"轮港口装卸损害赔偿纠纷案》，http://www.chinalawedu.com/news/1900/27/2003/6/dc689711434161630021121_3213.htm。

"华顺"轮舱底受损，新沙公司应承担事故的全部责任。华兴船行在卸货作业中无过错，并且又向新沙公司支付了每吨1元的困难作业费，故不承担任何责任。新沙公司除应自行承担抓斗损坏的损失外，应赔偿华兴船行因船舶舱底板受损造成的修理费等损失120168.28元、船期损失90000元，共210168.28元。

海事法院经审理认为，"华顺"轮原设计为干杂货船，各货舱内底板上铺有木铺板，且舱底多处有每排三座独立的、连接内底板的凸出钢结构件，结构比较特殊，一般不采用此类型船舶装载使用抓斗卸货的货物。华兴船行使用"华顺"轮运载散装煤炭，应该估计到卸载过程中有可能会因舱底特殊结构而使抓斗和舱底木铺板造成损坏，故在卸货之前有义务告知港方，并与港方商定妥善、安全的卸货方式，以避免损害事故的发生。华兴船行未尽上述义务，以致造成事故的发生，应承担第一个抓斗的损坏和因第一个抓斗卸货造成的舱底木铺板的损坏的经济损失。新沙公司在卸货前不清楚"华顺"轮舱底结构特殊，按正常的方式进行卸载并无不当，对造成的第一个抓斗损坏和因第一个抓斗卸货造成舱底木铺板损坏不承担责任，但第一个抓斗受损后，新沙公司应当谨慎处理，及时查找原因，排除障碍，避免扩大损失。新沙公司未尽谨慎之责，在原因尚未查明的情况下贸然更换新的抓斗继续卸载，导致损害事故的再次发生。新沙公司应承担第二个抓斗的损坏和因第二个抓斗卸货造成的舱底木铺板的损坏的经济损失。由于第一次事故与第二次事故造成的经济损失无法准确划分，故新沙公司与华兴船行应对两次事故造成的经济损失各承担一半的责任。

法院判决：华兴船行有限公司赔偿新沙港务公司经济损失88630.50元；新沙港务公司赔偿被告华兴船行有限公司经济损失53000元。二者相抵后，华兴船行司赔偿新沙港务公司经济损失35630.50元。

 思考题

一、名词解释
包装法规；普通货物；危险货物；加工承揽合同；港口作业合同
二、问答题
1. 简述危险货物的包装法律法规。
2. 简述物流企业在流通加工中的权利、义务和责任。
3. 简述物流企业在港口搬运装卸作业中的义务。
4. 简述集装箱码头的搬运装卸的特殊规定。

第八章 物流保险法律制度

 学习目的与要求

1. 了解保险、保险合同的概念和种类。

2. 熟悉国际货物运输保险的概念和分类，掌握国际货物运输保险的可保利益，承保的风险与损失，索赔与理赔，代位与委付。

3. 熟悉和理解国际海上运输保险合同，中国海上运输保险合同条款，伦敦保险协会货物保险条款。

4. 了解国际航空货物运输保险，伦敦保险协会航空货物运输保险条款，陆上运输货物保险，邮递货物保险。

5. 熟悉和理解物流货物保险条款和物流责任保险条款中的保险责任和责任免除范围。

第一节 保险和保险合同概述

一、保险的概念和种类

(一) 保险的概念

保险法中所称的保险，是指投保人根据合同约定，向保险人支付保险费，保险人对于合同约定的可能发生的事故因其发生所造成的财产损失承担赔偿保险金责任，或者当被保险人死亡、伤残、疾病或者达到合同约定的年龄、期限时承担给付保险金责任的商业保险行为。在中华人民共和国境内的法人和其他组织需要办理境内保险的，应当向我国境内的保险公司投保。

(二) 保险的种类

按保险标的划分，保险主要可分为财产保险与人身保险。

1. 财产保险

财产保险，是指保险人承保被保险人的以物质财富为内容的损害风险。财产保险又可分为财产损失保险、责任保险、保证保险等。

(1) 财产损失保险。财产损失保险又称"产物保险"，是指对物或其他财产利益损害的保险。凡是为被保险人所有或替他人保管，或与他人所共有，而由被保险人负责的财产，都可投保财产损失保险。

财产损失保险保的是各种各样的财产损失，它以各种不同的物质财富和与之有关的利益作为保险标的。财产保险中还可按财产种类的不同细分为企业财产保险、无形财产保险、船舶飞机机动车辆保险、货物保险、货物运输保险、家庭财产保险、房屋保险、农业保险等；依危险来源的不同可细分为火灾保险、水灾保险、风灾保险等。

（2）责任保险。责任保险是指以被保险人对第三者依法应负的赔偿责任为保险标的的保险，是保险人在被保险人对于第三人应负赔偿责任而受赔偿的请求时，负赔偿责任的一种无形财产保险。这就是说，被保险人因工作中的过失责任造成他人损失而要赔偿时，由保险人负赔偿责任。例如，工程师、医生、会计师或机关、企业等都可保责任险。责任保险的目的，即是事先为个人或企业承保此种法律上的责任，于受害人发生损失时为被保人负赔偿的责任，责任保险的保险标的既不是特定财产，也不是人身，而是被保险人对于第三人应负的赔偿责任。

（3）保证保险。这种保险实际上是保险人向权利人所提供的一种担保，在被保证人不履行契约义务、失去信用或有犯罪行为使权利人受到损失时，由保险人负赔偿责任。保证保险主要有忠实保证保险，如保险公司承保雇主因所雇职工偷窃、侵占、挪用等所受损失；契约保证保险，即承保被保证人违约而造成损失；信用保险，即承保因被保证人失掉信用而造成的损失。例如，投保人利用一个商号的信用向银行贷款，现在这个商号失去信用（破产），银行不再贷款给他，因而造成投保人的损失。信用保险的投保人一定是权利人，也就是要求保险人担保对方（被保证人）信用的人。

2. 人身保险

人身保险，是以人身作为保险标的的一种保险，即保险人在被保险方人身伤亡、疾病、养老或保险期满时向被保险方或其受益人给付保险金的保险。

二、保险合同

（一）保险合同的概念

保险合同是指保险人按照约定，对被保险人遭受保险事故造成保险标的的损失和产生的责任负责赔偿，由被保险人支付保险费的合同。

（二）保险合同的订立、转让和解除

1. 保险合同的订立

被保险人提出保险要求，经保险人同意，并就保险合同的条款达成协议后，合同即告成立。合同成立后，保险人应当及时签发保险单或其他保险单证，并在其中载明约定的内容，以作为合同的证明。

2. 保险合同的转让

保险合同可以由被保险人在保险单上背书或者以其他方式转让，合同的权利义务随之转移。合同转让时尚未支付保险费的，被保险人和合同受让人负连带责任。背书转让方式在保险中经常被采用，保险单经转让后成为正式的保险合同，并随货物所有权的转移而转移，无须征得保险人的同意。

3. 保险合同的解除

被保险人违反最大诚信原则，即没有如实告知有关重要情况时，保险人可以解除合同。如果被保险人是故意不如实告知的，即存在隐瞒或欺诈，保险人可解除合同且不退还保险费；对合同解除前发生保险事故造成的损失不负赔偿责任。如果不是出于被保险人的故意，保险人可解除合同或要求相应增加保险费；对解除合同前发生保险事故造成的损失

负赔偿责任，但是，未告知或者错误告知的重要情况对保险事故的发生有重大影响的除外。

保险责任发生前，被保险人可以要求解除合同，但应当向保险人支付手续费，由保险人退还保险费。保险责任发生后，除非合同另有约定，双方均不得解除合同；依合同约定解除合同的，保险费按实际保险期间收取，余额应退还被保险人。

（三）保险合同当事人的主要义务

1. 被保险人的义务

（1）严格遵守最大诚信。即应当将其知道的或者在通常业务中应当知道的有关影响保险人据以确定保险费率或者确定是否同意承保的重要情况，如实告知保险人；被保险人还应履行保险条款的义务，在违反合同约定的保证条款时，应当立即书面通知保险人。

（2）支付保险费。除合同另有约定外，保险费应当在合同订立后立即支付给保险人。

（3）减损义务。即一旦发生保险事故，被保险人应立即通知保险人，并采取必要的合理措施，防止或减少损失；或者当其收到保险人要求采取防止或减少损失的合理措施的特别通知后，应当按照通知的要求处理。

（4）协助保险人行使代位求偿权。即被保险人应当在取得了保险赔偿后，向保险人提供必要的文件和其所需要知道的情况，使保险人得以向有责任的第三人实际行使追偿权。

2. 保险人的义务

（1）当发生保险事故造成损失后，保险人应当及时向被保险人支付保险赔偿，这是保险赔偿原则最重要的体现。

（2）在保险标的损失赔偿之外，另行支付被保险人为防止或者减少根据合同可以得到赔偿的损失而支出的必要的合理费用，为确定保险事故的性质、程度而支出的检验和估价的合理费用，以及为执行保险人的特别通知而支出的费用。

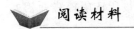

渔船保险合同纠纷案[①]

1998 年 8 月 31 日，台山保险公司与台山农行签订了一份代理合同意向书，约定：台山保险公司委托台山农行在台山市范围内代理渔船、财产保险业务。卫勤俭是"粤台山 62228"船的所有人，该船于 1998 年 4 月 28 日曾投过保。由被告台山保险公司签发的"渔船保险单"载明：第 9 条规定："由于下列原因所致的损失、费用或碰撞责任，本公司不负赔偿责任：一、不适航或不具备作业条件"；第 21 条规定："被保险人应严格依照主管部门关于航行、作业、停泊的规定或惯例，按期对保险渔船进行维修、保养和检验，确

---

① 改编自：《卫勤俭诉中保财产保险有限公司台山市支公司、中国农业银行台山市支行下川营业所渔船保险合同纠纷案》，《最高人民法院公报》，2001 年第 3 期。

保保险渔船的适航性"。台山保险公司按保险金额的 2.2% 收取了保险费，并向卫勤俭出具了保险费收据。

1999 年 5 月 5 日，被告农行营业所的副主任杨日滚通知原告卫勤俭到该所办理船舶保险。5 月 7 日晚，卫勤俭的弟弟卫持家将"粤台山 62228"船的船舶证书交给杨日滚，要求续保。杨日滚接到证书后发现"渔业船舶安全证书"等已过年检期，提出需年检后才能办理保险手续。由于"粤台山 62228"船即将出海，杨日滚同意帮助卫勤俭办理船舶证书年检手续后再尽快办理保险手续，并收下了卫持家交来的保险费 3.7 万元和代办船舶证书年检费 1000 元。次日，杨日滚将 3.7 万元存入该所保险费专户，由农行营业所给卫勤俭出具了现金缴款单，并代卫勤俭填写了《渔船险投保单》。投保单载明：投保渔船现值 200 万元，保险金额为 160 万元，保险期限从 1999 年 5 月 8 日零时起至 2000 年 5 月 7 日 24 时止。

1999 年 5 月 10 日，杨日滚等将"粤台山 62228"船的船舶证书及年检费用 1000 元交给下川渔监站职员蔡永强，要求其尽快办理年检手续。5 月 19 日，江门渔船检验局在"粤台山 62228"船的"渔业船舶安全证书"等船舶证书上盖了年检章。5 月 30 日 14 时，沙堤渔监中队将办理好的船舶证书交给杨日滚；同日 15 时，杨日滚将"粤台山 62228"船的船舶证书及"渔船险投保单"传真给被告台山保险公司。5 月 31 日，台山保险公司书面答复农行营业所称：经调查核实，"粤台山 62228"船于 5 月 30 日 02：00 时遇暴风雨严重损坏，不予承保。

原告卫勤俭因与被告台山保险公司、农行营业所发生渔船保险合同纠纷，向广州海事法院提起诉讼。原告诉称：原告在 1998 年渔船保险合同到期的情况下，已经给被告台山保险公司的代理人被告农行营业所缴纳了保险费和代办船舶证书年检费，办理了续保手续，有农行营业所出具的投保单和现金缴款单为证。原告投保的船舶于 1999 年 5 月 30 日遇险沉没后，两被告拒绝赔偿。请求判令两被告连带给原告赔偿经济损失 160 万元。被告台山保险公司辩称：原告提及的 1998 年保险合同已经至 1999 年 4 月 28 日终止，因此与本案无关。原告于 1999 年 5 月 7 日到农行营业所办理保险事宜时，该所已明确告知因其船舶适航证书过期，不能承保。虽然该所收下了保险费并答应代原告办理船舶适航证书，但原告与本被告之间的保险合同没有成立。因此，本被告对原告的船舶出险不负保险责任。本案经过了广州海事法院一审和广东省高级人民法院二审审理。法院经审理认为：

(1) 本案是船舶保险合同纠纷，保险合同已经成立。被告台山保险公司与台山农行签订代理合同意向书，授权台山农行在台山市范围内代办渔船、财产保险业务。被告农行营业所是台山农行的下属机构，据此合同和上级机关的指定，有权在台山市下川镇范围内为台山保险公司代办渔船、财产保险业务。两被告之间存在着代理合同关系，农行营业所是代理人，台山保险公司是被代理人。原告卫勤俭起诉时提交的"现金缴款单"和"中国人民保险公司渔船险投保单"，被告农行营业所出具的材料《关于卫勤俭渔船保险的投保经过》以及农行营业所副主任杨日滚的书面证言都证实，卫勤俭是为订立保险合同而派人携现金来农行营业所，携带的现金已被农行营业所作为保险费收账。这些证据足以证明保险合同已经成立。

(2) 投保单的法律效力应予确认。本案的渔船险投保单由保险代理人代填写，投保人没有签字盖章却有保险人"中保财产公司台山支公司"的印章。渔船险投保单理论上应当由投保人（船东）逐项填写并签字，但事实上不能排除保险人或者保险代理人代投保人填写的情况。保险人或者保险代理人在保险业务操作中掌握主动权，这种不规范操作的后果应当由保险人或者保险代理人承担，不能由投保人负责。要求投保单由投保人逐项填写并签字，其目的是为了避免投保人和保险人或者保险代理人因投保人是否提出投保申请发生纠纷。由于本案的保险代理人和投保人在诉讼中都承认投保单内容是投保人的真实意思表示，双方对此没有争议，投保单的法律效力应予确认。

（3）杨日滚不是卫勤俭的代理人而是台山保险公司的保险代理人。由于被上诉人卫勤俭与原审被告农行营业所已经就渔船保险一事达成一致的意思表示，特别是卫勤俭已经履行了投保人缴纳保险费的义务，且此项费用已经被农行营业所妥收入保险费账户，农行营业所代理上诉人台山保险公司与卫勤俭订立的保险合同依法成立。保险手续只是对保险合同的一种书面记载，并不能等同于保险合同。保险手续没有完善，不等于保险合同没有成立。就本案来说，卫勤俭作为投保人，符合其意思表示的投保单已经填写出来，保险费已经交纳，投保人在保险合同中的义务已经完成。剩下的手续应当由保险人或者其代理人去完善。农行营业所的工作人员为了促成此笔保险业务，同意给卫勤俭代办船舶年检证书，这是两人之间的另一法律关系。台山保险公司借此将农行营业所的工作人员说成是卫勤俭的代理人，把必须由农行营业所去完善的保险手续说成是必须由卫勤俭完成，不仅与事实不符，且于理不通。

（4）渔船是否适航，是否符合参加保险的条件，应当由渔监部门做出结论，这个结论就是渔监部门出具的渔业船舶安全证书。至于渔监部门如何检验渔船，如何得出渔船是否适航的结论，则是渔监部门工作程序内的事务，与本案无关。台山保险公司在交给台山农行的《渔船保险业务常识》中，也仅要求保险公司代办人员通过查看投保人提供的渔船证书来确定渔船是否适航，并不要求代办人员自己去对渔船进行检验。台山保险公司如果对本案渔监部门的结论有异议，应当另案解决。

最后本案在广东省高级人民法院主持下达成调解协议：由台山保险公司一次性支付给卫勤俭人民币 90 万元最终解决本案纠纷。

第二节 货物运输保险法律概述

一、货物运输保险的概念和分类

货物运输保险，是指被保险人（买方或者卖方）对进行运输的货物按照一定的金额向保险人投保一定的险别，并缴纳保险费，保险人在承保收费后，对所承保的货物在运输过程中发生保险责任范围内的自然灾害或者意外事故所致的损失，按照保险单的约定给予补偿。根据运输方式的不同，货物运输保险可以分为海上运输保险、陆上运输保险、航空运输保险、邮包货物运输保险。

1. 海上运输保险

承保通过海上船舶运输的货物，是一种为货物在海上航行时，货主避免因可能遭遇到的各种风险，适应国际贸易和海上运输需要而设立的险种。海上运输保险又可分为海上运输货物险、海上运输货物战争和罢工险、海上运输冷藏货物险以及海上运输散装桐油险等专门险种。

2. 陆上运输保险

以使用火车或者汽车载运的货物为保险标的，承保这些货物在运输过程中因自然灾害或者意外事故而导致的损失，但保险人一般不承保牲口、大车等驮运的货物。陆上运输保险又可分为陆上运输货物险、陆上运输货物战争险、陆上运输冷藏货物险等险种。

3. 航空运输保险

以通过飞机运输的货物为保险标的，承保货物在运输过程中因自然灾害或者意外事故所致的损失，其具体险种如航空运输货物险和航空运输战争险等。

4. 邮包货物运输保险

承保通过邮局递运的货物，保险人对邮包在运送过程中因受自然灾害事故所致的损失负责，其险种如邮包运输险和邮包战争险。

在上述几大类险种中，最为重要的是海上运输货物保险，原因是目前国际货物贸易主要是通过海上运输进行的，而且海上运输货物保险的历史最悠久，其他险种是在其基础上发展起来的。

二、可保利益

（一）可保利益的含义

可保利益（Insurable Interest），在我国保险法中习惯上称为保险利益，是指被保险人对保险标的物具有合法的利害关系。英国海上保险法对可保利益作了如下定义：凡与海上保险有利害关系者，即具有可保利益。海上保险是为了在发生损失时获得赔偿，反过来说，就是被保险人之所以得到赔偿，是因保险标的物发生灭失或者损害，或者因其安全到达而获得应享有的利益。这种利益，按照各国法律的解释，来自被保险人对保险标的所享有的所有权、占有权、担保物权或债权、依法承担的风险和责任以及因标的物的保全而得到利益或有既得利益。

（二）可保利益应该具备的条件

1. 可保利益的合法性

可保利益必须是合法的利益，即必须是法律承认的利益。投保人或者被保险人对保险标的的所具有的利益必须是合法的、可以主张的利益，而不是违反法律规定，通过不正当手段获得的利益。若是通过违法行为，如走私、盗窃、抢劫等所获得的利益，则都不能作为保险利益而订立保险合同，即使订立了，也属于无效合同，法律不保护非法利益。

2. 可保利益的确定性

可保利益必须是已经确定或者可以确定的利益，包括现有利益、预期利益、责任利益等。现有利益是已经确定的、现实存在的利益，如对某项财产具有所有权、使用权等，其利益随着物权的存在而形成；预期利益是将要获得的、合法的、可实现的利益，这种利益也应该是可以确定的利益，如承运人对运费的利益、销售者对预期待售商品的合理利益等。责任利益是基于法律上的民事赔偿责任而产生的保险利益，如对第三者的责任。

3. 可保利益的有价性

可保利益必须是可以通过货币计价的利益。海上运输保险是财产保险的一种，其目的是为了补偿损失，如果这种损失不能以金钱计算损失情况，那么理赔也就无从谈起。对于非经济利益的损失，如精神损失，则不属于海上运输货物保险所应补偿的内容。

(三) 可保利益的适用时限

各国保险法一般都规定在投保时要求投保人或者被保险人对保险标的必须具有可保利益，但海上运输保险则仅仅要求在保险标的物发生损失时必须具有可保利益即可。这样规定是为了适应国际贸易的习惯做法，在实务中常常是货物的买方或卖方在订立销售合同以后，或者订妥舱位之后，就向保险公司办理运输保险，但这时货物的所有权会因为并没有装船等原因而转移到投保人或被保险人手里，因而在此时并没有获得对保险标的物的可保利益，但这并不影响保险合同的效力。此外，国际贸易中船舶的流动性大，且只需转让提单就可以转让商品的所有权，因而在订立保险合同时必须具有可保利益是不现实的。只要在保险事故发生之时，被保险人具有可保利益，就可以得到补偿，否则保险合同无效，从而得不到补偿。按照英国《1906 年海上保险法》的规定，若保险标的发生损失时，被保险人尚未取得可保利益，其后无论采用什么方法或者手段，都无法再获得可保利益。

三、承保的风险与损失

(一) 承保的风险

货物运输过程中可能遇到各种各样的风险，不同的运输方式，遇到的运输风险有一定的区别，但货物运输过程中大部分风险还是相同或者相近的，这些风险大体上可以分为两类，即固有风险和外来风险。

1. 固有风险

固有风险是指在货物的水上、陆上、航空运输环节中偶然发生的灾难或意外事故，固有风险又包含两种情况：一是自然灾害；二是意外事故。

(1) 自然灾害：指发生恶劣气候、海啸、地震、雷电和洪水等人力不可抗拒的自然破坏力量所造成的后果。

(2) 意外事故：通常指非能预料的原因或非人为故意造成的事故，如搁浅、触礁、碰撞、倾覆、沉没等造成的事故。固有风险是不可预知并且为人力所不可抗拒的，与货物运输的特性有着密切的联系，同时也必须是非因人的故意行为而造成的。

2. 外来风险

外来风险是指由于外部原因所致的风险，如因火灾、爆炸、偷窃、海盗、战争等外来原因或特殊原因造成的货物损失。

此外，还有一些针对特殊商品而存在的外来风险，如雨淋、玷污、短量、锈损、钩损、渗漏、串味、破碎、受潮受热等。

(二) 承保的损失

保险标的物因发生承保范围内的上述风险而遭到的损失，可以分为全部损失与部分损失两种情况。

1. 全部损失

全部损失简称全损，包括实际全损和推定全损两种。

（1）实际全损：按照英国保险法所下的定义，实际全损是指货物全部毁灭或因失去原有用途，或被保险人已经无可挽回地丧失了保险标的，或船舶失踪后相当一段时间仍无音讯。例如货物随船一起沉没、菜叶受水泡不能再食用、货物被没收等。

（2）推定全损：是指货物受损后，对货物的修理费用，加上续运到目的地的费用估计将超过其运到后的价值，或者被保险人丧失其所有权，要收回这个所有权所需的费用超过保险标的的价值。

（3）全损的处理：当保险标的物发生实际全损时，保险人应在承保范围内承担全部赔偿责任。但对推定全损的情况，则被保险人对这种损失的索赔可以进行选择，既可以将这种损失作为部分损失处理，也可以作为全损处理。如果选择作为全损处理，被保险人必须及时发出委付通知，把受损的标的物委付给保险人。否则，这种损失将视为部分损失。在实际全损的情况下，被保险人无须向保险人发出委付通知。

2. 部分损失

部分损失是指除了全部损失以外的一切损失。在海上运输保险中分为三类：共同海损、单独海损与单独费用。

（1）共同海损：是指在海上运输中，船舶或货物遭遇到共同的危险，为了共同的安全，使同一航行中的财产脱离危险，有意和合理地做出的特殊牺牲或支出的特殊费用。如船舶搁浅时，如果情况紧急，船长雇用驳船把一部分货物卸下以减轻船舶载重，并雇用拖船帮助其起浮，雇用驳船和拖船的费用即为共同海损。构成共同海损的条件可以归纳为：必须遭遇实际的而非臆想的风险；必须是故意行为而非意外行为；必须属于非正常性质的牺牲或费用；这种牺牲或费用必须是合理、有效的；这种牺牲或费用的目的是为了船货的共同安全；必须是共同海损行为的直接后果导致的损失。对于共同海损导致的牺牲或费用，一般是以获救船舶或者货物获救部分的价值按比例在所有有利害关系的当事人之间进行分摊，因此共同海损属于部分损失。保险人根据保险单上的有关条款，对共同海损的损失以及保险标的物应承担的共同海损分摊，都应负责予以赔偿。

（2）单独海损：是指货物因承保的风险引起的不属于共同海损的部分损失。单独海损是因运输中非人的有意行为造成的，而且仅涉及船舶或者货物单独一方的利益损失，与其他方的利益无关。因而单独海损不能像共同海损那样要求其他方共同分摊，只能由受到损失的一方单独承担此种损失，或者单独向应对损失承担责任的人提起赔偿请求。对保险人而言，是否应对保险标的物的损失予以赔偿，则取决于当事人投保的险别以及保险单的条款如何规定，不能一概而论。

（3）单独费用：是指为了防止被保险的货物因承保范围内的风险遭受损害或灭失而支出的各项费用。单独费用与共同海损不同，前者是为了防止货物损失而发生的支出，后者则是为了防止危机船舶和货物的整体利益的损失而发生的支出。单独费用只有在保险单承诺承保时才能向保险人取得补偿。但由于当前许多保险单上都载有"诉讼与营救条款"（又称损害防止条款），因此这项费用一般都可以获得补偿。如此规定对保险人和被保险人都有益，尽管在特殊情况下，有保险人赔付金额超过保险金额的可能。

四、索赔与理赔

(一) 索赔

货物在运输途中发生损失，应由具有可保利益的被保险人向保险人或其代理人提出保险索赔。一般索赔程序如下：

1. 损失通知

被保险人可能在货物运输途中就获悉货物因运输工具发生意外事故而受损，也可能在货物到达目的地后提货时或者货物运至仓库储存时才发生货损。无论属于哪种情况，一旦得知保险标的受损，被保险人就应立即向保险人或其指定代理人发出损失通知。

2. 申请检验

货物到达目的地时，如果发生短缺，一般只要有短缺证明即可作为损失对待，不需经过检验。货物如果出现残损，被保险人在向保险人或其指定代理人发出损失通知的同时，应申请检验，以确定损失的原因以及损失程度等。在出口保险中，应由保险单上注明的保险公司在国外的检验代理人进行检验并出具检验报告。进口保险中，则由保险人或其代理人和货主以及船方或其代理人进行联合检验或申请商检，并出具检验报告。

3. 提交索赔的必要文件

被保险人在提出索赔时，应向保险人或其有理赔权的代理人提交索赔的必要单证，通常包括以下几项：

(1) 保险单。这是向保险人索赔的基本依据，其中规定了保险人的责任范围和保险金额等内容。

(2) 提单。提单上的某些内容，例如货物的数量、交货时的状况等记载对确定货物损失是否发生在保险期间有很大的作用。

(3) 发票。它是计算保险赔款金额的依据。

(4) 装箱单、重量单。这是运输货物在装运时数量和重量的证明。

(5) 货损、货差证明。包括在卸下的货物有残损或短少时，由港口当局出具的理货单，如残损单、溢短单，这类单据应该由承运人或有关责任方签字认可，还包括责任方出具的货运记录。它既是被保险人向保险人索赔的证据，又是被保险人及保险人向责任方追偿的重要证据。

(6) 检验报告。它是保险人核定保险责任以及确定赔款金额的重要依据。

(7) 索赔清单。这是由被保险人制作的要求保险人赔偿的清单，其中包括货物的名称、金额以及损失情况的介绍。

(二) 理赔

保险理赔是保险经营管理的重要组成部分，它是保险人为具体体现保险的经济补偿职能，在保险合同有效期内发生保险事故后进行的处理赔付的专业性工作。保险理赔是保险人的履约行为，它是以保险人拥有保险核赔权为其法律基础，同时不排除被保险人的举证责任和权利。保险理赔与索赔是两个既相互区别又相互联系的法律行为。索赔是理赔的基础，理赔是最终实现索赔请求的必要程序。保险理赔是一件相当复杂的工作，但总体上讲，在保险人收到损失通知后，理赔的程序一般有四个步骤。

1. 查勘检验

查勘检验的目的主要有三个方面：

（1）查清损失原因、范围和程度。

（2）制订施救和救助方案，避免损失的进一步扩大。

（3）追查第三者责任，以利追偿工作。

2. 调查取证

运输保险的有些案件非常复杂，一般的查勘检验工作并不能完全查清损失原因、程度和范围，不能够分清责任，必须进一步调查取证。保险人根据案件的具体情况可以直接向有关方面进行调查取证，也可以委托代理人、海损理算人、律师或专家进行调查取证工作。

3. 核赔

核赔是保险人在得到被保险人正式提交的索赔清单和证明损失的材料之后，根据保险合同和被保险人提供的证据材料，结合自己所取得的证据材料核定损失是否属于保险责任以及责任大小的工作，一般包括核定保险责任和赔款计算等。

4. 追偿

保险人依据保险合同赔偿被保险人损失后，被保险人应将有关向第三方索赔的权利转移给保险人。通常由被保险人签署权益转让书之后，保险人凭权益转让书以及其他文件向第三人进行追偿。追偿不仅降低了保险赔付率，而且也使责任方意识到不能因为有了保险就可以逃脱自己应承担的法律责任，从而减少责任事故的发生。

五、代位与委付

1. 代位

代位是指当货物的损失是由于第三者的故意或者过失引起时，保险公司自向被保险人支付了保险赔偿金之日起，有权取代被保险人向第三者进行索赔。这种权利就是代位（求偿）权。

代位（求偿）是从保险的损失补偿原则中派生出来的，目的在于防止被保险人既从保险人处获得赔偿，又从第三者那里获得赔偿，这有利于被保险人迅速获得保险赔偿，同时维护保险人自身的合法权益，也可使有关责任人不因保险的存在而逃脱事故赔偿责任。

无论是在全部损失还是部分损失的情况下，只要保险人已经支付了保险赔款，保险人都有权取得代位（求偿）权。保险人行使该权利的条件为：保险标的所遭受的风险必须属于保险责任范围；保险事故的发生应由第三者承担责任；保险人必须事先向被保险人履行赔偿责任；保险人只能在赔偿金额的限度内行使代位（求偿）权；被保险人要求第三者赔偿。

在赔付部分损失的情况下，若追偿所得小于或等于赔付给被保险人的金额，则全部归于保险人；若大于赔付给被保险人的金额，则多出部分应返还给被保险人。在赔付全部损失的情况下，保险人除取得代位（求偿）权外，还有权取得残存保险标的物的所有权，即使残存标的物的价值大于他付出的保险赔款，其超出部分仍归保险人所有。

2. 委付

委付是指在保险标的物发生推定全损时，由被保险人把保险标的物的所有权转让给保险人，而向保险人请求赔付全部保险金额。

委付是海上保险所独有的一种历史悠久的赔偿制度。最初在海上保险合同中规定，船舶航行方向不明而无任何消息时，视同船舶的丧失，此后为适应海上航运贸易的特殊性，逐步发展为被保险人让渡保险标的物而取得保险赔偿的制度。自 15、16 世纪以来，委付已为海上保险所广泛采用。

委付成立的条件：委付必须以保险标的推定全损；必须就保险标的的全部提出要求；必须经保险人承诺方为有效；被保险人必须在法定时间内向保险人提出书面的委付申请；被保险人必须将保险标的的一切权利转让给保险人，并且不得附加条件。

委付是被保险人的单方行为，保险人没有必须接受委付的义务。但委付一经接受则不能撤回。接受委付后，保险人取得残余物的所有权，当损失由第三者过失引起时，同时取得向有过错的第三者代位追偿的权利。如追偿额大于保险人的赔付额，也不必将超出部分退还被保险人。

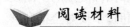

阅读材料

财产保险合同纠纷案①

2007 年 8 月 27 日，被告某联合财产保险公司向原告鹏帆公司出具了财产综合保险单，投保人为原告，保险人为被告；投保的主险为存货账面余额人民币 1470144.34 元、固定资产账面原值人民币 593594 元，并附加投保了盗窃险，账面余额人民币 1470144.34 元；保险期间为 2007 年 9 月 1 日 0 时至 2008 年 8 月 31 日 24 时。原告于当日交付保险费人民币 7234.08 元，免赔率 10%。

2008 年 7 月 16 日凌晨，原告单位财产被窃，经公安机关侦查，由市价格认证中心价格鉴定结论书和人民法院刑事判决，认定原告被盗裸铜线、铜插片价值人民币 165324 元（公安机关发还给原告人民币 1000 元）。另经查明，被告在原告投保、失窃报案时均未清点原告库存的财物。

法院经审理认为，原、被告间建立的保险合同系双方真实意思表示，应确认合法有效，对双方均具有约束力。本案失窃事件发生在保险期限内，由于被告未及时清点原告库存财物，又撤回审计申请，且不能举证证明原告被盗物品不属于保险范围之内，故应以价格鉴定结论书和刑事判决书予以认定。原告已履行了交纳保险费的义务，被告未履行赔付义务应承担相应的责任。据此，判决被告某联合财产保险公司支付给原告鹏帆公司保险赔偿金人民币 147791.6 元。

---

① 摘编自：浙江省建德市人民法院（2010）杭建商初字第 260 号民事判决书。

第三节　国际海上运输保险法律

海上运输保险又可分为海上运输货物保险、海上运输战争和罢工险、海上运输冷藏货物保险以及海上运输散装桐油保险等专门险种。

一、中国海上运输保险合同条款

根据中国人民保险公司 1981 年 1 月 1 日公布实施的现行《海上运输货物保险条款》，该条款分为一般保险条款和特殊保险条款。一般保险条款包括三种基本险别，即平安险、水渍险和一切险。特别保险条款包括一般附加险、特别附加险和特殊附加险三种。

(一) 一般保险条款的承保范围

1. 平安险

平安险这一名词在我国保险界沿用已久，其英文字面意思是"对单独海损不负责任"，它是海上运输货物保险中责任范围最小的一种险别，但随着国际贸易和国际航运的不断发展，经过国际保险界的多次修订和补充，平安险的承保责任现已远远超过了仅对全损和共同海损赔偿的范围，保险人对因某些意外事故所造成的单独海损也负有赔偿责任。

根据中国人民保险公司的海上运输货物保险条款，平安险的责任范围具体包括以下内容：

(1) 被保险货物在运输途中由于恶劣气候、雷电、海啸、地震、洪水等自然灾害造成整批货物的全部损失或推定全损。当被保险人要求赔付推定全损时，须将受损货物及其权利委付给保险公司。被保险货物用驳船运往或运离海轮的，每一驳船所装的货物可视作一个整批。推定全损是被保险货物的实际全损已经不可避免，或者恢复、修复受损货物以及运送货物到原定目的地的费用超过该目的地的货物价值。

(2) 由于运输工具遭受搁浅、触礁、沉没、互撞、与流冰或其他物体碰撞，以及失火、爆炸意外事故造成货物的全部或部分损失。

(3) 在运输工具已经发生搁浅、触礁、沉没、焚毁意外事故的情况下，货物在此前后又在海上遭受恶劣气候、雷电、海啸等自然灾害所造成的部分损失。

(4) 在装卸或转运时由于一件或数件整件货物落海造成的全部或部分损失。

(5) 被保险人对遭受承保责任内危险的货物采取抢救，防止或减少货损的措施而支付的合理费用，但以不超过该批被救起货物的保险金额为限。

(6) 运输工具遭遇海难后，在避难港由于卸货所引起的损失以及在中途港、避难港由于卸货、存仓以及运送货物所产生的特别费用。

(7) 共同海损的牺牲、分摊和救助费用。

(8) 运输契约订有"船舶互撞责任"条款，根据该条款规定应由货方偿还船方的损失。

与国际市场上的平安险条款相比，中国人民保险公司的平安险有以下特点：一是明确规定"推定全损"的含义为"推定全损是被保险货物的实际全损已经不可避免，或者恢复、修复受损货物以及运送货物到原定目的地的费用超过该目的地的货物价值"，该规定清楚、具体，避免了对损失达到什么样的程度才构成推定全损的争议。二是规定对货物在装卸或转运时，由于一件或数件整件货物落海造成的全部或部分损失负责赔偿。其中，部分损失是指整件货物落海后经努力抢救，只救起一部分，这虽然属于部分损失，但保险人也予以赔偿，此规定的目的在于鼓励打捞抢救，尽量减少损失。

2. 水渍险

水渍险的承保责任除了包括上述平安险的各项责任外，还负责被保险货物由于恶劣气候、雷电、海啸、地震、洪水等自然灾害所造成的部分损失。也就是说在平安险的基础上，再加上由于恶劣气候等自然灾害所造成的被保险货物部分损失，即水渍险包括平安险以及平安险中不包括的那部分单独海损损失。与平安险相比，水渍险的责任范围要大得多，现有的保险费率也高于平安险。

3. 一切险

一切险除承保平安险和水渍险的全部责任外，还承保货物在运输途中由于一般外来风险所致的全部损失或部分损失。实际上，一切险的责任范围是平安险、水渍险和 11 种一般附加险责任范围的综合，但一切险不负责特别附加险和特殊附加险所造成的损失。因而投保一切险并不代表保险公司承担了一切损失责任。

4. 除外责任

对海上运输中被保险货物发生下列损失，保险公司不负责赔偿：

（1）被保险人的故意或过失行为。

（2）属于发货人责任引起的损失。

（3）损失责任开始前，被保险货物已经存在的品质不良或数量短差造成的损失。

（4）被保险货物的自然损耗、本质缺陷、特性以及市价跌落、运输延迟所引起的损失和责任。

（5）海上运输货物战争险条款和货物运输罢工险条款规定的责任范围和除外责任。战争险和罢工险都属于特殊风险，凡与此有关的原因造成保险标的的损失，如果仅投保基本险，保险人均不负责赔偿。

5. 保险责任期限

根据我国保险条款的规定，承保人的责任起讫为"仓至仓"（Warehouse to Warehouse，W/W），具体规定为：保险责任自被保险货物运离保险单所载明的起运地仓库或储存处所开始运输时生效，包括正常运输过程中的海上、陆上、内河和驳船运输在内，直至该项货物到达保险单所载明目的地收货人的最后仓库或储存处所或被保险人用做分配、分派或非正常运输的其他储存处所为止。

如未抵达上述仓库或储存处所，则保险责任以被保险货物在最后卸载港全部卸离海轮后满 60 天为止。如在上述 60 天内被保险货物需转运到非保险单所载明的目的地时，则保险责任以该项货物开始转运时终止。由于被保险人无法控制的运输延迟、绕道、被迫卸货、重新装载，转载或承运人运用运输契约赋予的权限所作的任何航海上的变更或终止运输契约，致使被保险货物运到非保险单所载明的目的地时，在被保险人及时将获知的情况通知保险人，并在必要时加缴保险费的情况下，该保险仍继续有效，这种条款被称为"扩展责任条款"，又称"运输合同终止条款"。在这种情况下，保险人的扩展责任按下列规定终止。被保险货物如在非保险单所载明的目的地出售，保险责任至交货时为止，但不论任何情况，均以被保险货物在卸载港全部卸离海轮后满 60 天为止；被保险货物如在上述 60 天期限内继续运往保险单所载原目的地或其他目的地时，保险责任仍按"仓至仓"条款的规定终止。

6. 被保险人的义务

根据中国人民保险公司海上运输货物保险条款的规定，被保险人应承担的义务有以下几方面：

（1）当被保险货物运抵保险单所载明的目的港（地）以后，被保险人应及时提货，当发现被保险货物遭受任何损失，应即向保险单上所载明的检验、理赔代理人申请检验，如发现被保险货物整件短少或有明显残损痕迹应即向承运人、受托人或有关当局（海关、港务当局等）索取货损差证明。如果货损货差是由于承运人、受托人或其他有关方面的责任造成的，应以书面方式向他们提出索赔，必要时还须取得延长时效的认证。

（2）对遭受承保责任内危险的货物，被保险人和保险人都可迅速采取合理的抢救措施，防止或减少货物的损失，被保险人采取此措施，不应视为放弃委付的表示，保险人采取此措施，也不得视为接受委付的表示。

（3）如遇航程变更或发现保险单所载明的货物、船名或航程有遗漏或错误时，被保险人应在获悉后立即通知保险人并在必要时加缴保费，保险才继续有效。

（4）在向保险人索赔时，必须提供下列单证：保险单正本、提单、发票、装箱单、磅码单、货损货差证明、检验报告及索赔清单。如涉及第三者责任，还须提供向责任方追偿的有关函电及其他必要单证或文件。

（5）在获悉有关运输契约中"船舶互撞责任"条款的实际责任后，应及时通知保险人。

（二）特殊保险条款

特殊保险条款包括一般附加险、特别附加险和特殊附加险三种。

1. 一般附加险

目前中国人民保险公司开办的一般附加险有以下几种：

（1）偷窃、提货不着险（Theft, Pilferage and Non－Delivery, T. P. N. D）。承保在保险有效期内，保险货物遭到偷窃，或者在运达目的地后整件货物短少的损失，承运人或其他第三者责任方按运送合同规定享有豁免的部分。

（2）淡水雨淋险（Fresh Water and/or RainDamage）。承保直接由于淡水和雨水（包括舱汗、船上淡水舱水管漏水等）所造成的损失。但包装外需有淡水或雨水痕迹予以证明。与平安险和水渍险的不同之处在于，后者承保的仅是海水所致损失，因此，淡水雨淋险是在平安险和水渍险基础上的补充和扩展。

（3）短量险（Riskof Shortage）。承保货物在运输过程中因外包装或散装货发生数量短少和实际重量短缺的损失，但正常途耗不属此责任范围。

（4）混杂、玷污险（Risk of Intermixture and Contamination）。承保货物在运输过程中因混进杂质或与其他货物接触中被污染的损失。如散装的粮谷混进泥土、草屑，布匹被油脂、颜料等玷污等。

（5）渗漏险（Risk of Leakage）。承保流质、半流质、油类等货物在运输过程中由于容器损坏而引起渗漏的损失，以及用液体储运的货物如湿肠衣、酱渍菜等因储液渗漏而使肠衣变质、酱渍菜不能食用等损失。

（6）碰损破碎险（Risk of Clashing and Breakage）。承保在运输途中因震荡、颠簸、挤压以及野蛮装卸等一切外来原因所造成的货物本身的碰损、破碎等损失。

（7）串味险（Risk of Odor）。承保货物在运输过程中受其他货物影响引起的串味损失。如茶叶、食品、药材、化妆品等与樟脑放在一起，受樟脑味影响发生串味损失。但如果这种串味损失与船方配载不当有关，则应由船方负责。

（8）受潮、受热险（Damage Caused by Sweating and Heating）。承保货物在运输过程中由于气候变化或船上通风设备失灵等原因导致舱内水气凝结、发潮、发热造成的货物损失。

（9）钩损险（Hook Damage）。承保货物在运输过程中因使用钩子装卸导致包装破裂、货物外漏或钩子直接钩破货物的损失以及对包装进行修补或掉换所支付的费用。

（10）包装破裂险（Loss and/or Damage Caused by Breakage Packing）。承保货物在运输过程中因搬运或装卸不慎使包装破裂造成的货物短少、玷污、受潮等损失以及为继续运输对包装进行修补或调换所支付的费用。

（11）锈损险（Risk of Rusting）。承保货物运输过程中受海水、淡水、雨淋或潮湿生锈发生的损失，可锈、必锈物质如铁丝、铁绳、水管以及裸装金属块、板、条等，不承保此种附加险，以免定损时发生困难。

以上11种一般附加险不能单独投保，它们包括在一切险之中，或是由投保人在投保了平安险或水渍险之后，根据需要，再选择加保其中的一种或几种险别。

2. 特别附加险

（1）交货不到险（Failure to Deliver）。承保货物从装上货轮开始，如货物不能在预定抵达目的地的日期起6个月内运到原定目的地交货，不论任何原因造成的损失，投保此险，被保险人必须获得进口所需的一切许可证，否则不予承保。

（2）进口关税险（Import Duty）。承保被保险货物发生保险范围内损失，被保险人仍然要按完好货物的价值缴纳关税时，保险公司对这部分关税损失给予赔偿。

（3）舱面险（On Deck）。承保货物因置于舱面被抛弃或风浪冲击落水的损失。

（4）拒收险（Rejection）。承保被保险货物在进口时，不论什么原因，在进口港遭有关当局禁止进口或没收发生的损失。为此，被保险人必须保证提供所保货物进口所需要的许可证及其他证明文件。

（5）黄曲霉素险（Aflatoxin）。承保被保险货物进口国卫生当局化验发现其所含黄曲霉素超过规定的限制标准，被拒绝进口、没收或强制改变用途而造成的损失。

（6）出口货物到香港（九龙）或澳门存仓火险责任扩展条款（Fire Risk Extension Clause for Storage of Cargo at Destination HongKong Including Kowloon or Macao）。承保出口到香港（包括九龙）或澳门的货物，卸离运输工具后，如直接存放于保单所载明的过户银行所指定的仓库时，保单存仓火险责任扩展，自运输责任终止时开始，直至银行收回押款解除对货物的权益后终止，或自运输责任终止时起满30天为止。

3. 特殊附加险

（1）战争险（War Risk）。

根据中国人民保险公司海上运输货物战争险条款，其责任范围为：直接由于作战、类似战争行为和敌对行为、武装冲突或海盗行为所造成的被保险货物的损失；由于上述原因所引起的捕获、拘留、扣留、禁制、扣押所造成的损失；由于各种常规武器，包括水雷、鱼雷、炸弹所致的损失。

战争险条款责任范围引起的共同海损牺牲、分摊和救助费用。所谓战争是指主权国家或事实上有主权国家特征的政治实体之间动用武力的行动，需注意的是，我国把海盗行为纳入了责任范围之内，而在英国，海盗行为属于运输险的承保范围。保险公司对下列两项原因导致的损失不负赔偿责任：由于敌对行为使用原子或热核制造的武器所致的损失和费用；根据执政者、当政者或其他武装集团的扣押、拘留引起的承保航运的丧失和挫折而提出的任何索赔。

战争险中保险人的责任期限与主险的保险期限有所不同。它是以"水上责任"为限，而非"仓至仓"，即自被保险货物装上保险单所载起运港的海轮或驳船时开始，到卸离保险单所载目的港海轮或驳船为止。但如果到目的地后货物未卸船，则最长期限为海轮到达目的地当日午夜起算满 15 天。当需要中途转船时，不论被保险货物是否卸载，则保险责任在该转运港的最长期限从船舶到达该港口或卸货地之日午夜起满 15 天，待再装上续运海轮时保险恢复有效。

（2）战争险的附加费用（Additional Expenses - War Risks）。

战争险只承保战争风险造成的直接物质损失，对由于战争风险所致的附加费用不予以承保。对此，战争险的附加费用承保因战争后果所引起的附加费用，如卸货、存仓、转运、关税等。

（3）罢工险。

承保货物由于罢工者、被迫停工，或参加工潮、暴动或民众斗争的人员的行动，或任何人的恶意行为所造成被保险货物的直接损失和上述行动引起的共同海损的牺牲、分摊和救助费用。罢工险只承保罢工行为所致的被保险货物的直接物质损失。如果因罢工造成劳动力不足或无法使用劳动力，而使货物无法正常运输、装卸以致损失，属于间接损失，保险人不予负责。

罢工险的保险期限和海运货物主险相同，都是以"仓至仓"条款为依据，保险人负责货物从卖方仓库起运到存入买方仓库为止的整个运输过程的风险。

罢工险通常与战争险同时承保，投保人只需在保单上注明战争险包括罢工险，并附上罢工险条款即可，无须另加付保险费。

（三）特种货物海上运输保险

我国特种货物海上运输保险是针对某些性质特殊的货物而制订的，主要有海上运输冷藏货物保险和海上运输散装桐油保险两种。

1. 海上运输冷藏货物保险

冷藏货物是指在运输过程中必须储藏在冷藏容器里或冷冻舱内的货物，通常包括蔬菜、水果、鱼、虾、肉等，这类货物对温度变化非常敏感，承运人在承运这类货物时必须根据各种货物的性质和不同要求，调整不同的冷藏温度；倘若船上冷藏设备失灵，就会使这些货物变质腐烂。为了满足被保险人的需求，特开办了此险种。实际上，海上运输冷藏货物保险是海上运输货物保险的一种专门保险。中国人民保险公司的海上运输冷藏货物保险有两种险别：冷藏险和冷藏一切险。冷藏险除了包括水渍险的承保责任外，还负责由于冷藏机器停止工作连续达到 24 小时以上所造成的货物腐烂或损失。冷藏一切险的范围更广，除包括冷藏险的各项责任外，还负责被保险鲜货在运输途中由于外来原因所致的腐烂或损失。海上运输冷藏货物保险的除外责任除了与海上运输货物保险的除外责任相同者之外，还针对冷藏货物的固有特点，增加了如下两条规定：被保险货物在运输过程中的任何阶段因未放在有冷藏设备的仓库或运输工具中，或辅助工具没有隔温设备所造成的货物腐败；被保险货物在责任开始时因未保持良好状态，包括整理加工和包扎不妥，冷冻上的不合规定以及骨头变质所引起的货物腐败和损失。

海上运输冷藏货物保险关于保险期限的规定与海上运输货物保险基本一致，但根据冷藏货物对运输以及储藏条件的特殊要求，作了相应的规定：保险人的责任自保险货物运离保险单所载起运地点的冷藏仓库装入运送工具开始运输时生效，包括正常运输中的海上、陆上、内河和驳船运输在内，直至该货物到达保险单所载明的卸载港 30 天内卸离海轮，并将货物存入岸上冷藏库后继续有效。但以货物全部卸离海轮起算满 10 天终止。在上述期限内货物一经移出冷藏仓库，则保险责任即行终止。若卸离海轮后不存入冷藏仓库，则至卸离海轮时终止。

2. 海上运输散装桐油保险

散装桐油因自身特性，在运输途中非常容易发生污染、变质等损失，若要获得全面保障，就须投保海运散装桐油保险。该保险除了承保海上运输货物保险的各项责任以外，还针对散装桐油的特点，负责赔偿不论何种原因所致的桐油的短少、渗漏且超过规定免赔率的损失以及污染或变质损失。海运散装桐油保险的责任自桐油运离保险单载明的起运港的岸上油库或盛装容器开始，至保险单载明的目的地岸上油库责任终止，而且最多只负责海轮到达目的港后 15 天。

由于散装桐油非常易受污染、易变质，而且保险人承保责任十分广泛，为控制自身承保的风险，避免承担桐油装运前的质量缺陷以及容器的不洁导致的损失，保险人在保险条款中对桐油的检验规定了一系列严格的要求：被保险人必须在起运港取得船上油仓的清洁合格证书，桐油装船后的容量、重量、温度的证书和装船桐油的品质检验合格证书；如果发生意外，必须在中途港卸货时，同样在卸货前对货物进行品质鉴定并取得证书，对接受所卸桐油的油驳、岸上油库及其重新装载桐油的船舶、油轮等进行检验，并出具证书；桐油到达目的港后，在卸货前还须由保险单指定的检验人对油仓的温度、容量、重量以及品质进行检验，出具证书。

除了为决定赔款数额而支付的必要检验和化验费用外，一切检验和化验费用均由被保险人负担，被保险人必须取得上述证书，才能在桐油发生品质上的损失时获得保险赔款。

二、伦敦保险协会货物保险条款

（一）历史背景

作为现代世界海运保险的中心，英国制订的海运保险的各种规章制度以及条款对其他国家有着广泛的影响。1779 年由劳合社社员大会通过的劳合社船货保险单（简称劳氏 S.G. 保单）曾经是国际海运保险市场的主要保单格式，世界上许多国家的海运保险单都是据此制订的。

随着国际贸易和国际航运的发展，S.G. 保单因其很少发生变化或修改，使它难以适应海运保险的新发展以及被保险人的需求。为了弥补这种缺陷，保险人往往在 S.G. 保单上加贴各种条款，致使 S.G. 保单的内容日益庞杂、结构更加松散，导致许多不便。S.G. 保单文字古老难懂，越来越不适应现代保险的需要。为此，英国保险业对 S.G. 保险单作了彻底的改变，于 20 世纪 80 年代初制订了新的保险单以及相应的保险条款。新的《协会货物保险条款》从 1982 年开始在英国保险市场上使用，并采用新的劳合社保险单格式，原协会货物条款和劳合社 S.G. 保险单于 1983 年 3 月 31 日起在英国保险市场停止使用。

（二）伦敦保险协会货物保险条款的特点

1. 货物保险 A、B、C 条款

用英文字母 A、B、C 命名，取代了旧条款中的一切险、水渍险和平安险每一险别都各自形成独立的保险单，避免了过去因为险别名称含义不清且与承保范围不符而容易产生的误解。

2. 减少了原险别之间的交叉和重叠

如旧条款中水渍险和平安险承保的范围基本是重叠的。水渍险只增加了平安险不承保的由于自然灾害引起的货物部分损失的赔偿。而平安险虽然成为单独海损不赔，但实际上在运输工具发生触礁、搁浅等意外事故时，如果在此之前或之后又因自然灾害给货物造成了部分损失，又要给予赔偿。这样就使两种险别含义不清，相互之间的差别更小了。修改后 B 险承保因自然灾害造成的全部或部分损失以及因重大或非重大意外事故造成的货物全部或部分损失，而 C 险只承保由重大意外事故造成的货物全损或部分损失，因而两种险别之间的界限更为清楚。

3. 新货物条款增加了承保陆上风险

如 B、C 条款承保由于陆上运输工具的颠翻、出轨、碰撞引起的保险标的的损失或损害以及湖水、河水渗入船舶造成的损害。

4. 独立投保的保险条款

伦敦保险业协会的新货物保险条款共有六种。除协会货物保险 A、B、C 条款外，还有协会战争险条款、罢工险条款、恶意损害险条款。除恶意损害险条款外，各条款均分为承保范围、除外责任、期限等 9 个部分，19 项条款。与旧货物保险条款不同，新的协会战争险和罢工险条款既可以在投保了 A、B 或 C 条款后加保，也可以在需要时，作为独立的险别进行投保。

（三）六种保险条款的承保范围与除外责任

1. 协会货物 A 险条款（Institute Cargo Clause A）

承保范围改变了以往列举式的方式，采用"一切险"减去"除外责任"的方式，对约定和法定的除外事项，在"除外责任"部分全部予以列明，对于未列入"除外责任"项下的损失，保险人均予负责。其除外责任包括两部分：一般除外责任和约定除外责任。

一般除外责任包括：被保险人的故意行为造成的损失或费用；保险标的的正常渗漏、短重、短量或正常磨损；保险标的的包装不固或不当引起的损失或费用；保险标的的固有缺陷或性质导致的损失或费用；因迟延所致的损失或费用，即使该迟延是由于承保风险引起的；由于船东、经理人、租船人或经纪人破产或不履行债务引起的损失或费用；因为使用原子或核武器或其他类似放射性的战争武器引起的损失或费用。

特殊除外责任包括：船舶不适航、不适货以及战争、罢工的除外责任。

不适航、不适货的除外责任是指船舶或驳船的不适航；船舶、驳船、运输工具、集装箱或运输专用箱不适宜安全运送保险标的；当保险标的装载时，被保险人或其雇员对此种不适航或不适货已经知情。

战争、罢工的除外责任是指战争、内乱、革命、造反、叛乱或由此引起的骚乱，或任何交战方之间的敌对行为造成的损失或费用；捕获、拘留、扣留、禁制、扣押（海盗行为除外）以及这些行为引起的后果或进行这些行为的企图所造成的损失或费用；遗弃的鱼雷、水雷、炸弹或其他遗弃的战争武器所造成的损失或费用；因罢工、停工、工潮、暴动或民变造成的损失或费用；因任何恐怖主义分子或任何带有政治动机的人的行为造成的损失或费用。

2. 协会货物 B 险条款（Institute Cargo Clause B）

该条款主要的承保范围为自然灾害和意外事故的损失，自然灾害包括地震、火山爆发或雷电等。重大意外事故包括火灾或爆炸，船舶或驳船搁浅、触礁、沉没或倾覆；陆上运输工具的颠翻或出轨；船舶、驳船或运输工具与除水之外的任何外界物体的碰撞或接触；在避难港卸货。非重大意外事故包括货物在装卸时落海或摔落造成整件货物的灭失。

此外，还包括共同海损牺牲、抛货或浪击入海；海、湖或河水进入船舱、驳船、运输工具、集装箱、运输专用箱或储存处所造成的损失。

B 险条款的除外责任与 A 险条款大致相同，只有两点不同：一是除被保险人外，A 条款对一切人的故意行为造成的损失或费用给予承保，而 B 险条款对任何一人或数人采取非法行为故意损坏或故意破坏保险标的或其中任何一部分，均不予承保。二是在战争险除外责任中，A 条款将海盗行为从战争除外责任中排除，即对海盗行为引起的后果予以承保，而 B 条款在战争险除外责任中未将海盗行为排除，则表明对海盗行为造成的后果不予承保。

3. 协会货物 C 险条款（Institute Cargo Clause C）

承保因重大意外事故造成的保险标的的损失以及费用。此外，还承保共同海损牺牲与抛货。对于自然灾害造成的损失，全部不予负责。与我国的《海上运输货物保险条款》相比，其承保风险范围显然更小。

除外责任与协会货物 B 险条款相同。

4. 协会货物战争险条款（Institute War Clause - Cargo）

承保范围为由于下列原因引起的损失或费用：战争、内战、革命、造反、叛乱或由此引起的骚乱或任何交战方之间的敌对行为；由上述承保风险引起的捕获、拘留、扣留、禁制或扣押，以及这些行动的后果或任何进行这种行为的企图；被遗弃的水雷、鱼雷、炸弹或其他遗弃的战争武器。

此外，协会战争险还承保为避免承保风险所造成的共同海损和救助费用。

战争险条款的除外责任包括"一般除外责任"和"不适航、不适货除外责任"两部分。"一般除外责任"与 A 险条款相比，新增了"航程挫折条款"，即对由于航程或航海上的损失或受阻的索赔不予负责。在"核武器除外责任"的内容上，规定为"由于敌对性地使用核战争武器所致的损失不予负责"。

5. 协会货物罢工险（Institute Strike Clause－Cargo）

承保范围为由于下列原因造成的保险标的的损失或费用：罢工者、被迫停工人，或参与工潮、暴动或民变的人员所致；任何恐怖分子或任何出于政治动机采取行动的人所致；为避免承保风险所致的共同海损和救助费用。

除外责任除了大部分条款与战争险相同外，在一般除外责任中增加了两条：一是因罢工、停工、工潮、暴动或民变造成的各种劳动力缺乏、短缺或抵制引起的损失或费用；二是因战争、内战、革命、叛乱、颠覆或由此引起的内乱或敌对行为造成的损失或费用。

6. 协会恶意损害险条款

承保由于被保险人以外的其他人的故意损害、故意破坏、恶意行为所致的保险标的的损失或损害。但如果恶意行为是出于政治动机，则不属于本条款的承保范围，但可以在罢工险条款中得到保障。

协会 A 险条款只对被保险人的恶意行为予以除外不保，显然已将恶意损害险的内容包括在其承保范围之内，而在 B 险和 C 险条款中，被保险人以外的任何人的恶意行为所致的损失均被列入除外责任。因此，若想转嫁恶意损害风险，除非已经投保 A 险，否则须加保恶意损害险。

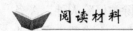 阅读材料

海上货物运输保险合同纠纷案①

原告抽纱公司与被告保险公司于 1997 年 7 月 4 日签订了险别为中国人民保险公司海上货物运输保险条款及海上货物运输战争险条款（1981 年 1 月 1 日）规定的一切险和战争险的海上货物运输保险合同 2 份，保险公司签发了保险单，抽纱公司按约定支付了保险

① 摘编自：《中国抽纱公司上海进出口公司诉中国太平洋保险公司上海分公司海上货物运输保险合同纠纷案》，《最高人民法院公报》，2001 年第 3 期。

费。原告抽纱公司在贸易合同中与买方约定的付款方式是付款寄单，因见买方迟迟没有支付货款，遂派人持正本提单至圣彼得堡提货。抽纱公司因提不着货物，于 1998 年 8 月 10 日向被告保险公司提交了索赔单据和涉案货物在圣彼得堡报关的材料，要求按"提货不着"险赔偿，此后，双方经多次协商不成，抽纱公司提起诉讼。现抽纱公司尚持有本案货物的全套单证，包括正本全程提单、装箱单、商业发票，双方当事人对本案存在承运人无单放货和收货人无正本全程提单而提货的事实均无异议。

根据保险公司的主要险种条款汇编介绍，中国人民保险公司的海上运输保险条款中的一切险，在保险公司业务习惯上包括"偷窃、提货不着险"在内的 11 种普通附加险，"提货不着"指"整件提货不着"。

上海海事法院认为：如何理解海上货物运输保险中的"提货不着险"，是双方当事人争议的焦点。"提货不着险"条款，来源于英国海上保险中的"Non - delivery"（"交货不能"或"没有交货"）条款，但中文的"提货不着"，在文义上已经脱离了"Non - delivery"，即不仅包括"Non - delivery"文义中因承运人"交货不能"所致的"提货不着"，还包括其他原因所致的"提货不着"；既可能是因货物本身形体的绝对损坏或灭失而造成的"提货不着"，也可能是如同条款的"偷窃"一样，因货物脱离所有人而造成的"提货不着"。本案所涉海上货物运输保险合同，使用的是中文"偷窃、提货不着险"条款，在保险合同订立时，没有对该条款作过其他解释或附加其他条件。应当认为，这是本案被告保险公司向原告抽纱公司承诺，只要被保险的货物"整件提货不着"，将按现有中文条款文义承担责任。合法、安全地交货，是指向正本提单持有人交货，并非向任何人交货都是安全的、合法的。买方无正本全程提单而提走了货物，即使经过清关，也不能认为货物被"安全""合法"地提走和未发生保险事故，保险人的"仓至仓"保险责任并未终止，抽纱公司有权凭正本全程提单向保险人索赔。据此，上海海事法院判决：被告保险公司向原告抽纱公司赔偿损失 450431.49 美元及其利息。

保险公司不服一审判决，向上海市高级人民法院提起上诉。上海市高级人民法院认为：虽然本案保险单上没有明文将"偷窃、提货不着险"约定为保险合同中应予赔偿的一种风险，但在上诉人保险公司的《主要险种条款汇编》一书中，已经将一切险解释为包括"偷窃、提货不着险"。鉴于被上诉人抽纱公司投保的是一切险和战争险，因此应当包括"偷窃、提货不着险"。

"提货不着"虽然是本案海上货物运输保险合同中约定的一种风险，但并非所有的"提货不着"都应当由保险人承担赔偿责任。海上货物运输保险合同中的风险，一般是指货物在运输过程中因外来原因造成的风险，既包括自然因素造成的风险，也包括人为因素造成的风险。但是，凡海上货物运输保险合同所指的风险，都应当具备不可预见性和责任人不确定性的特征。托运人、承运人、收货人等利用接触、控制保险货物的便利，故意毁损、丢弃或无单放行以至提货不着，是确定的责任人不正确履行职责而发生的可以预见的事故。本案是因承运人银风公司无单放货，造成持有正本提单的被上诉人抽纱公司提货不着。无单放货虽然能导致提货不着，但这种提货不着不具有海上货物运输保险的风险特征，故不属于保险合同约定承保的风险。

承运人是被上诉人抽纱公司选定的，抽纱公司与其签订有海洋货物运输合同。当承运人故意违约无单放货时，抽纱公司应当根据海洋货物运输合同的约定，向这个确定的责任人追究违约责任。抽纱公司不去追究承运人银风公司的违约责任，却以"提货不着是约定的风险"为由，起诉请求判令上诉人保险公司赔偿，致使应承担无单放货违约责任的银风公司免受追偿。抽纱公司的诉讼请求，不仅不符合承运人应该根据提单交货的国际惯例，有悖于海上货物运输保险合同中保险风险系外来因素造成的特征，混淆了海上货物运输合同与海上货物运输保险合同之间的法律关系与责任界定，也不符合公平、正义的法律原则。

综上所述，虽然本案的海上货物运输保险合同中约定承保"偷窃、提货不着险"，但对承运人无单放货造成的提货不着，上诉人保险公司可不承担赔偿责任。原判从字义上对"偷窃、提货不着险"作出的解释，不符合保险合同只对外来原因造成的风险给予赔偿的本意，不当地扩大了保险人的义务。保险公司此一上诉理由成立，予以采纳。原审判决不当，应予纠正。据此，上海市高级人民法院判决：撤销第一审民事判决，对被上诉人抽纱公司的诉讼请求不予支持。

第四节　国际航空、陆上货物运输保险

尽管海上货物运输保险是目前国际贸易中最主要的一种保险，但由于存在着以火车、汽车为主的陆上货物运输和航空货物运输形式，因此，国际货物运输保险也对应着包括了国际航空货物运输保险和国际陆上货物运输保险两种形式。

一、国际航空货物运输保险

(一) 我国航空货物运输保险

1. 航空货物运输保险条款

根据中国人民保险公司制订的货物保险条款，航空货物运输保险承保货物在空运过程中，因自然灾害、意外事故和各种外来风险而导致货物全部或部分损失。包括遭受雷电、火灾、爆炸，飞机遭受碰撞倾覆、坠落、失踪、战争破坏以及被保险货物由于飞机遇到恶劣气候或其他危难事故而被抛弃等；被保险人对遭受承保范围内危险的货物采取抢救、防止或减少货损的措施而支出的合理费用，但以不超过该批被救货物保险金额为限。

2. 航空货物运输一切险

除航空货物运输险承保的责任范围外，还承保被保险货物由于被偷窃、短少等外来原因所造成的全部或部分损失。

以上两种基本险都可单独投保，在投保其中一种保险的基础上，经投保人与保险公司协商可以加保战争险等附加险。加保时须另付保险费。在加保战争险前提下，再加保罢工险，则不另收保险费。其中，航空运输货物战争险的责任期限，是自货物装上飞机时开始至卸离保险单所载明的目的地的飞机时为止。

航空运输险和航空运输一切险的责任起讫也采用"仓至仓"条款，自被保险货物运离保险单所载明起运地仓库或储存处所开始时生效，直至该货物到达保险单所载明目的地收货人的最后仓库或储存处所或被保险人用作分配、分派或非正常运输的其他储存处所为止。如未抵达上述仓库或储存处所，则以被保险货物在最后卸载地卸离飞机后满 30 天为止。

（二）伦敦保险协会航空货物运输保险条款

1. 保险责任

一般采用一切险条件承保，但由于航空运输通常与陆上运输相联系，因而在航空货物运输保险中，对航空运输部分的货物保险采用一切险承保，对于陆上运输保险部分，则采用特定危险条件承保。

2. 除外责任

除因战争、罢工以及下列原因所致的灭失、毁损或费用均不负责外，其他部分与海运保险的除外责任基本相同。

3. 保险期限

伦敦保险协会条款对保险期限规定如下：自保险标的物离开本保险单所载起运地点的仓库或储存处所时开始生效，并在正常的运输过程中继续有效，直到运至下列情形之一时终止：①至本保险单所载目的地或其他最终仓库或储存处所；②至本保险单所载目的地，或中途的任何其他仓库或储存处所而为被保险人用作通常运输过程以外的储存、分配或分送；③至本保险标的物在最终卸载地，自飞机卸载后，届满 30 天。

4. 赔偿责任

航空货物运输保险的保险人的赔偿责任一般有两种形式：一是对每一飞机的最高责任额限额；二是对每一次空灾事故的总责任额限额。前者是以保障运输货物价值的损失为标准，后者是以保障终点站的集中损失为主，两者都以在损失时目的地货损的实际现金价值为限。同时，保险人必须负责赔偿航空货物运输保险中类似海上货物运输保险中共同海损的损失。

二、国际陆上货物运输保险

（一）风险和损失

货物在陆运过程中，可能遭受各种自然灾害和意外事故。常见的风险有车辆碰撞、倾覆和出轨、路基坍塌、桥梁折断和道路损坏，以及火灾和爆炸等意外事故；雷电、洪水、地震、火山爆发、暴风雨以及霜雪冰雹等自然灾害；战争、罢工、偷窃、货物残损、短少、渗漏等外来原因所造成的风险。这些风险会使运输途中的货物造成损失。货主为了转嫁风险损失，就需要办理陆运货物保险。

（二）陆上运输货物保险

该险种主要承保以火车、汽车等陆上运输工具进行货物运输的风险。国际上保险公司对于采用畜力、畜力车等落后运输工具运送货物的风险，一般不予承保。在我国，中国人民保险公司现行的陆上运输货物保险条款也明确规定以火车、汽车为限。但在基本险方面，我国不论是使用火车还是汽车运输货物的保险，均采用相同的险别和条款，这与有些西方国家对使用火车和汽车运输货物的保险分别采用不同的险别和条款有所不同。

陆上运输货物除了个别情况下需要水运（例如驳运）外，一般不涉及海上运输时可能产生的共同海损问题，所以在实际业务中没有单独海损的问题，这就决定了陆上运输货物保险的基本险别与海上运输货物保险的险别是不同的。

根据 1981 年 1 月 1 日修订的《中国人民保险公司陆上运输货物保险条款》，陆运货物保险的基本险有"陆运险"和"陆运一切险"两种。此外，为适应冷藏运输货物的需要而专设的"陆上运输冷藏货物保险"可单独投保，具有基本险的性质。在附加险方面，陆上货物的附加险有"陆上运输货物战争险"。

1. 陆运险与陆运一切险

（1）陆运险与陆运一切险的责任范围。

陆运险的承保责任范围与海上运输货物保险条款中的"水渍险"相似。保险公司负责赔偿被保险货物在运输途中遭受暴风、雷电、洪水、地震等自然灾害或由于运输工具遭受碰撞、倾覆、出轨或在驳运过程中因驳运工具遭受搁浅、触礁、沉没、碰撞；或由于遭受隧道坍塌、崖崩或失火、爆炸等意外事故所造成的全部或部分损失。此外，被保险人对遭受承保责任内危险的货物采取抢救、防止，或减少货损的措施而支付的合理费用，保险公司也负责赔偿，但以不超过该批被救货物的保险金额为限。

陆运一切险的承保责任范围与海上运输货物保险条款中的"一切险"相似。保险公司除承担上述陆运险的赔偿责任外，还负责被保险货物在运输途中由于一般外来原因所造成的全部或部分损失。可以说，陆运一切险的承保责任是陆运险的责任范围加上同样适用于海运货物保险的 11 种一般附加险的承保责任。与海运货物保险相比，陆运货物保险的承保风险中，没有海上保险所承保的海啸、浮冰这些海上所固有的自然灾害，但增加承保了陆运工具的倾覆出轨、隧道坍塌、崖崩等陆运过程中所特有的意外事故。在陆运货物保险的承保责任中，没有共同海损牺牲、分摊以及救助费用等海上损失和费用。在陆运货物保险中，凡属承保责任范围内的损失，不论起因是自然灾害还是意外事故，也不论损失的程度是全部还是部分，保险人一般都予赔偿，因此，在陆运货物保险中不存在海运货物保险中的"单独海损不赔"的问题。

陆运险与陆运一切险的除外责任与海上运输货物险的除外责任基本相同，对于下列损失保险人不负赔偿责任：被保险人的故意行为或过失所造成的损失；属于发货人的责任所引起的损失；在保险责任开始前，被保险货物已存在的品质不良或数量短差所造成的损失；被保险货物的自然损耗、本质缺陷、特性以及市价跌落、运输迟延所引起的损失或费用；中国人民保险公司陆上运输货物战争险和货物运输罢工险条款规定的承保责任和除外责任。

（2）陆运险与陆运一切险的责任起讫。

陆上运输货物险的责任起讫也采用"仓—仓"责任条款。保险人责任自被保险货物运离保险单所载明的起运地仓库或储存处所开始运输时生效，包括正常运输过程中的陆上运输和与其有关的水上驳运在内，直至该项货物运抵保险单所载目的地收货人的最后仓库或储存处所或被保险人用作分配、分派的其他储存处所为止。如未运抵上述仓库或储存处所，则以被保险货物运抵最后卸载的车站满 60 天为止。此 60 天的规定，与海运货物保险中"仓—仓"条款中的相应规定有所不同，海运货物保险人的责任是在被保险货物在最后卸载港全部卸离海轮后起满 60 天终止，但在陆运货物保险中，若货物运达目的地后如不卸离运输工具或不及时运往收货人仓库或储存处所，保险期限规定为到达卸载站后满 60

天终止。

陆上运输货物险的索赔时效为从被保险货物在最后目的地车站全部卸离车辆后起算，最多不超过 2 年。与海运货物保险条款所规定的索赔时效相似。

2. 陆上运输冷藏货物险

陆上运输冷藏货物险是陆上运输货物险中的一种专门保险。其主要责任范围除负责陆运险所列举的自然灾害和意外事故所造成的全部或部分损失外，还负责赔偿由于冷藏机器或隔温设备在运输途中损坏所造成的被保险货物解冻溶化而腐败的损失。保险人还负责赔偿被保险人对遭受承保责任内危险的货物采取抢救、防止或减少货损的措施而支付的合理费用，但以该批被救货物的保险金额为最高限额。

但对于因战争、工人罢工或运输迟延而造成的被保险货物的腐败或损失以及被保险冷藏货物在保险责任开始时未能保持良好状况，包括整理、包扎不妥或冷冻不合乎规定以及骨头变质所造成的货物腐败或损失则除外。对于被保险货物在运输途中，因未存放在有冷藏设备的仓库或运输工具中，或辅助运输工具没有隔温设备或没有贮存足够的冰块所致货物的腐败也不负责任。前述陆运险的一般除外责任也适用本险别。

陆上运输冷藏货物险的责任，自被保险货物运离保险单所载起运地的冷藏仓库装入运输工具开始运输时生效，包括正常陆运和与其有关的水上驳运在内，直至货物到达目的地收货人仓库为止，但最长保险责任的有效期限以被保险货物到达目的地车站后 1 天为限。

陆上运输冷藏货物险的索赔时效为从被保险货物在最后目的地全部卸离车辆后起算，最多不超过 2 年。

3. 陆上运输货物战争险（火车）

陆上运输货物战争险（火车）是陆上运输货物险的一种附加险，只有在投保了陆运险或陆运一切险的基础上，经过投保人与保险公司协商方可加保。这种陆运战争险，国外私营保险公司大都是不保的，中国人民保险公司为适应外贸业务需要，接受加保，但目前仅限于火车运输，若使用汽车运输则不能加保。加保陆上运输货物战争险须另增加支付保险费。

加保陆上运输货物战争险后，保险公司负责赔偿在火车运输途中由于战争、类似战争行为和敌对行为、武装冲突所致的损失，以及各种常规武器包括地雷、炸弹所致的损失。但是，由于敌对行为使用原子或热核武器所致的损失和费用，以及由于执政者、当权者或其他武装集团的扣押、拘留引起的承保运程的丧失或挫折而造成的损失除外。

陆上运输货物战争险的责任起讫与海运战争险相似，以货物置于运输工具时为限，即自被保险货物装上保险单所载起运地的火车时开始，到货物在保险单所载目的地卸离火车时为止。如果被保险货物不卸离火车，则自火车到达目的地的当日午夜起算，满 48 小时为止；如在运输中途转车，不论货物在当地卸载与否，保险责任以火车到达该中途站的当日午夜起算满 10 天为止。如货物在此期限内重新装车续运，保险仍恢复有效。但需指出，如运输契约在保险单所载目的地以外的地点终止时，该地即视作本保险单所载目的地，在货物卸离该地火车时为止，如不卸离火车，则保险责任以火车到达该地当日午夜起算满 48 小时为止。

同海上运输货物保险一样，陆上运输货物可以在投保战争险的基础上加保货物运输罢工险，加保罢工险不另行收费。但如单独要求加保罢工险，则按战争险费率收费。货物运输罢工险条款适用于各种运送方式下的货物保险，可以附加于各种运输方式下货物保险基本险条款，但应优先适用。在本条款与陆上运输货物保险条款相抵触时，以本条款为准；本条款未作不同规定的，适用陆上运输货物保险条款，如责任起迄、被保险人的义务、罢工除外责任以外的其他除外责任等。

三、邮递货物保险

邮递货物保险亦称邮包保险，主要承保通过邮局以邮包递运的货物，因邮包在运输途中遭到自然灾害、意外事故或外来原因造成的货物损失。在国外，凡经常有需经邮局递送货物的货主，通常都与保险人订有总括保险单，为整个运输期间的货物投保一切险。因此，伦敦保险人协会迄今除已制订《协会邮递战争险条款》之外，尚未制订有成套的邮递货物保险的标准条款。此外，同空运货物保险一样，协会邮递货物战争险的保险也使用海上运输货物保险单加贴邮递战争险条款的做法。在我国，中国人民保险公司参照国际上的通行做法，结合我国邮政包裹业务的实际情况，于1981年1月1日修订并公布了一套较为完备的邮递货物保险条款，包括：邮包险、邮包一切险及邮包战争险三种。前两种为基本险，第三种为附加险。

（一）邮包险和邮包一切险

1. 邮包险和邮包一切险的责任范围

邮包险的承保责任范围是负责赔偿被保险邮包在运输途中由于恶劣气候、雷电、海啸、地震、洪水、自然灾害或由于运输工具搁浅、触礁、沉没、出轨、倾覆、坠落、失踪，或由于失火和爆炸等意外事故所造成的全部或部分损失；另外，还负责被保险人对遭受承保责任内风险的货物采取抢救、防止或减少货损的措施而支付的合理费用，但以不超过该批被救货物的保险金额为限。

邮包一切险的承保责任范围除包括上述邮包险的全部责任外，还负责被保险邮包在运输途中由于外来原因所致的全部或部分损失。但是，在这两种险别下，保险公司对下列损失不负赔偿责任：被保险人的故意行为或过失所造成的损失；属于寄件人责任所引起的损失；被保险邮包在保险责任开始前已存在的品质不良或数量短差所造成的损失；被保险邮包本质上的缺陷、特性或自然损耗所造成的损失；市价跌落、运输迟延所引起的损失和费用；战争、敌对行为、类似战争行为、武装冲突、海盗行为、常规武器、工人罢工所造成的损失和费用。

2. 邮包险和邮包一切险的责任起迄

邮包险和邮包一切险的保险责任是自被保险邮包离开保险单所载起运地点，从寄件人的处所运往邮局时开始生效，直至被保险邮包运达保险单所载明的目的地邮局发出通知书给收件人当日午夜起算满15天为止，但在此期限内邮包一经递交至收件人的处所时，保险责任即行终止。

从以上内容可以看出，邮递货物的两种基本险（邮包险和邮包一切险）同海运货物保险的基本险有以下不同：

（1）由于邮包递运涉及海运、陆运、空运三种运输方式，所以邮包运输保险基本险的承保责任范围兼顾了海、陆、空三种运输工具。它除负责海运货物保险所承保的自然灾害和意外事故外，还负责陆、空运输中的自然灾害和意外事故；被保险人在投保时，无须申明使用何种运输工具运送，保险人对海运、陆运、空运的邮包均予负责，即使邮包使用海、陆、空三种运输工具联运，也予负责。

（2）邮包运输保险的责任终止期限是在货物运抵保险单所载明的目的地邮局，由邮局签发到货通知书当日午夜起算满 15 天终止。这一期限与海运货物保险规定为在卸货港全部卸离海轮后满 60 天不同。

（二）邮包战争险

邮包战争险是邮包险或邮包一切险的一种附加险，只有在投保了邮包险或邮包一切险的基础上，经过投保人与保险公司协商，方可加保，加保时须另加付保险费。

加保邮包战争险后，保险公司负责赔偿在邮包运输过程中由于战争、类似战争行为、敌对行为、武装冲突、海盗行为以及各种常规武器包括水雷、鱼雷、炸弹所造成的损失。此外，保险公司还负责被保险人对遭受以上承保责任内风险的物品采取抢救、防止或减少损失的措施而支付的合理费用。但保险公司不承担因使用原子弹或热核制造的武器所致的损失。

邮包战争险的保险责任期限是自被保险邮包经邮政机构收讫后自储存处所开始运送时生效，直至该项邮包运达保险单所载目的地的邮政机构送交收件人为止。

对邮政包裹除了可以附加投保战争险外，还可以附加投保货物运输罢工险条款。在投保战争险的前提下，加保罢工险不另行收费。但如仅要求加保罢工险，则按战争险费率收费。

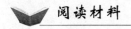

航空运输合同保险索赔案[①]

2007 年 6 月 13 日，骐驰公司与陕西中电公司签订买卖合同，约定陕西中电公司向骐驰公司购买生物电信号处理系统一台，价值 8971 美元，交货期为 90 天。2007 年 8 月 30 日，国泰航空公司签发了不可转让空运单，号码为 160－23853395。空运单载明，托运人为骐驰公司；收件人为陕西中电公司；货物为生物电信号处理系统一台；起运机场为伦敦希思罗机场，至香港后由港龙航空公司运至中国西安咸阳机场；第一承运人为国泰航空公司；货运申报价值栏载明未申明价值。2007 年 8 月 31 日，华泰保险上海分公司与骐驰公司签订"货物运输保险单"，承保该货物生物电信号处理系统，承保条件包含《航空运输货物保险条款》和《航空运输货物战争险条款》等。

上述货物 2007 年 9 月 2 日运抵咸阳机场后，由航空运输承运人的代理人东方航空公

---

① 摘编自：上海市第一中级人民法院（2009）沪一中民三（商）终第字 44 号民事判决书。

司下属西北分公司确认后将货放在东方航空公司所属监管仓库指定的货位。2007年10月11日，该货物在东方航空公司西北分公司监管仓库丢失，陕西中电公司就此向东方航空公司索赔。2007年12月5日，华泰保险上海分公司向被保险人骐驰公司支付了保险赔偿款9868.10美元后，向法院提起诉讼，请求判令东方航空公司赔偿8971美元。

法院经审理认为，本案系骐驰公司就涉案货物向华泰保险上海分公司投保货物运输险，货物在东方航空公司所有的仓库发生灭失，华泰保险上海分公司依据保险合同向骐驰公司理赔后，以东方航空公司侵权为由代位骐驰公司请求赔偿的纠纷。从涉案货物的空运单来看，涉案货物由第一承运人国泰航空公司从伦敦希思罗机场运至香港后，由港龙航空公司再运至西安咸阳机场，放入承运人的机场代理东方航空公司所有的仓库，后在东方航空公司仓库灭失。涉案运输系航空运输，根据《中华人民共和国航空法》的规定，因发生在航空运输期间的事件，造成货物毁灭、遗失或者损坏的，承运人应当承担责任。航空运输期间是指在机场内、民用航空器上或者机场外降落的任何地点，托运行李、货物处于承运人掌管之下的全部期间。本航空运输的承运人为国泰航空公司及港龙航空公司，东方航空公司并不是承运人，涉案货物虽放入东方航空公司的仓库，但仍在机场内，属航空运输期间，处于承运人掌管之下，尚未交付，而东方航空公司与骐驰公司之间并无合同关系，故涉案货物灭失对骐驰公司承担责任的应是本次航空运输的承运人。现华泰保险上海分公司以东方航空公司侵权的法律关系提起诉讼，关于相应货物灭失原因的举证责任在华泰保险上海分公司，华泰保险上海分公司对此未能充分举证，其要求东方航空公司赔偿的诉讼请求缺乏依据，不予支持。华泰保险上海分公司可依法另行向涉案货物的承运人提起相关诉讼。据此，法院判决驳回华泰保险上海分公司的诉讼请求。

第五节　物流货物保险和物流责任保险

2004年中国人民财产保险股份有限公司率先推出了"物流货物保险条款"和"物流责任保险条款"，这两个物流保险条款对于我国物流保险的发展具有重要的意义，指出了我国物流保险的发展方向。随后，中国太平洋财产保险股份有限公司等保险公司也纷纷推出相关的物流货物保险和物流责任保险条款。这些公司的物流货物保险条款和责任保险条款体例和内容基本相近。故本节主要以人保的两个条款为蓝本进行介绍。

保险公司推出的物流货物保险主要针对企业物流，严格定义叫作第一方物流或第二方物流，也就是从买方和卖方的物流角度出发来设计的。从法律关系看，物流货物的所有权属于被保险人，也即其货物需要进行物流流程的货主，所以物流货物保险应归类于财产保险。其所承担的风险既有不可抗力因素，也有各种过错疏忽因素，目的是替代原来单票式的零散货物运输保险，或者是零散的仓储财产保险。而物流责任险则是专门针对第三方物流企业所开发的物流保险产品。作为第三方物流公司，它所承担的货物责任与货主不同，一旦货物遭遇风险，只承担它依法承担的部分，而不是任何损失都要承担。这样，它的风险比企业物流要少一部分，例如在货物运输过程中的不可抗力损失，承运人就无须承担赔偿责任。

一、物流货物保险条款

（一）保险合同的形式

物流货物保险合同由保险条款、投保单、保险单明细表或保险凭证、批单、特别约定和物流货物申报材料组成。凡涉及物流货物保险合同的约定，均应采用书面形式。

（二）保险标的

除枪支弹药、爆炸物品、现钞、有价证券、票据、文件、档案、账册、图纸以外，凡以物流方式流动的货物均可作为保险标的。但下列物流货物在事先申报并经保险人认可并明确保险价值后，可以作为特约保险标的：

（1）金银、珠宝、钻石、玉器、贵重金属。

（2）古玩、古币、古书、古画。

（3）艺术作品、邮票。

（三）保险责任

（1）在保险期间内，若保险标的在物流运输、装卸、搬运过程中由于下列原因造成损失，保险人依照保险合同的约定负责赔偿。

①火灾、爆炸。

②自然灾害：自然灾害是指雷击、暴风、暴雨、洪水、暴雪、冰雹、沙尘暴、冰凌、泥石流、崖崩、突发性滑坡、火山爆发、地面突然塌陷、地震、海啸及其他人力不可抗拒的破坏力强大的自然现象。

③运输工具发生碰撞、出轨、倾覆、坠落、搁浅、触礁、沉没，或隧道、桥梁、码头坍塌。

④碰撞、挤压导致包装破裂或容器损坏。

⑤符合安全运输规定而遭受雨淋。

⑥装卸人员违反操作规程进行装卸、搬运。

⑦共同海损的牺牲、分摊和救助。

（2）在保险期间内，若保险标的在物流储存、流通加工、包装过程中由于自然灾害或意外事故①造成损失的，保险人依照合同的约定负责赔偿。

（3）下列损失和费用，保险人也依照本合同的约定负责赔偿。

①保险事故发生时，为抢救保险标的或防止灾害蔓延，采取必要的、合理的措施而造成保险标的的损失。

②保险事故发生后，被保险人为防止或减少保险标的的损失所支付的必要的、合理的施救费用。

③经保险人书面同意的，被保险人为查明和确定保险事故的性质、原因和保险标的的损失程度所支付的必要的、合理的费用。

（四）责任免除

（1）下列原因造成的损失、费用和责任，保险人不负责赔偿。

---

① 意外事故是指外来的不可预料的，以及被保险人无法控制并造成物质损失的突发性事件。

①被保险人的故意行为或重大过失行为。

②战争、外敌入侵、敌对行动（不论是否宣战）、内战、反叛、革命、起义、罢工、骚乱、暴动、恐怖活动。

③核辐射、核爆炸、核污染及其他放射性污染。

④执法行为或司法行为。

⑤公共供电、供水、供气及其他的公共能源中断。

⑥大气、土地、水污染及其他各种污染。

（2）下列原因造成的损失、费用和责任，保险人不负责赔偿。

①被保险人自有的运输、装卸、搬运工具不适合运输或装卸搬运保险标的，或被保险人自有的仓库不具备存储或流通加工保险标的的条件。

②保险标的设计错误、工艺不善、本质缺陷或特性、自然渗漏、自然损耗、自然磨损、自燃或由于自身原因造成腐烂、变质、伤病、死亡等自身变化。

③保险标的的包装不当，或保险标的的包装完好而内容损坏或不符，或保险标的的标记错制、漏制、不清。

④发货人或收货人确定的保险标的的数量、规格或内容不准确。

⑤保险标的的遭受盗窃或不明原因的失踪。

⑥在保险标的的物流储存、包装、流通加工过程中发生地震、海啸。

（3）下列损失、费用和责任，保险人不负责赔偿。

①保险期间开始前已运离起运地存储仓库或存储处所的保险标的的损失和费用。

②在水路运输过程中存放在舱面上的保险标的的损失和费用，但集装箱货物不在此限。

③储存在露天的保险标的的损失或费用。

④盘点时发现的损失，或其他不明原因的短量。

⑤被保险人的各种间接损失。

⑥发生在中华人民共和国境外的财产或费用的损失。

⑦本保险合同中载明的免赔额。

（4）其他不属于保险责任范围内的损失、费用和责任，保险人不负责赔偿。

（五）保险价值和保险金额

物流货物保险保险合同的保险金额与保险价值相等，其保险价值有两方面：

（1）保险标的的保险价值为保险标的的买卖合同价格加上按保险合同双方约定的加成比例计算的加成部分。

（2）特约保险标的的保险价值为被保险人申报并经保险人确认的价值。

（六）保险费

保险人以保险期间内被保险人预计发生的保险金额为基础计收预付保险费。保险合同期满后，保险人根据被保险人申报的实际发生的保险金额作为计算实际保险费的依据。实际保险费高于预付保险费的，被保险人应补交其差额部分；实际保险费低于预付保险费的，保险人退还其差额部分，但实际保险费不得低于保险单明细表中列明的最低保险费。

（七）保险期间和责任起讫

除另有约定外，保险期间为一年，以保险单载明的起讫时间为准。不同批次保险标的的保险责任自保险期间开始后各批次保险标的运离其买卖合同上注明的起运地存储仓库或存储处所开始，至该买卖合同上注明的目的地存储仓库或存储处所时终止。保险期间结束时，如果保险标的的物流过程尚未结束，该保险标的的保险责任自动延长至该保险标的的运至对应买卖合同上注明的目的地存储仓库或存储处所时终止。如果有关收货人未及时提货，则该保险标的保险责任的延长以该保险标的的卸离运输工具后 15 天为限。

（八）投保人、被保险人义务

①投保人的如实告知义务。

②投保人按保险合同约定预付保险费的义务。

③被保险人遵守操作规定，维护保险标的安全的义务。

④保险事项变更通知义务。

⑤保险事故发生后，被保险人的通知、防损、保护事故现场的义务。

⑥提交索赔单证的义务。

⑦保险人未赔偿之前，被保险人不得放弃对有关责任方请求赔偿权利的义务。

⑧被保险人应当如实向保险人说明与物流货物保险合同保障范围有关的其他保险合同情况的义务。

（九）赔偿处理

保险标的发生保险责任范围内的损失，保险人根据保险标的的损失程度计算赔偿金额，但最高以保险金额为限。

保险人收到被保险人的赔偿请求后，应当及时就是否属于保险责任做出核定，并将核定结果通知被保险人。情形复杂的，保险人在收到被保险人的赔偿请求并提供理赔所需资料后 30 日内未能核定保险责任的，保险人与被保险人根据实际情形商议合理期间，保险人在商定的期间内做出核定结果并通知被保险人。对属于保险责任的，在与被保险人达成有关赔偿金额的协议后 10 日内，履行赔偿义务。

如保险标的有重复保险的情况，保险人按照本保险合同的相关保险金额与所有有关保险合同的相关保险金额总和的比例承担赔偿责任。

二、物流责任保险

（一）保险合同的形式

物流责任保险合同由保险条款、投保单、保险单、批单和物流业务申报材料组成。凡涉及本保险合同的约定，均应采用书面形式。

（二）保险责任

（1）在本保险期间，被保险人在经营物流业务过程中，由于下列原因造成物流货物的损失，依法应由被保险人承担赔偿责任的，保险人根据本保险合同的约定负责赔偿。

①火灾、爆炸。

②运输工具发生碰撞、出轨、倾覆、坠落、搁浅、触礁、沉没，或隧道、桥梁、码头坍塌。

③碰撞、挤压导致包装破裂或容器损坏。

④符合安全运输规定而遭受雨淋。

⑤装卸人员违反操作规程进行装卸、搬运。

(2) 下列费用,保险人根据保险合同的约定负责赔偿。

保险事故发生后,被保险人因保险事故而被提起仲裁或者诉讼所支付的仲裁费用、诉讼费用以及事先经保险人书面同意支付的其他必要的、合理的费用(以下简称"法律费用")。

(三) 责任免除

(1) 下列原因造成的损失、费用和责任,保险人不负责赔偿。

①自然灾害。

②被保险人的故意或重大过失行为。

③战争、外敌入侵、敌对行动(不论是否宣战)、内战、反叛、革命、起义、罢工、骚乱、暴动、恐怖活动。

④核辐射、核爆炸、核污染及其他放射性污染。

⑤执法行为或司法行为。

⑥公共供电、供水、供气及其他的公共能源中断。

⑦大气、土地、水污染及其他各种污染。

(2) 下列原因造成的损失和费用,保险人不负责赔偿。

①被保险人自有的运输或装卸工具不适合运输或装载物流货物,或被保险人自有的仓库不具备存储物流货物的条件。

②物流货物设计错误、工艺不善、本质缺陷或特性、自然渗漏、自然损耗、自然磨损、自燃或由于自身原因造成腐烂、变质、伤病、死亡等自身变化。

③物流货物包装不当,或物流货物包装完好而内容损坏或不符,或物流货物标记错制、漏制、不清。

④发货人或收货人确定的物流货物数量、规格或内容不准确。

⑤物流货物遭受盗窃或不明原因的失踪。

(3) 下列物流货物的损失,依法应由被保险人承担赔偿责任的,保险人不负责赔偿。但由保险人向被保险人事先提出申请并经被保险人书面同意的不在此限。

①金银、珠宝、钻石、玉器、贵重金属。

②古玩、古币、古书、古画。

③艺术作品、邮票。

④枪支弹药、爆炸物品。

⑤现钞、有价证券、票据、文件、档案、账册、图纸。

(4) 下列损失、费用和责任,保险人不负责赔偿。

①被保险人及其雇员的人身伤亡或所有的财产损失。

②储存在露天的物流货物的损失或费用。

③盘点时发现的损失,或其他不明原因的短量。

④在水路运输过程中存放在舱面上的物流货物的损失和费用,但集装箱货物不在

此限。

⑤精神损害赔偿。

⑥被保险人的各种间接损失。

⑦罚款、罚金或惩罚性赔偿。

⑧发生在中华人民共和国境外的财产或费用的损失。

⑨本保险合同中载明的免赔额。

（5）其他不属于本保险责任范围内的损失、费用和责任，保险人不负责赔偿。

（四）保险费

保险人以本保险期间内被保险人预计发生的物流业务营业收入为基础计收预付保险费。保险合同期满后，保险人根据被保险人申报的实际发生的物流业务营业收入作为计算实际保险费的依据。实际保险费高于预付保险费的，投保人应补交其差额部分；实际保险费低于预付保险费的，保险人退还其差额部分，但实际保险费不得低于保险单明细表中列明的最低保险费。

（五）保险期间

除另有约定外，保险期间为一年，以保险单载明的起讫时间为准。

（六）保险人义务

（1）签发保险单或其他保险凭证的义务。

（2）解除事由之日起30天内行使保险合同解除权的义务。

（3）及时一次性通知投保人、被保险人补充提供证明和资料的义务。

（4）及时核定保险责任的义务。

（5）赔偿保险金的数额不能确定时的先予支付义务。

（七）投保人、被保险人义务

（1）投保人履行如实告知的义务。

（2）投保人按保险合同约定预付保险费的义务。

（3）被保险人遵守法规制度，采取合理的预防措施的义务。

（4）保险事项变更通知义务。

（5）保险事故发生后，被保险人的通知、防损、保护事故现场的义务。

（6）被保险人收到物流委托人的损害赔偿请求时，应立即通知保险人并不得私自处置赔偿事项的义务。

（7）被保险人获悉可能发生诉讼、仲裁时，应立即以书面形式通知保险人；接到法院传票或其他法律文书后，应将其副本及时送交保险人。

（8）被保险人向保险人申请赔偿时，提交有关证明和资料的义务。

（9）被保险人应行使或保留行使向损失责任方请求赔偿权利的义务。

（八）赔偿处理

保险人的赔偿以仲裁机构裁决的或法院判决的或经赔偿请求人、被保险人双方协商并经保险人认可的应由被保险人承担的赔偿责任为依据。被保险人给物流委托人造成损失，被保险人未向该物流委托人赔偿的，保险人不负责向被保险人赔偿保险金。

保险人负责赔偿损失、费用和责任时，如有重复保险的情况，保险人按照保险合同的相关责任限额与所有有关保险合同的相关责任限额总和的比例承担赔偿责任。其他保险人应承担的赔偿金额，保险人不负责垫付。

被保险人在请求赔偿时，应当如实向保险人说明与本保险合同保险责任有关的其他保险合同的情况。对未如实说明导致保险人多支付保险金的，保险人有权向被保险人追回多支付的部分。

被保险人向保险人请求赔偿的诉讼时效期间为两年，自其知道或者应当知道保险事故发生之日起计算。

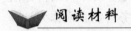 阅读材料

货物运输险和承运人责任险的区别

货物运输险是货主为了使保险货物在水路、海上、铁路、公路、航空和多式联运等运输中，对因遭受保险责任范围内的自然灾害或意外事故所造成的其货物损失由保险人负责补偿的险种。而承运人责任险是承运人为了使自己及其允许的合格驾驶员在驾驶保险车辆、船只或航空器等运输工具的过程中，发生意外事故，致使运输工具上所载货物遭受直接损毁，依法应由承运人承担的经济赔偿责任依合同约定由保险人负责补偿的险种。两者存在着很多不同，由于对货运险和责任险不能分清，实务中存在一个承运人购买货运险的错误现象①，因此，很有必要辨明两者之间的区别。

（1）投保主体不同。货运险一般应该由货主或其代理人投保，被保险人应该是货主。而承运人责任险的投保人必须为实际承运人，被保险人是承运人。

（2）保险金额的确定基础不同。货运险的保险金额可按货价或货价加运费保险费投保。而承运人责任险的保险金额以承运人应该承担的赔偿责任为基础确定。

（3）保险责任不同。货运险的保险责任范围包括自然灾害和意外事故。而承运人责任险的责任范围仅限于列明的意外事故，自然灾害损失是不负责保障的，因为自然灾害属于"不可抗力"原因造成的损失，各种运输法中都规定"不可抗力"承运人免责，因此也就不需要启动承运人责任险赔偿程序。

（4）赔偿依据不同。货运险为损失险，赔偿按被保险人的实际损失计算，赔偿限额以货物的实际损失为限。承运人责任险承保的是责任，赔偿限额不得超过承运人实际应当承担的损失赔偿责任数额。

---

① 实务中存在的承运人购买货运险现象非常普遍，因为货运险提供的保障更为全面。但这一般被认为是承运人代货主投保，即投保货物运输险，保险单上往往记载承运人为投保人，货主为被保险人，如果发生货损，货主有权获得保险公司保险赔偿款，而保险公司又可以承运人在运输过程中有过错而向其追偿。当然，存在的问题是保险公司是否有权向作为投保人的承运人追偿问题。从承运人的角度看很不公平，投了保竟然被追偿。但从法律的角度看，应该属于承运人投错了保险险种，因为承运人从保障自身的利益出发应该投的是责任险而不是货运险。

一、名词解释

保险；保险合同；财产保险；人身保险；可保利益；代位；委付；国际海上运输保险合同；邮递货物保险；物流货物保险；物流责任保险

二、问答题

1. 简述保险合同的内容。

2. 试述国际货物运输保险的风险与损失。

3. 试述中国海上运输保险合同条款和《伦敦保险协会货物保险条款》的内容。

4. 简述物流货物保险的保险责任和责任免除的范围。

5. 简述物流责任保险的保险责任和责任免除的范围。

第四篇　物流活动国家调控法律制度

第九章　海关法律制度

 学习目的与要求

1. 了解海关及海关法的概念，我国海关的法律地位与任务，我国海关的组织机构与设置，我国海关的职权，海关执法与缉私。
2. 掌握海关法对进出境运输工具、货物、物品的相关规定。
3. 了解关税与海关事务担保，关税的执法监督与法律责任。

第一节　海关及《海关法》概述

一、海关及《海关法》的概念

海关又称关境，是世界各国政府部门设立的监督管理进出关境的专门机构。海关法有狭义与广义之分。广义的海关法是指调整国家在监督管理运输工具、货物、物品进出境，以及征收关税过程中发生的经济关系的法律规范的总称。狭义的海关法是指 1987 年颁布实施、2000 年修正的《中华人民共和国海关法》。该法共 9 章 102 条，对进出境运输工具、货物、物品、关税、海关事务担保、执法监督和法律责任等作了规定。

二、我国海关的法律地位与任务

根据我国《海关法》的规定，中华人民共和国海关是国家的进出关境（以下简称进出境）监督管理机关。它的基本任务是：依照《海关法》和其他法律、行政法规的规定，监管进出境的运输工具、货物、行李物品、邮递物品和其他物品合法进出境；征收关税和其他法定由海关征收的税费；查缉走私；编制海关统计和办理其他海关业务。

三、我国海关的组织机构与设置

国务院设立海关总署，统一管理全国海关；国家在对外开放的口岸和海关监管业务集中的地点设立海关。海关的隶属关系不受行政区划的限制；海关依法独立行使职权，向海关总署负责。

四、我国海关的职权

按照《海关法》的规定，我国海关可以行使下列职权。

（1）检查进出境运输工具，查验进出境货物、物品；对违反其他有关法律、行政法规的，可以扣留。

（2）查阅进出境人员的证件；查问违反《海关法》或者其他有关法律、行政法规的嫌疑人，调查其违法行为。

（3）查阅、复制与进出境运输工具、货物、物品有关的合同、发票、账册、单据、记录、文件、业务函电、录音录像制品和其他资料；对其中与违反《海关法》或者其他有关法律、行政法规的进出境运输工具、货物、物品有牵连的，可以扣留。

（4）在海关监管区和海关附近沿海沿边规定地区，检查有走私嫌疑的运输工具和有藏匿走私货物、物品嫌疑的场所，检查走私嫌疑人的身体，对有走私嫌疑的运输工具、货物、物品和走私犯罪嫌疑人，经直属海关关长或者其授权的隶属海关关长批准，可以扣留；对走私犯罪嫌疑人，扣留时间不超过24小时，在特殊情况下可以延长至48小时。

在海关监管区和海关附近沿海沿边规定地区以外，海关在调查走私案件时，对有走私嫌疑的运输工具和除公民住处以外的有藏匿走私货物、物品嫌疑的场所，经直属海关关长或者其授权的隶属海关关长批准，可以进行检查，有关当事人应当到场；当事人未到场的，在有见证人在场的情况下，可以径行检查；对其中有证据证明有走私嫌疑的运输工具、货物、物品，可以扣留。海关附近沿海沿边规定地区的范围，由海关总署和国务院公安部门会同有关省级人民政府确定。

（5）在调查走私案件时，经直属海关关长或者其授权的隶属海关关长批准，可以查询案件涉嫌单位和涉嫌人员在金融机构、邮政企业的存款、汇款。

（6）进出境运输工具或者个人违抗海关监管逃逸的，海关可以连续追至海关监管区和海关附近沿海沿边规定地区以外，将其带回处理。

（7）海关为履行职责，可以配备武器。海关工作人员佩带和使用武器的规则，由海关总署会同国务院公安部门制定，报国务院批准。

（8）法律、行政法规规定由海关行使的其他权力。

五、海关执法与缉私

各地方、各部门应当支持海关依法行使职权，不得非法干预海关的执法活动。海关依法执行职务，有关单位和个人应当如实回答问题，并予以配合，任何单位和个人不得阻挠。海关执行职务受到暴力抗拒时，执行有关任务的公安机关和人民武装警察部队应当予以协助。海关建立对违反《海关法》规定逃避海关监管行为的举报制度。

国家在海关总署设立专门侦查走私犯罪的公安机构，配备专职缉私警察，负责对其管辖的走私犯罪案件的侦查、拘留、执行逮捕、预审；海关侦查走私犯罪公安机构履行侦查、拘留、执行逮捕。预审职责，应当按照《中华人民共和国刑事诉讼法》的规定办理；海关侦查走私犯罪公安机构根据国家有关规定，可以设立分支机构。各分支机构办理其管辖的走私犯罪案件，应当依法向有管辖权的人民检察院移送起诉。地方各级公安机关应当配合海关侦查走私犯罪公安机构依法履行职责。国家实行联合缉私、统一处理、综合治理的缉私体制，海关负责组织、协调、管理查缉走私工作。有关规定由国务院制定。各有关行政执法部门查获的走私案件，应当给予行政处罚的，移送海关依法处理；涉嫌犯罪的，应当移送海关侦查走私犯罪公安机构、地方公安机关依据案件管辖分工和法定程序办理。

第二节　进出境运输工具、货物、物品

进出境运输工具、货物、物品，必须通过设立海关的地点进境或者出境。在特殊情况下，需要经过未设立海关的地点临时进境或者出境的，必须经国务院或者国务院授权的机关批准，并依照《海关法》规定办理海关手续。

一、进出境运输工具

进出境运输工具到达或者驶离设立海关的地点时，运输工具负责人应当向海关如实申报，交验单证，并接受海关监管和检查。停留在设立海关的地点的进出境运输工具，未经海关同意，不得擅自驶离。进出境运输工具从一个设立海关的地点驶往另一个设立海关的地点的，应当符合海关监管要求：办理海关手续，未办结海关手续的，不得改驶境外。运输工具装卸进出境货物、物品或者上下进出境旅客，应当接受海关监管。

二、进出境货物

进出口货物，除另有规定的以外，可以由进出口货物收发货人自行办理报关纳税手续，也可以由进出口货物收发货人委托海关准予注册登记的报关企业办理报关纳税手续。

进出境物品的所有人可以自行办理报关纳税手续，也可以委托他人办理报关纳税手续。进口货物自进境起到办结海关手续止，出口货物自向海关申报起出境止，过境、转运和通运货物自进境起到出境止，应当接受海关监管。进口货物的收货人自运输工具申报进境之日起超过 3 个月未向海关申报的，其进口货物由海关提取依法变卖处理，所得价款在扣除运输、装卸、储存费用和税款后，尚有余款的，自货物依法变卖之日起一年内，经收货人申请，予以发还；其中属于国家对进口有限制性规定、应当提交许可证件而不能提供的，不予发还。逾期无人申请或者不予发还的，上缴国库。

三、进出境物品

个人携带进出境的行李物品、邮寄进出境的物品，应当以自用、合理数量为限，并接受海关监管。海关加施的封志，任何人不得擅自开启或者损毁。进出境邮袋的装卸、转运和过境，应当接受海关监管。邮政企业应当向海关递交邮件路单。邮政企业应当将开拆及封发国际邮袋的时间事先通知海关，海关应当按时派员到场监管查验。邮运进出境的物品，经海关查验放行后，有关经营单位方可投递或者交付。

第三节　关税与海关事务担保

一、关税

准许进出口货物、进出境物品，由海关依法征收关税。进口货物的收货人、出口货物的发货人、进出境物品的所有人，是关税的纳税义务人。

进出口货物的完税价格，由海关以该货物的成交价格为基础审查确定。成交价格不能确定时，完税价格由海关依法估定。进口货物的完税价格包括货物的货价、货物运抵中华人民共和国境内输入地点起卸前的运输及其相关费用、保险费；出口货物的完税价格包括货物的货价、货物运至中华人民共和国境内输出地点装载前的运输及其相关费用、保险费，但是其中包含的出口关税税额，应当予以扣除。进出境物品的完税价格，由海关依法确定。

关税的减免分为法定减免、特定减免和临时减免。关税的减免一定要依法进行，不能随意减免。

进出口货物的纳税义务人，应当自海关填发税款缴款书之日起 15 日内缴纳税款；逾期缴纳的，由海关征收滞纳金。纳税义务人、担保人超过 3 个月仍未缴纳的，经直属海关关长或者其授权的隶属海关关长批准，海关可以采取下列强制措施：①书面通知其开户银行或者其他金融机构从其存款中扣缴税款；②将应税货物依法变卖，以变卖所得抵缴税款；③扣留并依法变卖其价值相当于应纳税款的货物或者其他财产，以变卖所得抵缴税款。海关采取强制措施时，对前述所列纳税义务人、担保人未缴纳的滞纳金同时强制执行。进出境物品的纳税义务人，应当在物品放行前缴纳税款。

进出口货物的纳税义务人在规定的纳税期限内有明显的转移、藏匿其应税货物以及其他财产迹象的，海关可以责令纳税义务人提供担保；纳税义务人不能提供纳税担保的，经直属海关关长或者其授权的隶属海关关长批准，海关可以采取下列税收保全措施：①书面通知纳税义务人开户银行或者其他金融机构暂停支付纳税义务人相当于应纳税款的存款；②扣留纳税义务人价值相当于应纳税款的货物或者其他财产。纳税义务人在规定的纳税期限内缴纳税款的，海关必须立即解除税收保全措施；期限届满仍未缴纳税款的，经直属海关关长或者其授权的隶属海关关长批准，海关可以书面通知纳税义务人开户银行或者其他金融机构从其暂停支付的存款中扣缴税款，或者依法变卖所扣留的货物和其他财产，以变卖所得抵缴税款。采取税收保全措施不当，或者纳税义务人在规定期限内已缴纳税款，海关未立即解除税收保全措施，致使纳税义务人的合法权益受到损失的，海关应当依法承担赔偿责任。

二、海关事务担保

在确定货物的商品归类、估价和提供有效报关单证或者办结其他海关手续前，收发货人要求放行货物的，海关应当在其提供与其依法应当履行的法律义务相适应的担保后放行。法律、行政法规规定可以免除担保的除外。法律、行政法规对履行海关义务的担保另有规定的，从其规定。

国家对进出境货物、物品有限制性规定，应当提供许可证件而不能提供的，以及法律、行政法规规定不得担保的其他情形，海关不得办理担保放行。

第四节　执法监督与法律责任

一、执法监督

海关履行职责，必须遵守法律，维护国家利益，依照法定职权和法定程序严格执法，接受监督。

海关工作人员必须秉公执法，廉洁自律，忠于职守，文明服务，不得有下列行为：①包庇、纵容走私或者与他人串通进行走私；②非法限制他人人身自由，非法检查他人身体、住所或者场所，非法检查、扣留进出境运输工具、货物、物品；③利用职权为自己或者他人谋取私利；④索取、收受贿赂；⑤泄露国家秘密、商业秘密和海关工作秘密；⑥滥用职权，故意刁难，拖延监管、查验；⑦购买、私分、占用没收的走私货物、物品；⑧参与或者变相参与营利性经营活动；⑨违反法定程序或者超越权限执行职务；⑩其他违法行为。

海关及其工作人员的行政执法活动，依法接受监察机关的监督；缉私警察进行侦查活动，依法接受人民检察院的监督。审计机关依法对海关的财政收支进行审计监督，对海关办理的与国家财政收支有关的事项，有权进行专项审计调查。上级海关应当对下级海关的执法活动依法进行监督。上级海关认为下级海关做出的处理或者决定不适当的，可以依法予以变更或者撤销。

海关应当依照本法和其他有关法律、行政法规的规定，建立健全内部监督制度，对其工作人员执行法律、行政法规和遵守纪律的情况，进行监督检查。海关内部负责审单、查验、放行、稽查和调查等主要岗位的职责权限应当明确，并相互分离、相互制约。

任何单位和个人均有权对海关及其工作人员的违法、违纪行为进行控告、检举。收到控告、检举的机关有权处理的，应当依法按照职责分工及时查处。收到控告、检举的机关和负责查处的机关应当为控告人、检举人保密。海关工作人员在调查处理违法案件时，应遵守回避制度。

二、法律责任

《海关法》对违反海关法律规定的行为规定了三种法律责任，即行政法律责任，国家赔偿法律责任和刑事法律责任。

1. 行政法律责任

对于违反海关法规及有关法律、行政法规的行为，尚未构成犯罪的，海关可依法行使行政处罚权和行政措施，对行为人给予行政处分、处以罚款、责令停止违法行为、没收违法所得等。

2. 国家赔偿法律责任

《海关法》规定，海关在查验进出境货物、物品时，损坏被查验的货物、物品的，或违法扣留货物、物品、运输工具，致使当事人的合法权益受到损失的，应当赔偿实际损失。这种赔偿责任属于国家赔偿责任，可以依照我国《国家赔偿法》要求海关赔偿。

3. 刑事法律责任

违反《海关法》有关规定，构成犯罪的，依法追究刑事责任。刑事法律责任的承担方式主要为接受刑事处罚。刑事处罚分为主刑与附加刑。主刑包括管制、拘役、有期徒刑、无期徒刑、死刑等，附加刑包括罚金、剥夺政治权利、没收财产等。

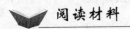 阅读材料

海关行政处罚案件逾九成为企业"申报不实"①

记者从杭州海关了解到，从 2010 年至 2011 年上半年，杭州海关处理的行政处罚案件中 95% 属于"申报不实"，而这种情况在其他海关也极为普遍。"从我们日常办案情况来看，企业违规行为主要集中在两大类，即申报不实和减免税设备擅自处置。在减免税设备擅自处置中，比较常见的是擅自移作他用和擅自抵押。"杭州海关缉私部门相关负责人告诉记者，并举了几个典型的例子。

1. "申报不实"带来大麻烦

2010 年 5 月，海关稽查杭州某贸易有限公司时查出了大问题。原来，从 2007 年 8 月至 2010 年 5 月，企业在出口 CT 零件时，存在同种商品用多个税则号申报的情况，用海关的术语叫作"同名异归类"。这样做是不合法的，已涉嫌构成"申报不实"。另外，由于企业申报的税则号对应的出口退税率比应报的税则号出口退税率还高，影响了国家出口退税管理和海关监管秩序。

2. "偷梁换柱"被罚 50 万元

林总是台湾人，在台湾的果汁生产经营得不错。看到康师傅、统一等同行来祖国大陆投资，赚了个盆满钵溢，他也来大陆投资，搞他的老本行蔬菜和果汁加工。但让他十分意外的是，投放市场的结果很不理想，林总只好将重心转移，从"蔬菜汁"转到"果汁"再改为纯净水加工后，迅速打开了局面。

让林总意外的是，收到利润回报的同时，公司竟然也收到了杭州海关的"补税"和"罚款"单。问题出在他的生产设备上。生产蔬菜汁的设备在进行改造后转为生产纯净水，这违反了相关法规。按照国家产业政策，审批免税进口的设备只能用于生产审批限定的产品，也就是说，免税进口的蔬果加工设备不能擅自改为生产纯净水。像林总公司这样的改动，按照海关的术语称之为"擅自移作他用"。为此，林总的公司多了一笔"投资"：补税 107 万元，罚款 50 万元。他终于明白，"做果蔬汁的机器确实不能做水"。

---

① 摘编自：蔡岩红，《海关行政处罚案件逾九成为企业"申报不实"》法制网，http://www.legaldaily.com.cn/index/content/2011-08/02/content_2836958.htm? node=20908。

思考题

一、名词解释

海关；进出境运输工具；进出境运输物品；关税；海关事务担保

二、问答题

1. 简述我国海关的法律地位与任务。

2. 试述海关法对进出境运输工具、货物、物品的相关规定。

第十章　检验、检疫法律制度

学习目的与要求

1. 熟悉和理解进出口商品检验的一般规定，进口商品的检验、鉴定方式，出口商品的检验、检验方式，商检机构对进出口商品的监督管理。

2. 熟悉和了解进出境动植物及其他物品检疫制度。

第一节　进出口商品检验、检疫法律制度概论

为加强对进出境商品的检验检疫工作，保证进出境商品的质量，维护对外贸易有关各方的合法权益，促进对外贸易关系的顺利发展，国务院 1998 年 3 月以原国家进出口商品检验局，原农业部动植物检疫局和原卫生部所属卫生检疫局合并组建国家出入境检验检疫局，主管出入境商品检验、鉴定、认证和监督管理、卫生检疫、动植物检疫。

2001 年国务院下发文件，决定将原国家质量技术监督局与国家出入境检验检疫局合并，组建中华人民共和国国家质量监督检验检疫总局，该机构作为国务院直属机构，负责全国范围内的质量、计量、出入境商品检验、出入境卫生检疫、出入境动植物检疫和认证认可等工作。

与商品的检验检疫相关的法规主要有《中华人民共和国进出口商品检验法》（以下简称《商品检验法》）《进出境动植物检疫法》《中华人民共和国国境卫生检疫法》《中华人民共和国食品卫生法》《中华人民共和国海关法》《出入境检验检疫签证管理办法》《出入境检验检疫报检规定》等。

第二节　进出口商品检验制度

一、进出口商品检验的一般规定

国务院设立进出口商品检验部门，主管全国进出口商品检验工作，国家商检部门设在各地的进出口商品检验机构管理所辖地区的进出口商品检验工作，依法对进出口商品实施检验。目前，我国进出口商品检验工作的中央主管机关是国家质量监督检验检疫总局，各省、自治区、直辖市质量监督检验局及其分支机构负责管理该地区的进出口商品检验工作。

进出口商品检验应当根据保护人类健康和安全、保护动物或者植物的生命和健康、保护环境、防止欺诈行为、维护国家安全的原则，由国家商检部门制定、调整必须实施检验的进出口商品目录（以下简称目录）并公布实施。列入目录的进出口商品，由商检机构实施检验。前款规定的进口商品未经检验的，不准销售、使用；前款规定的出口商品未经检验合格的，不准出口。本条第一款规定的进出口商品，其中符合国家规定免予检验条件的，由收货人或者发货人申请，经国家商检部门审查批准，可以免予检验。

对于列入《出入境检验检疫机构实施检验检疫的进出口商品目录》（以下简称"目录"）和其他法律、行政法规规定必须经商检机构检验的进出口商品，必须依法实施检验，方可办理进出口通关手续。经商检机构检验，质量长期稳定的或者经国家质量监督检验检疫总局认可的外国有关组织实施质量认证的商品，由进出口商品的收货人、发货人或者生产企业申请，经国家质量监督检验检疫总局审查批准，商检机构免予检验。对暂时进出口货物、非销售用的展览品、陈列品、保税仓库货物、来料加工装配进出口货物、进出口样品和礼品、免税品、免税外汇商品以及其他非贸易性物品，除另有规定外，免予法定商品检验。

具体来说，符合以下条件的商品可以申请免检：在国际上获得质量奖的商品，获奖期限在3年以内；有关国际组织实施质量认证的，并经国家商检部门认可，经商检机构多次检验，质量比较稳定，未发生过质量事故的商品；连续3年出厂合格率及商检合格率为100%，在3年内没有发现质量异议的出口商品；一定数量限额内的非贸易性的进出口商品，如无偿援助、国际合作、对外交流和对外承包工程所需要的物品，外交人员自用物品，出境旅客在免税商店购买的物品，进出口的展览品、礼品和样品等。

实施进出口商品检验，是指确定列入目录的进出口商品是否符合国家技术规范的强制性要求的合格评定活动。合格评定程序包括：抽样、检验和检查；评估、验证和合格保证；注册、认可和批准以及各项的组合。列入目录的进出口商品，按照国家技术规范的强制性要求进行检验；尚未制定国家技术规范的强制性要求的，应当依法及时制定，未制定之前，可以参照国家商检部门指定的国外有关标准进行检验。经国家商检部门许可的检验机构，可以接受对外贸易关系人或者外国检验机构的委托，办理进出口商品检验鉴定业务。法律、行政法规规定由其他检验机构实施检验的进出口商品或者检验项目，依照有关法律、行政法规的规定办理。

在具体的实施过程中，如果法律、行政法规规定的强制性标准或者其他必须执行的检验标准，低于对外贸易合同约定的检验标准的，按照对外贸易合同约定的检验标准检验；凭样成交的，应当按照样品检验；如果法律、行政法规未规定有强制性标准或者其他必须执行的标准，对外贸易合同又未约定检验标准或者约定检验标准不明确的，应按照生产国标准、有关国际标准或者国家质量监督检验检疫总局指定的标准检验。此外，国家质量检验检疫总局根据对外贸易和检验工作的实际需要，可以制定进出口商品检验方法、行业标准。

二、进口商品的检验

(一)进口商品的检验、鉴定方式

1. 自验

法定检验进口商品的收用货单位或代理接货单位,按照《商品检验法》的规定,进口商品到货经登记后,向检验检疫机构报检。经检验检疫机构检验的进口商品和对外贸易合同中订明凭检验检疫机构检验的品质、重量检验结果进行结算的进口商品,由检验检疫机构自行派人执行抽样检验或鉴定,并出具检验证单,称为自验。经检验检疫机构检验、鉴定后,符合合同标准及其法律、法规规定的品质、规格、数量、重量、安全、卫生、包装等技术条件的,签发"入境货物检验检疫通知单";如果不符合合同、标准及有关法律、法规规定,则对外签发检验检疫证书,由对外贸易关系人在索赔有效期内,向责任方提出索赔;贸易合同规定凭检验证书结算的进口商品,经检验检疫机构检验后,出具检验证书,供买卖双方结算货款用。

2. 共验

检验检疫机构接受了对外贸易关系人对进口商品提出的检验鉴定业务后,检验检疫机构确定与有关单位双方各派检验人员共同执行检验鉴定,或者由检验检疫机构与制定认可单位各承担一部分检验项目,共同完成该批商品的全部项目检验鉴定工作,由检验检疫机构最后确认检验结果,汇总对外签发检验证书,符合合同、标准规定的则签发"入境货物检验检疫情况通知单",这种做法称为共同检验,简称共验。在此要注意的是,共同检验中不管是按项目分担,还是各承担一部分检验任务,对外贸易关系人或收用货部门都要按规定,首先向检验检疫机构办理正式的报检手续,并交付有关单证、资料,然后才能执行共同检验,严格按照合同、标准规定进行,对检验中出现的问题由检验检疫机构按照有关规定解决。

3. 进口商品的口岸检验与异地检验

进口商品的检验地点,在国际上一向被认为是一个很重要的问题,所以除了双方当事人另有协议外,一般检验地点都在货物的目的地检验。但由于条件的限制,进口商品不可能全部都在卸货口岸检验,而是除了对那些在国内运输途中不会发生变质变量、开启包件后不易恢复包装等情况的商品进行异地检验外,其他进口商品的检验地点,一般都在口岸,根据规定办理。

4. 装船前检验

对进口商品在出口国进行货物发运前的检验,是国际贸易中经常采用的一种检验方式,主要根据卖方或进口国的要求,以保证进口商品的品质、数量、包装等符合合同要求。我国根据《商品检验法》的规定:"对重要的进口商品和大型的成套设备,收货人应当依据对外贸易合同约定在出口国装运前进行预检验、监造或者监装,主管部门应当加强监督;检验检疫机构根据需要可以派出检验人员参加。"检验检疫机构根据需要和凭对外贸易关系人的申请派出检验人员参加这项工作,称为装船前检验。检验检疫机构派人参与了装船前检验,不等于按合同规定货物运到买方后的验收检验。进口商品通过这种检验形式可以防止质量低劣和不合格的商品进口,可以将商品可能出现的问题在生产国得到解决，是一种积极的质量把关的做法。

（二）进口商品检验的法律规定

法定检验的进口商品到货后，收货人必须向卸货口岸或者到达站的商检机构办理登记。对列入《目录》的进口商品，商检机构在报关单上加盖"已接受登记"的印章，海关凭报关单上加盖的印章验放。

对外贸易合同或者运输合同约定进口商品检验地点的，在约定的地点进行检验；未约定检验地点的，在卸货口岸、到达站或者商检机构指定的地点进行检验；大宗散装商品、易腐烂变质商品，以及卸货时发现残损或者数量、重量短缺的商品，必须在卸货口岸或者到达站进行检验；需要结合安装调试进行检验的成套设备、机电仪器产品，以及在口岸开件检验后难以恢复包装的商品，可以在收货人所在地进行检验。

法定检验的及对外贸易合同约定由商检机构检验的进口商品办理登记后，收货人必须在规定的检验地点和期限内，持合同、发票、装箱单、提单等必要的证单，向商检机构报验，由商检机构实施或者组织实施检验；未报经检验的，不准销售，不准使用法定检验以外的进口商品。

商检机构对已报验的进口商品，应当在索赔期限内检验完毕，检验合格的，出具检验情况通知单；检验不合格或者对外贸易合同约定由商检机构出具检验结果的，签发检验证书。商检机构检验或者抽查检验不合格，并已对外索赔的进口商品、不需要换货或者退货的、收货人应当或者退货的进口商品，必须妥善保管，在索赔结案前不得动用。

法定检验以外的进口商品，对外贸易合同没有约定由商检机构检验的，收货人应当按照合同的约定进行验收。商检机构可以督促收货人验收并进行抽查检验。验收不合格需要凭商检机构检验证书索赔的，收货人应当及时向所在地商检机构申请检验出证。进口商品在口岸卸货时发现残损或者数量、重量短缺需要索赔的，收货人应当及时向口岸商检机构申请检验出证。卸货单位对残损部分应当分别卸货和存放。

对重要的进口商品和大型的成套设备，收货人应当依据对外贸易合同约定在出口国装运前进行预检验、监造或者监装，主管部门应当加强监督；商检机构根据需要可以派出检验人员参加。商检机构对检验不合格的进口成套设备及其材料，签发"不准安装使用通知书"。经技术处理，并经商检机构重新检验合格的，可以安装使用。进口机动车辆到货后，收货人凭商检机构签发的进口机动车辆检验通知单向车辆管理机关领取号牌，并在距质量保证期满的 30 日前将质量情况报商验机构备案。

进口商品经检验不符合法律、行政法规规定的强制性标准或者其他必须执行的检验标准的，必须在商检机构的监督下进行技术处理，经重新检验合格后，方可销售或者使用；不能进行技术处理或者经技术处理后，重新检验仍不合格的，由商检机构责令收货人退货或者销毁。

对关系国计民生、价值较高、技术复杂的重要进口商品和大型成套设备，收货人应当在对外贸易合同中约定在出口国装运前进行预检验、监造或者监装，以及保留到货后最终检验和索赔权的条款，并按照合同约定进行装运前预检验、监造或者监装。

对装运前的预检验、监造或者监装，收货人的主管部门应当加强监督。商检机构可以根据需要派出检验人员参加或者组织实施装运前预检验、监造或者监装。

三、出口商品的检验

(一) 出口商品检验方式

1. 出口检验

出口检验是指检验检疫机构对准备装运出口的商品按照有关标准、贸易合同或信用证等规定进行检验。检验检疫机构接受出口商品的申请人申请检验以后，按照约定的时间，到货物堆存地点进行抽样、检验，检验完毕后出具证单。

出口检验的一个重要条件是货物必须具备装运条件，其具体条件是有以下几方面。

(1) 商品已经全部生产、加工完毕。除散装货物、裸装货物以及整机货物外，货物已包装完毕，外包装符合要求，清洁、干燥、坚固、适于长途运输。

(2) 该批商品已经签订了出口销售合同，凭信用证支付货款，已收到信用证，明确了检验依据。

(3) 除合同、信用证规定的中性包装外，已刷好标记和号码的。中性包装商品，也应按规定分清批次。危险品必须按照联合国海事组织发布的《国际海上危险货物运输规则》的规定，在包装上铸印有关标记。裸装商品，尽可能系上标记。

(4) 出口危险品以及法律、行政法规规定必须经检验检疫机构检验的出口商品，其运输包装必须经检验检疫机构性能检验合格，并持有包装性能检验合格证单。

(5) 全部产品已经厂检合格后，提供给出口经营单位并由其验收合格的。

(6) 货物堆码整齐，批次清楚，具备抽样检查的条件，便于检验人员查看包装、唛头、抽样和现场检验。出口商品的检验不能延误商品出口的装运期和结汇期。注意进口国对商品的规定和要求特别是有关商品的安全、卫生的要求等。

2. 预先检验

出口商品的预先检验是检验机构为了方便外贸需要与可能对某些经常出口的商品进行预先检验，简称"预验"。对下列情况采取预先检验的方式：

(1) 尚未成交的出口商品。对于这类商品因为没有签订合同，也没有信用证，不能包装也不能刷制标记号码，检验的依据也不明确，但是外贸公司为了做好出口的准备工作，可以向检验检疫机构提出申请检验，它是外贸出口备货性质的检验，以便于根据检验结果签订合同中关于商品的品质条款。

(2) 已成交签订了销售合同，但尚未接到信用证的商品。对于这类商品，外贸公司为了争取时间，提高工作效率，在收到信用证之前，向检验检疫机构申请检验，等信用证一到，确定了装运技术条件，立即包装刷制标记号码，经检验检疫机构查验后，其品质、包装符合合同、信用证规定就可以装运出口。

(3) 生产单位为了了解产品质量，预先申请检验，掌握或了解产品的稳定性。预验商品经检验机构检验完毕，发给"出境货物换证凭单"。

3. 自验

自验是商检机构对出口商品的自行检验，即商检机构接受对外贸易关系人提出的对出口商品进行品质、规格、数量、重量、安全、卫生、包装的检验、鉴定申请后，由商检机构自行派出检验人员进行抽样和检验鉴定，并出具检验证书。

商检机构在对出口商品进行自验工作时要根据申请人对出口商品所申请的项目，派人在货物存放地点进行抽样。抽样后按照合同或标准进行检验鉴定，最后签发鉴定的有关单证。

4. 共验

共验是共同检验的简称。共验是指商检机构接受对外贸易关系人提出的对出口商品进行品质、数量、规格、重量、安全、卫生、包装的检验鉴定申请后，与其授权检验鉴定单位，各派检验人员共同执行抽样和检验、鉴定，共同完成该批商品的全部项目的检验鉴定工作。商检机构确认有关单位的检验、鉴定结果后并出具检验鉴定证单，称为共同检验。

5. 抽验

出口商品在生产、经营单位检验合格的基础上，由商检机构派人对出口商品按一定的比例进行抽查检验，称为抽验。当生产经营单位的检验结果与商检机构的检验结果相符时，商检机构可承认其检验结果。

（二）出口商品检验的法律规定

（1）对于必须经商检机构检验的出口商品，发货人应当在商检机构规定的地点和期限内，持合同等必要的单证向商检机构报验。对已报验的出口商品，商检机构应当在不延误装运的期限内检验完毕，检验合格的，按照规定签发检验证书、放行单或者在报送单上加盖印章。对列入《目录》的出口商品，海关凭商检机构签发的检验证书、放行单或者在报关单上加盖的印章验放。

产地检验的出口商品，需要在口岸换证出口的，由产地商检机构按照规定签发检验换证凭证。发货人应当在规定的期限内持检验换证凭证和必要的证单向口岸商检机构报请查验。经查验合格的，由口岸商检机构换发检验证书、放行单或者在报关单上加盖印章。

（2）经商检机构检验合格发给检验证书或者放行单的出口商品，发货人应当在检验证书或者放行单签发之日起60天内报运出口，鲜活类出口商品应当在规定的期限内报运出口。逾期报运出口的，发货人必须重新向商检机构报验。

（3）生产危险货物出口包装容器的企业，必须向商检机构申请包装容器的性能鉴定。包装容器经商检机构鉴定合格并取得性能鉴定证书的，方可用于包装危险货物。生产出口危险货物的企业，必须向商检机构申请危险货物包装容器的使用鉴定。危险货物包装容器经商检机构鉴定合格并取得使用鉴定证书的，方可包装危险货物出口。

（4）对装运出口易腐烂变质的食品、冷冻品的船舱、集装箱等运载工具，承运人、装箱单位或者其代理人必须在装运前向商检机构申请清洁、卫生、冷藏、密固等适载检验；经检验合格并取得证书的，方可装运。

（5）出口商品经商检机构检验、口岸查验或者抽查检验不合格的，不准出口。

四、商检机构对进出口商品的监督管理

商检机构对进出口商品的监督管理，主要是对进出口商品的质量、数量、重量、包装，以及安全、卫生等进行监督检查，以生产加工部门、外贸经营部门、收货和用货部门、仓储运输部门以及商检机构的检验部门的检验组织、检验人员、检验设备、检验制度、检验标准、检验方法和检验结果等进行监督检查，以及其他与进出口商品检验有关的

工作进行监督检查，督促有关部门做好进出口商品的检验工作，这是商检机构贯彻商检和组织社会力量检验相结合的一种必要措施。

（1）商检机构对出口商品的生产、经营单位或进口商品的收用货部门、储运部门以及其指定认可的检验机构的商品检验工作进行监督检查，检查的内容包括以下几项。

①对其检验的进出口商品进行抽样检验。

②对其检验的组织机构、检验人员和设备、检验制度、检验标准、检验方法进行监督检查。

③对其他与进出口商品检验有关的工作进行监督检查。

商检机构对必须经商检机构检验的进出口商品以外的进出口商品，可以抽查检验。出口商品经抽查检验不合格的，不准出口；进口商品经抽查检验发现不符合同品质条款或法律、法规规定的，对外提出索赔或视情况处理。

（2）商检机构根据检验工作的需要，可以向列入《目录》的某些特殊出口商品的生产企业派出检验人员，参与监督出口商品出厂前的质量检验工作。

这种预检形式可以促进生产单位加强质量管理，各地的商检机构可以根据本地区出口商品的质量情况及本身的具体情况，对《目录》内商品、习惯上国外买主经常要求商检机构出证的商品，或对产品数量大、质量要求高、出口任务量大的生产厂实行派出检验人员进行出厂前检验。

（3）国家质量监督检验检疫总局根据需要同外国有关机构签订进出口商品质量认证协议。商检机构根据协议或者接受外国有关机构的委托，对进出口商品及其生产企业颁发认证证书，准许在认证合格的进出口商品上使用进出口商品质量认证标志。

（4）国家根据需要，对重要的进出口商品及其生产企业实行质量许可制度，对涉及安全、卫生等重要的进出口商品及其生产企业实施进口安全质量许可制度和出口质量许可制度。实施进口安全质量许可制度的进口商品，必须取得国家质量监督检验检疫总局的进口安全质量许可，方可进口。实施出口质量许可制度的出口商品，必须取得国家质量监督检验检疫总局或者国家质量监督检验检疫总局会同国务院有关主管部门的出口质量许可，方可出口。

国家对出口食品及其生产企业（包括加工厂、屠宰场、冷库、仓库，下同）实施卫生注册登记制度。实施卫生注册登记制度的出口食品生产企业，必须向商检机构申请注册登记，经国家商检局核准后，方可生产、加工、储存出口食品。出口食品生产企业需要在国外注册的，经向商检机构注册登记后报国家质量监督检验检疫总局统一对外办理。

获准使用认证标志或者取得进口安全质量许可、出口质量许可或者经卫生注册登记的进出口商品的生产企业，经检查不符合规定要求的，由商检机构责令其限期改进；逾期仍不符合规定要求的，报经国家质量监督检验检疫总局取消其使用认证标志的资格，或者撤销其进口安全质量许可、出口质量许可、卫生注册登记。

（5）商检机构对检验合格的进出口商品加施商检标志。

（6）进出口商品的报验人对商检机构做出的检验结果有异议的，可以在收到检验结果之日起15日内向做出检验结果的商检机构或者其上级商检机构申请复验；受理复验的商检机构应当自收到复验申请之日起45日内做出检验结论。报验人对复验结论仍有异议的，可以自收到复验结论之日起 15 日内向国家商检局申请复验；国家商检局应当在 60 日内做出复验结论。国家商检局的复验结论为终局结论。

（7）商检机构和其指定的检验机构以及经国家商检部门批准的其他检验机构，可以接受对外贸易关系人或者外国检验机构的委托，办理进出口商品鉴定业务，签发鉴定证书。对外贸易关系人委托商检机构办理鉴定业务，应当提供合同、信用证以及有关的其他证单。

进出口商品鉴定业务的范围包括：进出口商品的质量、数量、重量、包装鉴定、海损鉴定、集装箱检验，进口商品的残损鉴定，出口商品的装运技术条件鉴定、货载衡量、产地证明、价值证明以及其他业务。

进出口商品鉴定业务包括以下内容：

①进出口商品的质量、数量、重量、包装鉴定和货载衡量。

②进出口商品的监视装载和监视卸载。

③进出口商品的积载鉴定、残损鉴定、载损鉴定和海损鉴定。

④装载出口商品的船舶、车辆、飞机、集装箱等运载工具的适载鉴定。

⑤装载进出口商品的船舶封舱、舱口检视、空距测量。

⑥集装箱及集装箱货物鉴定。

⑦与进出口商品有关的外商投资财产的价值、品种、质量、数量和损失鉴定。

⑧抽取并签封各类样品。

⑨签发价值证书及其他鉴定证书。

⑩其他进出口商品鉴定业务。

此外，商检机构可以接受对外贸易关系人的申请，依照有关法律、行政法规的规定签发普惠制原产地证、一般原产地证。

五、法律责任

对外贸易关系人对列入《目录》的其他法律、行政法规规定必须经商检机构检验的进口商品未报经检验而擅自销售或者使用的，对列入《目录》的和其他法律、行政法规规定必须经商检机构检验的出口商品未报经检验合格而擅自出口的，对经商检机构抽查检验不合格的出口商品擅自出口的，由商检机构处以罚款；情节严重，造成重大经济损失的，对直接责任人员追究刑事责任。

《进出口商品检验法实施条例》规定的具体惩罚措施如下。

有下列行为之一的，由商检机构根据情节轻重给予通报批评、警告或者暂停止报验，并可处以有关商品总值 1% 以上、5% 以下的罚款：

（1）销售、使用未报经检验的属于法定检验进口商品的，或者擅自出口未报经检验的属于法定检验出口商品的。

（2）进口、销售、使用属于实施进口安全质量许可制度，而未取得进口安全质量许可的商品的，或者出口属于实施出口质量许可制度或者卫生注册登记制度，而未取得出口质量许可或者未经卫生注册登记的商品的。

（3）使用未取得装载合格证书或者检验不合格的船舱、集装箱装运易腐烂变质食品、冷冻品出口的。

(4) 提供或者使用未经商检机构鉴定的危险货物出口包装容器的。

(5) 其他逃避商检机构法定检验行为的。

有下列行为之一的，由商检机构根据情节轻重给予通报批评、警告或者暂停止报验，并可处以有关商品总值5%以上、20%以下的罚款：

(1) 销售、使用经商检机构检验不符合强制性标准或者其他必须执行的检验标准的进口商品。

(2) 出口经商检机构检验或者抽查检验不合格的商品的。

(3) 擅自调换商检机构抽取的样品或者改变商检机构检验合格的出口商品的质量、规格、数量、重量以及包装的。

(4) 擅自调换、损毁商检机构加施于商品及其包装上的商检标志、封识以及认证标志的。

(5) 提供或者使用经商检机构鉴定不合格的包装容器包装出口危险货物的。

(6) 不如实向商检机构报验，骗取商检机构的有关证单的。

伪造、变造、盗用商检机构的证单、印章、标志、封识和质量认证标志，或者买卖、涂改商检证单、标志，尚未用于商品进出口的，商检机构可以处以5000元以上、30000元以下罚款；已经用于商品进出口的，由商检机构处以有关商品总值等值以下罚款；情节严重，构成犯罪的，对直接责任人员依法追究刑事责任。

当事人对商检机构的处罚决定不服的，可以自收到处罚通知之日起30日内，向做出处罚决定的商检机构或者其上级商检机构或者国家商检部门申请复议；对复议决定不服的，可以自收到复议决定书之日起30日内，向法院起诉。当事人逾期不申请复议或者不起诉又拒不履行的，由做出处罚决定的商检机构申请法院强制执行。

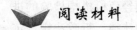 阅读材料

出口法检商品逃避检验案[①]

2010年8月，苏州局在执法稽查中发现，苏州某外贸公司在2009年2月至2010年2月间先后出口了5批女式服装，这5批服装均属法定检验商品，是该外贸公司在苏州市内服装企业采购的，但却均未办理商检手续。经进一步核实，该外贸公司是委托外地服装企业报检并取得检验换证凭单，在上海报关出口。这5批服装货值总额为417347元。

根据《商检法》及其实施条例规定，出口商品应当在商品的生产地检验。该外贸公司委托外地服装企业报检取得检验证单的行为实际导致这5批出口服装未经检验即擅自出口，属于对法定检验的出口商品不予报检，逃避进出口商品检验的行为。苏州局依据《商

---

① 摘编自：《出口法检商品逃避检验案》，中国检验检疫服务网，http：//124.42.19.180：8088/ciqaweb/alxb/fz/56996.htm。

检法实施条例》第48条第1款的规定，对该外贸公司处以了罚款。而对外地服装企业不如实报检的违法行为，苏州局依法移交当地检验检疫机构查处。

综观本案，苏州外贸公司通过外地企业报检取得检验检疫证单，以逃避检验出口法检验商品的行为，实际上构成了两个违法行为：外贸公司的行为违反了《商检法实施条例》第24条的规定，构成逃避出口商品检验的行为；外地企业则属于不如实提供进出口商品的真实情况，取得出入境检验检疫机构的有关证单的违法行为，这一情形属于检验检疫机构重点打击的检验检疫"飞单"行为。

第三节　进出境动植物及其他物品检疫制度

一、进出境动植物及其他物品检疫制度一般规定

我国为防止动物传染病、寄生虫病和植物危险性病、虫、杂草以及其他有害生物（以下简称病虫害）传入、传出国境，保护农、林、牧、渔业生产和人体健康，促进对外经济贸易的发展，针对进出境的动植物、动植物产品和其他检疫物，装载动植物、动植物产品和其他检疫物的装载容器、包装物，以及来自动植物疫区的运输工具，依照法律规定实施检疫。

国务院设立动植物检疫机关（以下简称国家动植物检疫机关），统一管理全国进出境动植物检疫工作。国家动植物检疫机关在对外开放的口岸和进出境动植物检疫业务集中的地点设立的口岸动植物检疫机关，依照《进出境动植物检疫法》规定实施进出境动植物检疫。贸易性动物产品出境的检疫机关，由国务院根据实际情况规定。国务院农业行政主管部门主管全国进出境动植物检疫工作。

口岸动植物检疫机关在实施检疫时可以行使下列职权。

（1）依照本法规定登船、登车、登机实施检疫。

（2）进入港口、机场、车站、邮局以及检疫物的存放、加工、养殖、种植场所实施检疫，并依照规定采样。

（3）根据检疫需要，进入有关生产、仓库等场所，进行疫情监测、调查和检疫监督管理。

（4）查阅、复制、摘录与检疫物有关的运行日志、货运单、合同、发票以及其他单证。

国家禁止下列各物进境：

（1）动植物病原体（包括菌种、毒种等）、害虫及其他有害生物。

（2）动植物疫情流行的国家和地区的有关动植物、动植物产品和其他检疫物。

（3）动物尸体。

（4）土壤。

口岸动植物检疫机关发现有前款规定的禁止进境物的，作退回或者销毁处理。因科学研究等特殊需要引进本条第一款规定的禁止进境物的，必须事先提出申请，经国家动植物检疫机关批准。

国外发生重大动植物疫情并可能传入中国时，国务院应当采取紧急预防措施，必要时

可以下令禁止来自动植物疫区的运输工具进境或者封锁有关口岸。受动植物疫情威胁地区的地方人民政府和有关口岸动植物检疫机关，应当立即采取紧急措施，同时向上级人民政府和国家动植物检疫机关报告。邮电、运输部门对重大动植物疫情报告和送检材料应当优先传送。国家动植物检疫机关和口岸动植物检疫机关对进出境动植物、动植物产品的生产、加工、存放过程，实行检疫监督制度。

口岸动植物检疫机关在港口、机场、车站、邮局执行检疫任务时，海关、交通、民航、铁路、邮电等有关部门应当配合。动植物检疫机关检疫人员必须忠于职守，秉公执法。动植物检疫机关检疫人员依法执行公务，任何单位和个人不得阻挠。

二、进境检疫

输入动物、动物产品、植物种子、种苗及其他繁殖材料的，必须事先提出申请，办理检疫审批手续。通过贸易、科技合作、交换、赠送、援助等方式输入动植物、动植物产品和其他检疫物的，应当在合同或者协议中订明中国法定的检疫要求，并订明必须附有输出国家或者地区政府动植物检疫机关出具的检疫证书。

货主或者其代理人应当在动植物、动植物产品和其他检疫物进境前或者进境时持输出国家或者地区的检疫证书、贸易合同等单证，向进口岸动植物检疫机关报检。

装载动物的运输工具抵达口岸时，口岸动植物检疫机关应当采取现场预防措施，对上下运输工具或者接近动物的人员、装载动物的运输工具和被污染的场地做防疫消毒处理。

输入动植物、动植物产品和其他检疫物，应当在进境口岸实施检疫。未经口岸动植物检疫机关同意，不得卸离运输工具。输入动植物需隔离检疫的，在口岸动植物检疫机关指定的隔离场所检疫。因口岸条件限制等原因，可以由国家动植物检疫机关决定将动植物、动植物产品和其他检疫物运往指定地点检疫。在运输、装卸过程中，货主或者其代理人应当采取防疫措施。指定的存放、加工和隔离饲养或者隔离种植的场所，应当符合动植物检疫和防疫的规定。

输入动植物、动植物产品和其他检疫物，经检疫合格的，准予进境；海关凭口岸动植物检疫机关签发的检疫单证或者在报关单上加盖的印章验放；输入动植物、动植物产品和其他检疫物，需调离海关监管区检疫的，海关凭口岸动植物检疫机关签发的《检疫调离通知单》验放。

输入动物，经检疫不合格的，由口岸动植物检疫机关签发《检疫处理通知单》，通知货主或者其代理人做以下处理。

（1）检出一类传染病、寄生虫病的动物，连同其同群动物全群退回或者全群扑杀并销毁尸体。

（2）检出二类传染病、寄生虫病的动物，退回或者扑杀，同群其他动物在隔离场或者其他指定地点隔离观察。输入动物产品和其他检疫物经检疫不合格的，由口岸动植物检疫机关签发《检疫处理通知单》，通知货主或者其代理人做除害、退回或者销毁处理。经除害处理合格的，准予进境。

输入植物、植物产品和其他检疫物，经检疫发现有植物危险性病、虫、杂草的，由口岸动植物检疫机关签发《检疫处理通知单》，通知货主或者其代理人做除害、退回或者销毁处理。经除害处理合格的，准予进境。

三、出境检疫

货主或者其代理人在动植物、动植物产品和其他检疫物出境前，向口岸动植物检疫机关报检。出境前需经隔离检疫的动物，在口岸动植物检疫机关指定的隔离场所检疫。

输出动植物、动植物产品和其他检疫物，由口岸动植物检疫机关实施检疫，经检疫合格或者经除害处理合格的，准予出境；海关凭口岸动植物检疫机关签发的检疫证书或者在报关单上加盖的印章验放；检疫合格又无有效方法做除害处理的，不准出境。

经检疫合格的动植物、动植物产品和其他检疫物，有下列情形之一的，货主或者其代理人应当重新报检：

（1）更改输入国家或者地区，更改好的输入国家或者地区又有不同检疫要求的。

（2）改换包装或者原未拼装后来拼装的。

（3）超过检疫规定有效期的。

四、过境检疫

要求运输动物过境的，必须事先商得中国国家动植物检疫机关同意，并按照指定的口岸和路线过境。装载过境动物的运输工具、装载容器、饲料和铺垫材料，必须符合中国动植物检疫的规定。

运输动植物、动植物产品和其他检疫物过境的，由承运人或者押运人持货运单和输出国家或者地区政府动植物检疫机关出具的检疫证书，在进境时向口岸动植物检疫机关报检，出境口岸不再检疫。

过境的动物经检疫合格的，准予过境；发现有《进出境动植物检疫法》第18条规定的名录所列的动物传染病、寄生虫病的，全群动物不准过境；过境动物的饲料受病虫害污染的，做除害、不准过境或者销毁处理。过境动物的尸体、排泄物、铺垫材料及其他废弃物，必须按照动植物检疫机关的规定处理，不得擅自抛弃。

对过境植物、动植物产品和其他检疫物，口岸动植物检疫机关检查运输工具或者包装，经检疫合格的，准予过境。发现有《进出境动植物检疫法》第18条规定的名录所列的病虫害的，做除害处理或者不准过境。动植物、动植物产品和其他检疫物过境期间，未经动植物检疫机关批准，不得开拆包装或者卸离运输工具。

五、携带、邮寄物检疫

携带、邮寄植物种子、种苗及其他繁殖材料进境的，必须事先提出申请，办理检疫审批手续。禁止携带、邮寄进境的动植物、动植物产品和其他检疫物的名录，由国务院农业行政主管部门制定并公布。携带、邮寄规定名录所列的动植物、动植物产品和其他检疫物进境的，做退回或者销毁处理。携带规定的名录以外的动植物、动植物产品和其他检疫物进境的，在进境时向海关申报并接受口岸动植物检疫机关检疫。携带动物进境的，必须持有输出国家或者地区的检疫证书等证件。邮寄《进出境动植物检疫法》规定的名录以外的动植物、动植物产品和其他检疫物进境的，由口岸动植物检疫机关在国际邮件互换局实施检疫，必要时可以取回口岸动植物检疫机关检疫，未经检疫不得运递。

邮寄进境的动植物、动植物产品和其他检疫物，经检疫或者除害处理合格后放行；经检疫不合格又无有效方法做除害处理的，做退回或者销毁处理，并签发《检疫处理通知单》。

携带、邮寄出境的动植物、动植物产品和其他检疫物，物主有检疫要求的，由口岸动植物检疫机关实施检疫。

六、运输工具检疫

来自动植物疫区的船舶、飞机、火车抵达口岸时，由口岸动植物检疫机关实施检疫。发现有《进出境动植物检疫法》规定的名录所列的病虫害的，做不准带离运输工具、除害、封存或者销毁处理。

进境的车辆，由口岸动植物检疫机关做防疫消毒处理。进出境运输工具上的泔水、动植物性废弃物，依照口岸动植物检疫机关的规定处理，不得擅自抛弃。

装载出境的动植物、动植物产品和其他检疫物的运输工具，应当符合动植物检疫和防疫的规定。

进境供拆船用的废旧船舶，由口岸动植物检疫机关实施检疫，发现有《进出境动植物检疫法》规定的名录所列的病虫害的，做除害处理。

七、法律责任

违反《进出境动植物检疫法》规定，有下列行为之一的，由口岸动植物检疫机关处以罚款：

（1）未报检或者未依法办理检疫审批手续的。

（2）未经口岸动植物检疫机关许可擅自将进境动植物、动植物产品或者其他检疫物卸离运输工具或者运递的。

（3）擅自调离或者处理在口岸动植物检疫机关指定的隔离场所中隔离检疫的动植物的。

报检的动植物、动植物产品或者其他检疫物与实际不符的，由口岸动植物检疫机关处以罚款；已取得检疫单证的，予以吊销。

违反《进出境动植物检疫法》规定，擅自开拆过境动植物、动植物产品或者其他检疫物的包装的，擅自将过境动植物、动植物产品或者其他检疫物卸离运输工具的，擅自抛弃过境动物的尸体、排泄物、铺垫材料或者其他废弃物的，由动植物检疫机关处以罚款。

违反《进出境动植物检疫法》规定，引起重大动植物疫情的，比照《刑法》第 178 条的规定追究刑事责任。伪造、变造检疫单证、印章、标志、封识，依照《刑法》第 167 条的规定追究刑事责任。

当事人对动植物检疫机关的处罚决定不服的，可以在接到处罚通知之日起 15 日内向做出处罚决定的机关的上一级机关申请复议。当事人也可以在接到处罚通知之日起 15 日内直接向人民法院起诉。复议机关应当在接到复议申请之日起 60 日内做出复议决定。当事人对复议决定不服的，可以在接到复议决定之日起 15 日内向人民法院起诉。复议机关逾期不做出复议决定的，当事人可以在复议期满之日起 15 日内向人民法院起诉。当事人逾期不申请复议也不向人民法院起诉，又不履行处罚决定的，做出处罚决定的机关可以申请人民法院强制执行。

动植物检疫机关检疫人员滥用职权、徇私舞弊、伪造检疫结果，或者玩忽职守、延误检疫出证，构成犯罪的，依法追究刑事责任；不构成犯罪的，给予行政处分。

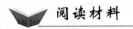 **阅读材料**

一根实木条引发货物退运案①

2009 年 7 月，某进出口公司向国外出口 7 个集装箱装运的钢丝绳。在货物出运前，公司新进上岗的装卸工人因考虑到此批货物重量较大，为了方便客户利用铲车卸货，在夹板盘上加钉了未进行除害处理、未加施 IPPC（国际植物保护公约）标识的实木条。该公司也未就该木质包装向当地检验检疫机构报检。货物到达目的国后，该国海关在查验过程中发现，包装物中混有实木包装且未加施 IPPC 标识②，强制将全部货物做退运处理。我国检验检疫部门依据《进出境动植物检疫法实施条例》第 59 条第 1 款第 1 项之规定，对该公司处以相应的罚款。

根据《出境货物木质包装检疫处理管理办法》（国家质检总局第 69 号令），我国从 2005 年 3 月 1 日起，出境货物木质包装应当按照规定的检疫除害处理方法实施处理，并按要求加施 IPPC 专用标识。出境货物使用的木质包装不是获得检验检疫许可的处理单位生产并加施有效 IPPC 标志，发货人又不依法向检验检疫机构报检致使涉案木质包装已经出口的，属于未依法报检的违法行为。本案中，该进出口公司装卸工人加装实木条，完全是出于方便收货人卸货的考虑，并不存在逃避检验检疫监管的主观故意，但最终导致了货物被强制退运的结果，使企业蒙受了巨大的损失，也给中国出口货物造成了不好的国际影响。

 思考题

一、名词解释

自验；共验；入境检疫；出境检疫；过境检疫

二、问答题

1. 简述进口、出口商品的检验、鉴定方式。

2. 试述进出境动植物及其他物品检疫制度。

---

① 摘编自：《南通出入境检验检疫局：三起典型案例引发的思考》，中国质量新闻网，http://www.cqn.com.cn/news/zjpd/dfdt/386330.html。

② 2002 年 3 月，国际植物保护公约（International Plant Protection Convention，IPPC）发布了国际植物检疫措施标准第 15 号出版物《国际贸易中木质包装材料管理准则》，IPPC 标识用以识别符合 IPPC 标准的木质包装，表示该目标装已经经过 IPPC 检疫标准处理。

第五篇　物流争议解决程序法律制度

第十一章　物流争议的仲裁解决法律制度

学习目的与要求

1. 熟悉和理解仲裁的概念和特征，仲裁法的适用范围、基本原则和基本制度。
2. 掌握仲裁机构的概念、特征及种类，仲裁协议的概念、形式、效力，仲裁条款的独立性，仲裁协议无效的情形，仲裁程序的基本内容。

第一节　仲裁和《仲裁法》概述

一、仲裁的概念和性质

仲裁是指争议当事人在自愿基础上达成协议，将争议提交非司法机构的第三者审理，由第三者做出对争议各方均有约束力的裁决的一种解决争议的制度和方式。仲裁在性质上是兼具契约性、自治性、民间性和准司法性的一种争议解决方式。

二、仲裁法的概念和适用范围

仲裁法是指由国家制定或认可的，规定仲裁的范围和基本原则、仲裁机构的地位及设立、仲裁庭的组成和仲裁程序的进行，当事人和仲裁机构在仲裁活动中必须遵守的行为规则、仲裁裁决的效力及其执行等内容以及调整，由此引起的仲裁法律关系的法律规范的总称。我国于 1994 年 8 月 31 日公布并于 1995 年 9 月 1 日施行《中华人民共和国仲裁法》。我国仲裁法的适用范围包括以下几方面。

（一）对人的适用范围

凡在中华人民共和国领域内的仲裁机构进行仲裁活动的双方当事人，都必须遵守我国仲裁法的规定。

（二）对事的适用范围

（1）平等主体的自然人、法人和其他组织之间发生的合同争议和其他财产权益争议。

（2）婚姻、收养、监护、抚养、继承不适用仲裁。

（3）依法应当由行政机关处理的行政争议，不允许仲裁。

（4）劳动争议和农业集体经济组织内部的农业承包合同争议不适用仲裁。

三、仲裁法的基本原则和基本制度

（一）仲裁法的基本原则

仲裁法的基本原则是指在仲裁活动中，仲裁机构、双方当事人及其他仲裁参与人必须遵循的基本行为准则。主要有自愿原则；公平合理仲裁原则；符合法律规定原则；遵守国际惯例原则；独立仲裁原则。

1. 自愿原则

自愿原则是指当事人达成仲裁协议申请仲裁，选择仲裁机构及仲裁员，达成仲裁调解或和解协议等都必须出自其真实意愿，任何机关、组织和个人都不得强迫当事人仲裁，任向一方也不得将自己的意志强加于对方。

2. 公平合理仲裁原则

公平合理仲裁原则是指仲裁庭在仲裁活动中必须保持中立，平等对待双方当事人，依据事实公平合理地做出裁决。其包括两层含义：①仲裁庭对待双方当事人应一律平等；②仲裁庭应公平合理地做出裁决。

3. 符合法律规定原则

符合法律规定原则是指仲裁裁决在查明案件事实的基础上，应当根据法律的强制性规定作出裁决。只要不违反强制性规定，公正合理地作出裁决。

4. 遵守国际惯例原则

国际惯例是指在国家交往中逐渐形成的一些习惯做法和先例，是国际法的主要渊源之一。根据《国际法院规约》第38条规定，所谓国际惯例是指作为通例之证明而经接受为法律者。1980年《联合国国际货物销售合同公约》第9条也规定："双方当事人业已同意的任何惯例和他们之间确立的任何习惯做法，对双方当事人均有约束力。除非另有约定，双方当事人应视为已默示地同意对我们的合同或合同的订立适用双方当事人已知道或理应知道的惯例。而这种惯例，在国际贸易上已为有关特定贸易所涉同类合同的当事人所广泛知道并为他们所经常遵守。"按照联合国国际贸易法委员会制定的《国际商事仲裁示范法》第28条第4款及《仲裁规则》第33条的规定，仲裁庭在处理国际商事争议案件的过程中，无论当事人各方是否选择了适用于争议实体的法律，或经当事人各方同意按照公平合理的原则解决争议，仲裁庭在作裁决时，"均应按照合同的条款作出决定，并应考虑适用于该项交易的贸易惯例"。因此，遵守国际惯例原则就是指在仲裁中，国际惯例对仲裁机构、双方当事人及其他仲裁参与人都具有法律效力。

5. 独立仲裁原则

独立仲裁是指仲裁纠纷解决的整个过程，仲裁机构都具有依法的独立性。我国《仲裁法》明确规定仲裁应依法独立进行，不受行政机关、社会团体和个人的干涉，独立仲裁原则体现在仲裁与行政脱钩，仲裁委员会独立于行政机关，与行政机关没有隶属关系，仲裁委员会之间也没有隶属关系。同时，仲裁庭独立裁决案件，仲裁委员会及其他机关、社会团体和个人不得干预。

独立仲裁原则包括以下三个方面内容：①仲裁独立于行政。在国际上，绝大多数国家的仲裁机构设在商会、行业协会之内，或者作为一个社会团体独立设立，属非官方的民间性组织。②仲裁组织体系中的仲裁协会、仲裁委员会和仲裁庭三者之间相互独立。③仲裁不受团体和个人干涉。

（二）仲裁法的基本制度

1. 协议仲裁制度

协议仲裁制度是指当事人向仲裁机构申请仲裁，必须以当事人双方达成的仲裁协议为依据，没有仲裁协议，仲裁机构不予受理的制度。我国《仲裁法》第 4 条规定："当事人采用仲裁方式解决争议，应当双方自愿，达成仲裁协议。没有仲裁协议一方申请仲裁的，仲裁委员会不予受理。"

2. 或裁或审制度

或裁或审制度是指争议发生前或发生后，当事人有权选择将争议提交仲裁机构解决或者向人民法院提起诉讼。

3. 一裁终局制度

一裁终局制度是指仲裁机构受理并经仲裁庭审理的争议，一经仲裁庭裁决，该裁决即发生终局的法律效力，当事人不能就同一争议向人民法院起诉，也不能向其他仲裁机构再申请仲裁。

4. 回避制度

仲裁回避制度是指承办案件的仲裁员遇有法律规定的情形，可能影响公正裁决时，不参加该案的仲裁而更换仲裁员的制度。

5. 不公开审理制度

不公开审理制度具体包括三个方面内容：①仲裁审理以不公开为原则；②当事人协议公开的，可以公开仲裁；③涉及国家秘密的案件，无论协议与否，都绝对不允许公开。仲裁不公开进行，不仅要求仲裁庭在公开审理案件时不公开进行，而且请求仲裁庭对争议做出裁决也不能公开宣告。

6. 开庭审理与书面审理相结合的制度

仲裁应当开庭进行，当事人协议不开庭的，仲裁庭可以根据仲裁申请书、答辩书以及其他材料做出裁决。

第二节　仲裁机构

一、仲裁机构的概念

仲裁机构，是指依法有权根据当事人达成的仲裁协议，受理一定范围内的民商、经济争议，并做出强制性裁决的组织。仲裁机构在我国称为仲裁委员会。仲裁委员会可以在直辖市和省、自治区人民政府所在地的市设立，也可以根据需要在其他设区的市设立，不按行政区划层层设立。仲裁委员会由规定的市的人民政府组织有关部门和商会统一组建。涉外仲裁委员会可以由中国国际商会组织设立。设立仲裁委员会应当经省、自治区、直辖市的司法行政部门登记。设立仲裁委员会应为民间性的组织。

二、仲裁员

仲裁员是指符合仲裁员任职资格，为仲裁委员会依法选聘的并列入仲裁员名册的人。

仲裁员资格的取得必须符合法定的条件，我国《仲裁法》第 13 条对此做出了明确规定，仲裁员应符合下列条件之一：

(1) 从事仲裁工作满 8 年的。

(2) 从事律师工作满 8 年的。

(3) 曾任审判员满 8 年的。

(4) 从事法律研究、教学工作并具有高级职称的。

(5) 具有法律知识、从事经济贸易等专业工作，并具有高级职称或者具有同等专业水平的。

我国采用聘任制来选定仲裁员。《仲裁法》第 38 条规定，发生下列情况仲裁员应承担法律责任，同时还要接受仲裁委员会的除名处分：

(1) 私自会见当事人、代理人，或者接受当事人、代理人的请客送礼且情况严重的。

(2) 仲裁员在仲裁该案时有索贿受贿、徇私舞弊，枉法裁决行为构成了犯罪。

有上述两种法定情形的仲裁员，既要接受被仲裁委员会除名的内部纪律处分，又要承担相应的民事、刑事法律责任。

三、仲裁规则

仲裁规则又称仲裁程序规则，是适用于所属仲裁机构的、规定仲裁的具体程序、调整在仲裁程序中各主体之间权利义务关系的规范总和。

中国仲裁协会依照仲裁法和民事诉讼法的有关规定制定仲裁规则。目前，我国统一的仲裁规则尚未出台。中国仲裁协会制定仲裁规则前，仲裁委员会依照仲裁法和民事诉讼法的有关规定可以制定仲裁暂行规则。

至于涉外仲裁规则，依照《仲裁法》第 73 条的规定：涉外仲裁规则可以由中国国际商会依照本法和民事诉讼法的有关规定制定。我国有两个涉外仲裁机构，即中国国际经济贸易仲裁委员会和中国海事仲裁委员会，它们各自的仲裁规则由中国国际商会于 1995 年 9 月 4 日修订通过，分称为《中国国际经济贸易仲裁委员会仲裁规则》和《中国海事仲裁委员会仲裁规则》。

第三节　仲裁协议

一、仲裁协议的概念和形式

仲裁协议是指当事人双方自愿将已经发生的或将来可能发生的争议提交仲裁机构进行裁决的共同意思表示。

我国《仲裁法》第 16 条规定，仲裁协议包括合同中订立的仲裁条款和以其他书面方式在争议发生前或者争议发生后达成的请求仲裁的协议。因此，仲裁协议分为两种形式：一是包含于主合同中的仲裁条款；二是其他书面方式的仲裁协议。我国《仲裁法》第 6 条规定，仲裁协议应当具有下列内容：①请求仲裁的意思表示；②仲裁事项；③选定的仲裁委员会。

二、仲裁协议的效力

1. 对当事人的效力

仲裁协议是双方当事人的合意，所以，它首先对双方当事人产生约束力。当事人就协议仲裁事项的诉权受到限制。当事人可提请仲裁的范围受到限制。

2. 对仲裁机构的效力

仲裁机构受理仲裁案件的前提和依据是当事人之间的仲裁协议，仲裁协议对仲裁机构也产生约束力。有效的仲裁协议授予了约定仲裁机构对仲裁事项的管辖权。同时，仲裁机构只能对有效仲裁协议中约定的仲裁事项享有仲裁权，而对于超出约定仲裁事项范围的争议，根据仲裁自愿的原则，仲裁机构无管辖权，从而不得受理和仲裁。

3. 对人民法院的效力

仲裁协议对人民法院的效力表现在两个方面：一方面，排除人民法院对仲裁协议的争议案件的管辖权。另一方面，对仲裁机构基于有效仲裁协议所做出的有效裁决，法院负有执行责任。

三、仲裁条款的独立性

仲裁条款的独立性，是指仲裁条款虽然作为主合同的一部分，但其在性质上、效力上均独立于主合同，其效力有独立的确定性，不受主合同变更、解除、终止、无效等情形的影响。

四、仲裁协议无效的情形

我国《仲裁法》第17条规定："有下列情形之一的，仲裁协议无效：①约定的仲裁事项超出法律规定的仲裁范围的；②无民事行为能力人订立的仲裁协议；③一方采用胁迫手段，迫使对方订立仲裁协议的。"当事人对仲裁协议的效力有异议的，可以请求仲裁委员会做出决定或者请求人民法院做出裁定。一方请求仲裁委员会做出决定，另一方请求人民法院做出裁定的，由人民法院裁定。

第四节 仲裁程序

一、申请和受理

当事人申请仲裁应当符合下列条件：①有仲裁协议；②有具体的仲裁请求和事实、理由；③属于仲裁委员会的受理范围。

当事人申请仲裁，应当向仲裁委员会递交仲裁协议、仲裁申请书及副本。仲裁申请书应当载明下列事项：①当事人的姓名、性别、年龄、职业、工作单位和住所，法人或者其他组织的名称、住所和法定代表人或者主要负责人的姓名、职务；②仲裁请求和所根据的事实、理由；③证据和证据来源、证人姓名和住所。

仲裁委员会收到仲裁申请书之日起5日内，认为符合受理条件的，应当受理，并通知当事人；认为不符合受理条件的，应当书面通知当事人不予受理，并说明理由。

仲裁委员会受理仲裁申请后，应当在仲裁规则规定的期限内将仲裁规则和仲裁员名册送达申请人，并将仲裁申请书副本和仲裁规则、仲裁员名册送达被申请人。被申请人收到仲裁申请书副本后，应当在仲裁规则规定的期限内向仲裁委员会提交答辩书。仲裁委员会收到答辩书后，应当在仲裁规则规定的期限内将答辩书副本送达申请人。被申请人未提交答辩书的，不影响仲裁程序的进行。

当事人达成仲裁协议，一方向人民法院起诉未声明有仲裁协议，人民法院受理后，另一方在首次开庭前提交仲裁协议的，人民法院应当驳回起诉，但仲裁协议无效的除外；另一方在首次开庭前未对人民法院受理该案提出异议的，视为放弃仲裁协议，人民法院应当继续审理。

申请人可以放弃或者变更仲裁请求。被申请人可以承认或者反驳仲裁请求，有权提出反请求。

一方当事人因另一方当事人的行为或者其他原因，可能使裁决不能执行或者难以执行的，可以申请财产保全。当事人申请财产保全的，仲裁委员会应当将当事人的申请依照民事诉讼法的有关规定提交人民法院。申请有错误的，申请人应当赔偿被申请人因财产保全所遭受的损失。

当事人、法定代理人可以委托律师和其他代理人进行仲裁活动。委托律师和其他代理人进行仲裁活动的，应当向仲裁委员会提交授权委托书。

二、仲裁庭的组成

仲裁庭可以由三名仲裁员或者一名仲裁员组成。由三名仲裁员组成的，设首席仲裁员。当事人约定由三名仲裁员组成仲裁庭的，应当各自选定或者各自委托仲裁委员会主任指定一名仲裁员，第三名仲裁员由当事人共同选定或者共同委托仲裁委员会主任指定。第三名仲裁员是首席仲裁员。当事人约定由一名仲裁员成立仲裁庭的，应当由当事人共同选定或者共同委托仲裁委员会主任指定仲裁员。当事人没有在仲裁规则规定的期限内约定仲裁庭的组成方式或者选定仲裁员的，由仲裁委员会主任指定。仲裁庭组成后，仲裁委员会应当将仲裁庭的组成情况书面通知当事人。

仲裁员有下列情形之一的，必须回避，当事人也有权提出回避申请：①是本案当事人或者当事人、代理人的近亲属；②与本案有利害关系；③与本案当事人、代理人有其他关系，可能影响公正仲裁的；④私自会见当事人、代理人，或者接受当事人、代理人的请客送礼的。当事人提出回避申请，应当说明理由，在首次开庭前提出。回避事由在首次开庭后知道的，可以在最后一次开庭终结前提出。仲裁员是否回避，由仲裁委员会主任决定。仲裁委员会主任担任仲裁员时，由仲裁委员会集体决定。仲裁员因回避或者其他原因不能履行职责的，应当依照本法规定重新选定或者指定仲裁员。

因回避而重新选定或者指定仲裁员后，当事人可以请求已进行的仲裁程序重新进行，是否准许，由仲裁庭决定。仲裁庭也可以自行决定已进行的仲裁程序是否重新进行。

三、开庭和裁决

仲裁应当开庭进行。当事人协议不开庭的，仲裁庭可以根据仲裁申请书、答辩书以及其他材料做出裁决。仲裁不公开进行。当事人协议公开的，可以公开进行，但涉及国家秘密的除外。

仲裁委员会应当在仲裁规则规定的期限内将开庭日期通知双方当事人。当事人有正当理由的，可以在仲裁规则规定的期限内请求延期开庭。是否延期，由仲裁庭决定。

申请人经书面通知，无正当理由不到庭或者未经仲裁庭许可中途退庭的，可以视为撤回仲裁申请。被申请人经书面通知，无正当理由不到庭或者未经仲裁庭许可中途退庭的，可以缺席裁决。

当事人应当对自己的主张提供证据。仲裁庭认为有必要收集的证据，可以自行收集。

仲裁庭对专门性问题认为需要鉴定的，可以交由当事人约定的鉴定部门鉴定，也可以由仲裁庭指定的鉴定部门鉴定。根据当事人的请求或者仲裁庭的要求，鉴定部门应当派鉴定人参加开庭。当事人经仲裁庭许可，可以向鉴定人提问。

证据应当在开庭时出示，当事人可以质证。在证据可能灭失或者以后难以取得的情况下，当事人可以申请证据保全。当事人申请证据保全的，仲裁委员会应当将当事人的申请提交证据所在地的基层人民法院。

当事人在仲裁过程中有权进行辩论。辩论终结时，首席仲裁员或者独任仲裁员应当征询当事人的最后意见。

仲裁庭应当将开庭情况记入笔录。当事人和其他仲裁参与人认为对自己陈述的记录有遗漏或者差错的，有权申请补正。如果不予补正，应当记录该申请。笔录由仲裁员、记录人员、当事人和其他仲裁参与人签名或者盖章。

当事人申请仲裁后，可以自行和解。达成和解协议的，可以请求仲裁庭根据和解协议做出裁决书，也可以撤回仲裁申请。当事人达成和解协议，撤回仲裁申请后反悔的，可以根据仲裁协议申请仲裁。

仲裁庭在做出裁决前，可以先行调解。当事人自愿调解的，仲裁庭应当调解。调解不成的，应当及时做出裁决。调解达成协议的，仲裁庭应当制作调解书或者根据协议的结果制作裁决书。调解书与裁决书具有同等法律效力。调解书应当写明仲裁请求和当事人协议的结果。调解书由仲裁员签名，加盖仲裁委员会印章，送达双方当事人。调解书经双方当事人签收后，即发生法律效力。在调解书签收前当事人反悔的，仲裁庭应当及时做出裁决。

裁决应当按照多数仲裁员的意见做出，少数仲裁员的不同意见可以记入笔录。仲裁庭不能形成多数意见时，裁决应当按照首席仲裁员的意见做出。

裁决书应当写明仲裁请求、争议事实、裁决理由、裁决结果、仲裁费用的负担和裁决日期。当事人协议不愿写明争议事实和裁决理由的，可以不写。裁决书由仲裁员签名，加盖仲裁委员会印章。对裁决持不同意见的仲裁员，可以签名，也可以不签名。仲裁庭仲裁争议时，其中一部分事实已经清楚，可以就该部分先行裁决。对裁决书中的文字、计算错误或者仲裁庭已经裁决但在裁决书中遗漏的事项，仲裁庭应当补正。当事人自收到裁决书之日起 30 日内，可以请求仲裁庭补正。裁决书自做出之日起发生法律效力。

四、申请撤销裁决

当事人提出证据证明裁决有下列情形之一的，可以向仲裁委员会所在地的中级人民法院申请撤销裁决：

(1) 没有仲裁协议的。

(2) 裁决的事项不属于仲裁协议的范围或者仲裁委员会无权仲裁的。

(3) 仲裁庭的组成或者仲裁的程序违反法定程序的。

(4) 裁决所根据的证据是伪造的。

(5) 对方当事人隐瞒了足以影响公正裁决的证据的。

(6) 仲裁员在仲裁该案时有索贿受贿，徇私舞弊，枉法裁决行为的。

人民法院经组成合议庭审查核实裁决有前款规定情形之一的，应当裁定撤销。人民法院认定该裁决违背社会公共利益的，应当裁定撤销。

当事人申请撤销裁决的，应当自收到裁决书之日起 6 个月内提出。人民法院应当在受理撤销裁决申请之日起 2 个月内做出撤销裁决或者驳回申请的裁定。人民法院受理撤销裁决的申请后，认为可以由仲裁庭重新仲裁的，通知仲裁庭在一定期限内重新仲裁，并裁定中止撤销程序。仲裁庭拒绝重新仲裁的，人民法院应当裁定恢复撤销程序。

五、执行

当事人应当履行裁决。一方当事人不履行的，另一方当事人可以依照民事诉讼法的有关规定向人民法院申请执行。受申请的人民法院应当执行。

被申请人提出证据证明仲裁裁决有下列情形之一的，经人民法院组成合议庭审查核实，裁定不予执行：

(1) 当事人在合同中没有订有仲裁条款或者事后没有达成书面仲裁协议的。

(2) 裁决的事项不属于仲裁协议的范围或者仲裁机构无权仲裁的。

(3) 仲裁庭的组成或者仲裁的程序违反法定程序的。

(4) 认定事实的主要证据不足的。

(5) 适用法律确有错误的。

(6) 仲裁员在仲裁该案时有贪污受贿，徇私舞弊，枉法裁决行为的。

一方当事人申请执行裁决，另一方当事人申请撤销裁决的，人民法院应当裁定中止执行。人民法院裁定撤销裁决的，应当裁定终结执行。撤销裁决的申请被裁定驳回的，人民法院应当裁定恢复执行。

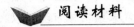

仲裁机构受案范围案[①]

1996年5月5日、5月6日，原告轻纺公司与被告裕亿公司分别签订了两个销售合同，两份合同均约定由裕亿公司销售普通旧电机5000吨给轻纺公司，每吨348.9美元。两份合同第8条均明确约定："凡因执行本合约所发生的或与本合约有关的一切争议，双方可以通过友好协商解决；如果协商不能解决，应提交中国国际经济贸易仲裁委员会，根据该会的仲裁规则进行仲裁。仲裁裁决是终局的，对双方均有约束力。"货物到港后，经商检查明，货物总重量为9586.323吨，本批货物主要为各类废结构件、废钢管、废齿轮箱、废元钢等。轻纺公司遂以裕亿公司和太子公司侵权给其造成损失为由提起诉讼。裕亿公司和太子公司在答辩期内提出管辖权异议称，本案当事人之间对合同纠纷已自愿达成仲裁协议，人民法院依法不应受理。

江苏省高级人民法院认为：本案是因欺诈引起的侵权损害赔偿纠纷。虽然原告轻纺公司和被告裕亿公司、太子公司之间的买卖合同中订有仲裁条款，但由于被告是利用合同进行欺诈，已超出履行合同的范围，构成了侵权。双方当事人的纠纷已非合同权利义务的争议，而是侵权损害赔偿纠纷。轻纺公司有权向法院提起侵权上诉，而不受双方所订立的仲裁条款的约束。裕亿公司、太子公司所提管辖权异议，理由不能成立。据此，该院裁定：驳回裕亿公司、太子公司对本案管辖权提出的异议。

第一审宣判后，被告裕亿公司、太子公司不服，向最高人民法院提起上诉。最高人民法院认为：本案争议的焦点在于仲裁机构是否有权对当事人之间的侵权纠纷做出裁决。我国《仲裁法》自1995年10月1日起施行，该法第2条规定："平等主体的公民、法人和其他组织之间发生的合同纠纷和其他财产权益纠纷，可以仲裁。"第3条规定："下列纠纷不能仲裁：①婚姻、收养、监护、抚养、继承纠纷；②依法应当由行政机关处理的行政争议。"《中国国际经济贸易仲裁委员会仲裁规则》（以下简称仲裁规则）第2条也明确规定：该委员会"……解决产生于国际或涉外的契约性或非契约性的经济贸易等争议……"。从被上诉人轻纺公司在原审起诉状中所陈述的事实和理由看，其所述上诉人裕亿公司和太子公司的侵权行为，均是在签订和履行两份销售合同过程中产生的，同时也是在仲裁法实施后发生的。而这两份合同的第8条均明确规定："凡因执行本合约所发生的或与本合约有关的一切争议，双方可以通过友好协商予以解决；如果协商不能解决，应提交中国国际经济贸易仲裁委员会，根据该会的仲裁规则进行仲裁。仲裁裁决是终局的，对双方均有约束力。"根据仲裁法和仲裁规则的上述规定，中国国际经济贸易仲裁委员会有权受理侵权纠纷，因此本案应通过仲裁解决，人民法院无管辖权。原审法院认为轻纺公司提起侵权之

---

　　① 摘编自：《江苏省物资集团轻工纺织总公司诉（香港）裕亿集团有限公司、（加拿大）太子发展有限公司侵权损害赔偿纠纷上诉案》，《中华人民共和国最高人民法院公报》，1998年第3期。

诉，不受双方所订立的仲裁条款的约束，显然是与仲裁法和仲裁规则相悖的；况且原审法院在轻纺公司起诉称裕亿公司和太子公司利用合同进行欺诈的情况下，未经实体审理就以实体判决确认，并以裁定的方式认定两上诉人利用合同进行欺诈，违反了我国民事诉讼法关于裁定适用范围的规定，在程序上也是错误的，上诉人的上诉理由成立，应予支持。本案双方当事人在合同中明确约定发生纠纷通过仲裁方式解决，在该合同未经有关机关确认无效的情况下，当事人均应受该合同条款的约束。

综上，最高人民法院判定本案各方当事人均应受合同中订立的仲裁条款的约束，所发生的纠纷应通过仲裁解决，人民法院无管辖权。

 思考题

一、名词解释

仲裁；仲裁协议；协议仲裁制度；或裁或审制度；一裁终局制度

二、问答题

1. 简述仲裁法的适用范围。

2. 简述仲裁法的基本原则。

3. 简述仲裁法的基本制度。

4. 简述仲裁协议的形式、效力。

5. 简述仲裁协议无效的情形。

6. 简述仲裁程序的基本内容。

第十二章　物流争议的民事诉讼法律制度

学习目的与要求

1. 了解民事诉讼和民事诉讼法、民事诉讼法的效力，掌握民事诉讼法的基本原则、民事审判的基本制度、民事案件管辖、民事诉讼参加人、民事诉讼证据、财产保全和先予执行，民事诉讼强制措施。

2. 熟悉和理解第一审普通程序、简易程序、第二审程序、审判监督程序、督促程序、公示催告程序。

3. 了解执行的概念和原则，执行的申请和移送执行措施，执行中止和终结。

第一节　民事诉讼和《民事诉讼法》概述

一、民事诉讼和民事诉讼法的概念

物流争议一般属于民事争议，它适用民事诉讼的程序。所以，本章主要讲解民事诉讼法律制度。

民事诉讼，是指人民法院在双方当事人和其他诉讼参与人参加下，审理和解决民事案件的活动，以及由这些活动所发生的诉讼关系。民事诉讼就其本质而言，是国家强制解决民事纠纷的一种方式，是权利主体凭借国家力量维护其民事权益的司法程序。

民事诉讼法，就是国家制定或者认可的，用以调整法院同诉讼参与人的诉讼活动和诉讼关系的法律规范的总称。民事诉讼法有广义和狭义之分。广义的民事诉讼法，泛指有关民事诉讼程序制度的全部法律规范，既包括民事诉讼法典，又包括民事诉讼的特别程序法，如《海事诉讼特别程序法》，以及其他法律、法规和规范性文件中关于民事诉讼程序制度的内容。狭义的民事诉讼法，仅指民事诉讼法典，即《中华人民共和国民事诉讼法》，2012年8月31日第十一届全国人民代表大会常务委员会第二十八次会议通过《关于修改〈中华人民共和国民事诉讼法〉的决定》，对该法进行了第二次修正。

二、民事诉讼法的效力

民事诉讼法的效力，是指民事诉讼法对什么人、什么事，在什么空间范围和时间范围内有效。民事诉讼法的效力，也称民事诉讼法的适用范围。我国民事诉讼法的效力包括以下四个方面。

1. 对人的效力

民事诉讼法对人的效力，是指民事诉讼法对哪些人适用，也即哪些人进行民事诉讼应当遵守我国的民事诉讼法。根据《民事诉讼法》第 4 条关于"凡在中华人民共和国领域内进行民事诉讼，必须遵守本法"的规定，我国民事诉讼法适用于下列人员和组织：中国公民、法人和其他组织；居住在我国领域内的外国人、无国籍人以及在我国登记的外国企业和组织；申请在我国人民法院进行民事诉讼的外国人、无国籍人以及外国的企业和组织。

2. 对事的效力

民事诉讼法对事的效力，是指人民法院审理哪些案件应当适用民事诉讼法的规定。根据民事诉讼法的规定和其他有关法律的规定，人民法院适用民事诉讼法审理的案件包括以下几类：第一，由《民法》调整的平等权利主体之间因财产关系和人身关系发生纠纷而引起的案件；第二，由《婚姻法》调整的平等权利主体之间因婚姻家庭关系发生纠纷而引起的案件；第三，由《经济法》调整的平等权利主体之间因经济关系发生纠纷而引起的案件；第四，由《劳动法》调整的用人单位与劳动者之间因劳动关系发生纠纷而引起的案件；第五，由其他法律调整的社会关系发生争议，法律明确规定依照民事诉讼程序审理的案件；第六，由《海商法》调整的海上运输关系和船舶关系发生纠纷而引起的海事案件；第七，适用《民事诉讼法》中特别程序、督促程序、公示催告程序和企业法人破产还债程序审理的几类非民事权益争议案件。

3. 空间效力

民事诉讼法的空间效力（也叫对地的效力），是指适用民事诉讼法的地域范围。

4. 时间效力

民事诉讼法的时间效力，是指民事诉讼法的有效期间，也即民事诉讼法发生效力和终止效力的时间。我国民事诉讼法法律的时间效力不溯及既往，但民事诉讼法生效前法院已经受理而尚未审结的案件，则应按照民事诉讼法规定的程序审理。

三、民事审判的基本制度

民事审判的基本制度，是指人民法院审判民事案件所必须遵循的基本操作规程。根据我国《民事诉讼法》第 10 条规定，民事审判的基本制度包括合议制度、回避制度、公开审判和两审终审制度。

1. 合议制度

合议制度（简称合议制），是指由三名以上的审判人员组成审判集体，代表人民法院行使审判权，对案件进行审理并做出裁判的制度。合议制度的组织形式为合议庭。合议庭的人数都必须是三人以上的单数，并且要由其中一人担任审判长，主持审判活动。合议庭成员地位平等，享有同等的权利；陪审员在执行陪审职务时，与审判员有同等的权利义务。合议庭评议案件，实行少数服从多数的原则。评议应当制作笔录，由合议庭成员签名。评议中的不同意见，必须如实记入笔录。

2. 回避制度

回避制度，是指审判人员和其他有关人员遇有法律规定不宜参加案件审理的情形时，而退出案件审理活动的制度。我国《民事诉讼法》第 44 条规定，审判人员有下列情形之一的，必须回避，当事人有权用口头或者书面方式申请他们回避：①是本案当事人或者当事人、诉讼代理人的近亲属；②与本案有利害关系；③与本案当事人、诉讼代理人有其他关系，可能影响对案件公正审理的。该规定也适用于书记员、翻译人员、鉴定人、勘验人。

3. 公开审判制度

公开审判制度，是指人民法院的审判活动除合议庭评议案件外，向群众和社会公开的制度。公开审判制度包括三项内容：第一，开庭前公告当事人姓名、案由和开庭的时间、地点；第二，开庭时允许群众旁听和允许新闻记者采访报道；第三，公开宣告判决。但公开审判制度不是绝对的，也有不公开审理的例外情况。我国《民事诉讼法》第 134 条规定："人民法院审理民事案件，除涉及国家秘密、个人隐私或者法律另有规定的以外，应当公开进行。离婚案件、涉及商业秘密的案件，当事人申请不公开审理的，可以不公开审理。"人民法院对公开审理或者不公开审理的案件，一律公开宣告判决。

4. 两审终审制度

两审终审制度，是指一个民事案件经过两级法院的审判，案件的审判即宣告终结的制度。

四、民事案件管辖

（一）民事案件管辖的概念

民事案件的管辖，是指确定各级人民法院之间和同级人民法院之间受理第一审民事案件的分工和权限。我国民事诉讼法规定的民事案件的管辖，包括级别管辖、地域管辖、移送管辖、协议管辖等。

（二）级别管辖

级别管辖，是指上、下级人民法院之间受理第一审民事案件的分工和权限。我国四级人民法院由于职能分工不同，受理第一审民事案件的权限范围也不同。确定不同级别的人民法院管辖第一审民事案件的主要依据是：案件的性质、案件影响的大小、诉讼标的的金额大小等。

1. 基层人民法院管辖的第一审民事案件

《民事诉讼法》第 17 条规定："基层人民法院管辖第一审民事案件，但本法另有规定的除外。"所以，第一审民事案件原则上由基层人民法院管辖。

2. 中级人民法院管辖的第一审民事案件

根据《民事诉讼法》第 18 条的规定，中级人民法院管辖下列第一审民事案件：①重大涉外案件。②在本辖区有重大影响的案件。③最高人民法院确定由中级人民法院管辖的案件。基于某些案件的特殊性，最高人民法院指定由中级人民法院管辖的案件还有两类：①海事、海商案件。包括海事侵权纠纷案件、海商合同纠纷案件，其他海事、海商案件，海事执行案件以及请求海事保全案件等。②除专利行政案件外的其他专利纠纷案件。

3. 高级人民法院管辖的第一审民事案件

《民事诉讼法》第 19 条规定，高级人民法院管辖在本辖区有重大影响的第一审民事案件。

4. 最高人民法院管辖的第一审民事案件

《民事诉讼法》第 20 条规定，最高人民法院受理以下第一审民事案件：①在全国有重大影响的案件。②认为应当由本院审理的案件。

（三）地域管辖

地域管辖，是指同级人民法院之间受理第一审民事案件的分工和权限。根据《民事诉讼法》的规定，地域管辖分为一般地域管辖和特殊地域管辖。

1. 一般地域管辖

一般地域管辖，又称普通管辖，是指以当事人住所地与法院辖区的关系来确定管辖法院。一般地域管辖的原则是"原告就被告"，《民事诉讼法》第21条规定，对公民提起的民事诉讼，由被告住所地人民法院管辖；被告住所地与经常居住地不一致的，由经常居住地人民法院管辖。对法人或者其他组织提起的民事诉讼，由被告住所地人民法院管辖。同一诉讼的几个被告住所地、经常居住地在两个以上人民法院辖区的，各该人民法院都有管辖权。

2. 特殊地域管辖

特殊地域管辖，又称特别地域管辖，是指以诉讼标的所在地或者引起民事法律关系发生、变更、消灭的法律事实所在地为标准确定的管辖。《民事诉讼法》第23条至第32条，规定了特殊地域管辖的九种情形。

（1）因合同纠纷提起的诉讼，由被告住所地或者合同履行地人民法院管辖。

（2）因保险合同纠纷提起的诉讼，由被告住所地或者保险标的物所在地人民法院管辖。

（3）因票据纠纷提起的诉讼，由票据支付地或者被告住所地人民法院管辖。

（4）因铁路、公路、水上、航空运输和联合运输合同纠纷提起的诉讼，由运输始发地、目的地或者被告住所地人民法院管辖。

（5）因侵权行为提起的诉讼，由侵权行为地或者被告住所地人民法院管辖。

（6）因铁路、公路、水上和航空事故请求损害赔偿提起的诉讼，由事故发生地或者车辆船舶最先到达地、航空器最先降落地或者被告住所地人民法院管辖。

（7）因船舶碰撞或者其他海事损害事故请求损害赔偿提起的诉讼，由碰撞发生地、碰撞船舶最先到达地、加害船舶被扣留地或者被告住所地人民法院管辖。

（8）因海难救助费用提起的诉讼，由救助地或者被救助船舶最先到达地人民法院管辖。

（9）因共同海损提起的诉讼，由船舶最先到达地、共同海损理算地或者航程终止地人民法院管辖。

（四）专属管辖

专属管辖，是指对某些特定类型的案件，法律强制规定只能由特定的人民法院行使管辖权。凡是专属管辖的案件，只能由法律明文规定的人民法院管辖，其他人民法院均无管辖权。根据《民事诉讼法》第33条的规定，下列案件由规定的人民法院专属管辖：

（1）因不动产纠纷提起的诉讼，由不动产所在地人民法院管辖。

（2）因港口作业中发生纠纷提起的诉讼，由港口所在地人民法院管辖。

港口作业中发生的纠纷主要有两类：一是在港口进行货物装卸、驳运、保管等作业中发生的纠纷；二是船舶在港口作业中，由于违章操作造成他人人身或财产损害的侵权纠纷。因此类纠纷提起的诉讼，由港口所在地人民法院管辖。根据最高人民法院《关于海事法院受案范围的规定》，港口作业纠纷属于海事海商案件，应由该港口所在地的海事法院管辖。

（3）因继承遗产纠纷提起的诉讼，由被继承人死亡时住所地或者主要遗产所在地人民法院管辖。

（五）协议管辖

协议管辖，是指双方当事人在纠纷发生之前或发生之后，以协议方式约定解决他们之间纠纷的管辖法院。《民事诉讼法》第34条规定："合同或者其他财产权益纠纷的当事人可以书面协议选择被告住所地、合同履行地、合同签订地、原告住所地、标的物所在地等与争议有实际联系的地点的人民法院管辖，但不得违反本法对级别管辖和专属管辖的规定。"

（六）管辖权异议

管辖权异议，是指法院受理民事案件以后，当事人向受诉法院提出的不服该法院对本案行使管辖权的意见或者主张。当事人提出管辖权异议的，应当在提交答辩状期间提出。人民法院对当事人提出的异议，应当审查。异议成立的，裁定将案件移送有管辖权的人民法院；异议不成立的，裁定驳回。当事人未提出管辖异议，并应诉答辩的，视为受诉人民法院有管辖权，但违反级别管辖和专属管辖规定的除外。

五、民事诉讼参加人

民事诉讼参加人是指参加民事诉讼的当事人和诉讼代理人。当事人包括原告和被告、共同诉讼人、第三人。诉讼代理人是指为了被代理人的利益，以被代理人的名义，在法定的、指定的或者委托的权限范围内进行诉讼活动的人。诉讼代理权基于法律规定、法院指定、当事人委托而产生，诉讼代理人相应分为法定代理人、指定代理人和委托代理人。

六、民事诉讼证据

（一）证据的种类

民事诉讼证据是指能够证明民事案件真实情况的一切事实，具有客观性、关联性和合法性三个特征。我国民事诉讼法以证据的表现形式为标准，将民事诉讼证据分为以下几种。

（1）当事人陈述。当事人的陈述是指当事人在诉讼中就案件事实向法院所作的叙述。

（2）书证。书证是指用文字、符号或图画所表达的一定思想内容来证明案件真实情况的物品。

（3）物证。物证是指以物品的外形、特征、质量、重量等来证明案件事实的物品。广义的物证包括书证。

（4）视听资料。视听资料是指利用录音、录像反映的图像、音响，或以电子计算机储存的资料来证明案件事实的证据。

（5）电子数据。电子数据证据是指以数字化的信息编码的形式出现的、能准确储存并反映有关案件事实的电子邮件、网上聊天记录、电子签名、网络访问记录等电子形式的证据。

（6）证人证言。证人证言是指证人向法院所作的有关案件事实的叙述。

（7）鉴定意见。鉴定意见是由具备资格的鉴定人根据人民法院的要求，对民事案件中涉及的专门性问题进行分析、鉴别后做出的书面意见。如损失鉴定、笔迹鉴定、产品质量鉴定、文书鉴定、会计鉴定等。

（8）勘验笔录。勘验笔录是人民法院勘验人员对与案件有关的物品、现场进行勘验所作的笔录。

（二）举证责任

举证责任是指在民事诉讼中，当事人对自己提出的主张，有提供证据证明其真实、合法的责任。《民事诉讼法》第64条规定："当事人对自己提出的主张，有责任提供证据。当事人及其诉讼代理人因客观原因不能自行收集的证据，或者人民法院认为审理案件需要的证据，人民法院应当调查收集。人民法院应当按照法定程序，全面地、客观地审查核实证据。"

（三）证据保全

证据保全，是指在证据可能灭失或者以后难以取得的情况下，人民法院根据诉讼参加人的申请或依职权而采取措施收集和保存证据的制度。

在诉讼开始前，因为证据易于灭失或重要证人病危，当事人可向公证机关申请，以公证形式保全证据。在诉讼过程中，诉讼参加人可申请人民法院保全证据，人民法院也可以主动采取证据保全措施。

七、财产保全和先予执行

（一）财产保全

1. 财产保全的概念和种类

财产保全，是指人民法院根据利害关系人或当事人的申请，或者依职权对当事人的财产采取限制性措施，以保证将来生效判决执行的一种制度。财产保全分为诉前财产保全和诉中财产保全两种。诉前财产保全是指利害关系人因情况紧急，不立即申请财产保全将会使合法权益受到难以弥补的损失，在起诉前向人民法院申请财产保全，人民法院根据其申请对财产所采取的一种限制性措施。诉中财产保全是指人民法院受理案件后，对于可能因为当事人一方的行为或者其他原因，使判决不能执行或者难以执行的案件，根据对方当事人的申请或者依职权裁定，对当事人的财产或争议的标的物所采取的一种限制性措施。

2. 财产保全的范围与程序

财产保全限于请求的范围或者与本案有关的财物。财产保全的措施有查封、扣押、冻结或法律规定的其他方法。采取财产保全措施，申请人必须提出申请并提供担保，但诉中财产保全，当事人没有申请，人民法院根据情况，可以依职权采取，当事人是否需要提供担保，由人民法院根据情况决定。对当事人的财产保全申请，人民法院应做出是否采取财产保全措施的裁定。申请人在法定起诉期内不起诉或被申请人提供担保的，应裁定解除财产保全。申请错误的，申请人应赔偿被申请人因财产保全所遭受的损失。

（二）先予执行

1. 先予执行的概念和适用范围

先予执行，是指人民法院在诉讼过程中，根据当事人的申请裁定一方当事人预先付给另一方当事人一定数额的金钱或其他财物的一种制度。它发生在判决生效前，具有未决先执行的性质。先予执行必须由当事人提出申请，法院裁定先予执行，可以责令申请人提供担保。案件审理终结，申请人败诉的，应赔偿申请人因先予执行所遭受的损失。人民法院对下列案件，根据当事人的申请可以裁定先予执行：①追索赡养费、扶养费、抚育费、抚恤金、医疗费用的。②追索劳动报酬的。③因情况紧急需要先予执行的案件。

2. 先予执行的条件

人民法院裁定先予执行的，应符合下列两个条件：①当事人之间的权利义务关系明确，不先予执行将严重影响申请人的生活或者生产经营的；②被申请人有履行能力。人民法院可以责令申请人提供担保，申请人不提供担保的，驳回申请。申请人败诉的，应当赔偿被申请人因先予执行遭受的财产损失。

八、对妨碍民事诉讼的强制措施

（一）民事诉讼强制措施的概念和特点

民事诉讼强制措施，是在民事诉讼过程中，人民法院为维护诉讼秩序、保障民事诉讼顺利进行，依法对有妨碍民事诉讼行为的人所采取的排除妨害行为的一种强制手段。民事诉讼强制措施的特点是，它以排除对民事诉讼的妨害、保障诉讼活动的正常进行为目的；它只适用于妨害民事诉讼的行为，不适用于其他违法行为；它是人民法院依法采取的强制措施。

（二）妨害民事诉讼的行为

妨害民事诉讼的行为，是指在民事诉讼进行中，诉讼参与人以及其他单位和个人故意实施的、破坏诉讼秩序、妨害诉讼活动正常进行的违法行为。妨害民事诉讼的行为主要有以下四类：

（1）依法必须到庭的被告拒不到庭的行为。

（2）违反法庭规则，扰乱法庭秩序的行为。

（3）妨害诉讼证据的收集、调查，以及阻拦、干扰诉讼的行为。包括伪造、毁灭重要证据，妨碍法院审理案件的行为；以暴力、威胁、贿买方法阻止证人作证或指使、贿买、胁迫他人作伪证的行为；隐藏、转移、变卖、毁损已被查封、扣押的财产或已被清点责令其保管的财产，转移已被冻结的财产的行为；对司法工作人员、诉讼参加人、证人、翻译人员、鉴定人、勘验人、协助执行的人进行侮辱、诽谤、诬陷、殴打或打击报复的行为；以暴力、威胁或其他方法阻碍司法工作人员执行职务的行为；拒不履行人民法院已发生法律效力的判决、裁定的行为。

（4）有义务协助调查、执行的单位拒不履行协助义务的行为。包括拒绝或妨碍人民法院调查取证的行为，拒不协助查询、冻结或划拨存款的行为，拒不协助执行扣留被执行人的收入、办理有关财产证照转移手续、转交有关票证、证照或者其他财产的行为，其他拒绝协助执行的行为。

（三）民事诉讼强制措施的种类及适用

1. 拘传

拘传是人民法院在法定情况下强制被告到庭的一种强制措施。它适用于必须到庭的被告，经两次传票传唤，无正当理由拒不到庭的情况。

2. 训诫

训诫是一种较轻的强制措施。人民法院对妨害民事诉讼行为情节较轻的人，予以批评教育，责令其改正，不得再犯。训诫适用的对象是违反法庭规则的人。

3. 责令退出法庭

在开庭审理中，对违反法庭规则的诉讼参与人及其他人所采取的命令其退出法庭的强制措施。它的适用对象也是违反法庭规则的诉讼参与人和其他人。在适用时，可以先进行训诫，然后视行为人的表现，再决定是否责令退出法庭，也可以直接责令退出法庭。

4. 罚款

对违反法庭规则、扰乱法庭秩序，妨害人民法院对诉讼证据的调查、收集、阻碍司法工作人员执行职务，不履行生效裁判，不协助法院调查、执行的个人或单位，均可根据情节轻重适用罚款。

5. 拘留

拘留是指人民法院对妨害民事诉讼情节严重的行为人予以强行关押，在一定期限内限制其人身自由的一种强制措施。

第二节　审判程序

民事诉讼审判程序可以分为第一审普通程序、简易程序、第二审程序、特别程序、审判监督程序、督促程序、公示催告程序等。

一、第一审普通程序

第一审普通程序是人民法院审理民事案件时通常适用的最基本的程序。

（一）起诉和受理

起诉是指公民、法人或其他组织在其民事权益受到侵害或与他人发生争议时，向人民法院提起诉讼，请求人民法院通过审判予以司法保护的行为。

起诉必须同时具备以下条件：①原告是与本案有直接利害关系的公民、法人或其他组织；②有明确的被告；③有具体的诉讼请求和事实、理由；④属于人民法院受理民事诉讼的范围和受诉人民法院管辖。

起诉应当向人民法院递交起诉状，并按照被告人数提出副本。起诉状应当记明下列事项：①原告的姓名、性别、年龄、民族、职业、工作单位、住所、联系方式，法人或者其他组织的名称、住所和法定代表人或者主要负责人的姓名、职务、联系方式；②被告的姓名、性别、工作单位、住所等信息，法人或者其他组织的名称、住所等信息；③诉讼请求和所根据的事实与理由；④证据和证据来源，证人姓名和住所。当事人起诉到人民法院的民事纠纷，适宜调解的，先行调解，但当事人拒绝调解的除外。

受理是指人民法院通过对当事人的起诉进行审查，对符合法律规定条件的，决定立案审理的行为。人民法院收到起诉状或者口头起诉，经审查，认为符合起诉条件的，应当在7日内立案，并通知当事人；认为不符合起诉条件的，应当在7日内裁定不予受理；原告对裁定不服的，可以提起上诉。

　　（二）审理前的准备

　　人民法院受理案件后进入开庭审理之前所进行的一系列的诉讼活动就是审理前的准备。审理前的准备工作是按时、保质进行开庭审理的前提。

　　审理前的准备工作主要有以下内容：

　　（1）在法定期间内及时送达诉讼文书。人民法院受理案件后，应以通知形式分别向原告、被告发送受理案件通知书和应诉通知书。同时，人民法院应在立案后5日内将起诉状副本发送被告，被告在收到之日起15日内提出答辩状。被告提出答辩状的，人民法院应当在收到之日起5日内将答辩状副本发送原告。被告不提出答辩状的，不影响人民法院审理。

　　（2）告知当事人有关的诉讼权利和义务以及合议庭的组成人员。合议庭组成人员确定后，应当在3日内告知当事人。

　　（3）审判人员认真审核诉讼材料，调查收集必要的证据。

　　（三）开庭审理

　　开庭审理，是指人民法院在当事人和所有诉讼参与人的参加下，全面审查认定案件事实，并依法做出裁判的活动。开庭审理主要包括以下几个阶段：

　　1. 庭审准备

　　人民法院审理民事案件，应当在开庭3日前通知当事人和其他诉讼参与人。公开审理的，应当公告当事人姓名、案由和开庭的时间、地点。

　　2. 宣布开庭

　　开庭审理前，书记员应当查明当事人和其他诉讼参与人是否到庭，宣布法庭纪律。开庭审理时，由审判长核对当事人，宣布案由，宣布审判人员、书记员名单，告知当事人有关的诉讼权利义务，询问当事人是否提出回避申请。

　　3. 法庭调查

　　法庭调查一般按照下列顺序进行：当事人陈述；告知证人的权利义务，证人作证，宣读未到庭的证人证言；出示书证、物证和视听资料；宣读鉴定意见；宣读勘验笔录等。

　　4. 法庭辩论

　　法庭辩论按照下列顺序进行：原告及其诉讼代理人发言；被告及其诉讼代理人答辩；第三人及其诉讼代理人发言或者答辩；互相辩论。法庭辩论终结，审判长按照原告、被告、第三人的先后顺序征询各方最后意见。法庭辩论终结，应当依法做出判决。判决前能够调解的，还可以进行调解，调解不成的，应当及时判决。

　　5. 评议和宣判

　　法庭辩论终结后，由审判长宣布休庭，合议庭组成人员退入评议室对案件进行评议。合议庭评议实行少数服从多数的原则，评议的情况应如实记入笔录。评议完毕，由审判长宣布继续开庭，宣告判决结果。也可定期宣判。不论案件是否公开审理，宣告判决结果一律公开进行。

人民法院适用普通程序审理的案件，应当在立案之日起 6 个月内审结。有特殊情况需要延长的，由本院院长批准，可以延长 6 个月；还需要延长的，报请上级人民法院批准。

二、简易程序

（一）简易程序的概念和适用范围

简易程序，是指基层人民法院及其派出法庭审理简单民事案件和简单经济纠纷案件所适用的程序。

只有基层人民法院及其派出法庭可以适用简易程序审理第一审案件。中级人民法院、高级人民法院、最高人民法院审理第一审民事、经济案件均不得适用简易程序。适用简易程序审理的案件只能是事实清楚、权利义务关系明确、争议不大的简单民事纠纷案件。基层人民法院和它派出的法庭审理符合规定的简单的民事案件，标的额为各省、自治区、直辖市上年度就业人员年平均工资 30％以下的，实行一审终审。

（二）简易程序的特点

（1）起诉方式简便。对简单的民事案件，原告可以口头起诉。

（2）受理案件的程序简便。当事人双方可以同时到基层人民法院或者它派出的法庭，请求解决纠纷。基层人民法院或者它派出的法庭可以当即审理，也可以另定日期审理。

（3）传唤或通知当事人、证人的方式简便。基层人民法院和它派出的法庭审理简单的民事案件，可以用简便方式随时传唤当事人、证人。

（4）实行独任制。简单的民事案件由审判员一人独任审理。

（5）开庭审理的程序简便。简单的民事案件可以随到随审，并且在开庭时，对法庭调查、法庭辩论两大步骤不必严格划分，也不受法庭调查、法庭辩论先后顺序的限制。

（6）审理期限较短。人民法院适用简易程序审理案件，应当在立案之日起 3 个月内审结。

三、第二审程序

第二审程序，是指上一级人民法院根据当事人的上诉，就下级人民法院的一审判决和裁定，在其发生法律效力前，对案件进行重新审理的程序。第二审程序是因当事人提起上诉而开始的，所以第二审程序又称为上诉审程序。

当事人不服地方人民法院第一审判决的，有权在判决书送达之日起 15 日内向上一级人民法院提起上诉。当事人不服地方人民法院第一审裁定的，有权在裁定书送达之日起 10 日内向上一级人民法院提起上诉。上诉状应当通过原审人民法院提出，并按照对方当事人或者代表人的人数提出副本。原审人民法院收到上诉状，应当在 5 日内将上诉状副本送达对方当事人，对方当事人在收到之日起 15 日内提出答辩状。人民法院应当在收到答辩状之日起 5 日内将副本送达上诉人。对方当事人不提出答辩状的，不影响人民法院审理。原审人民法院收到上诉状、答辩状，应当在 5 日内连同全部案卷和证据，报送第二审人民法院。

第二审人民法院对上诉案件，应当组成合议庭，开庭审理。经过阅卷、调查和询问当事人，对没有提出新的事实、证据或者理由，合议庭认为不需要开庭审理的，可以不开庭审理，可以径行判决、裁定。第二审人民法院对上诉案件，经过审理，按照下列情形，分别处理：

（1）原判决认定事实清楚，适用法律正确的，判决驳回上诉，维持原判决。

（2）原判决适用法律错误的，依法改判。

（3）原判决认定事实错误，或者原判决认定事实不清、证据不足，裁定撤销原判决，发回原审人民法院重审，或者查清事实后改判。

（4）原判决违反法定程序，可能影响案件正确判决的，裁定撤销原判决，发回原审人民法院重审。

人民法院审理对判决的上诉案件，应当在第二审立案之日起 3 个月内审结。有特殊情况需要延长的，由本院院长批准。对裁定的上诉案件，应当在第二审立案之日起 30 日内做出终审裁定。

四、特别程序

1. 确认调解协议案件

申请司法确认调解协议，由双方当事人依照人民调解法等法律，自调解协议生效之日起 30 日内，共同向调解组织所在地基层人民法院提出。人民法院受理申请后，经审查，符合法律规定的，裁定调解协议有效，一方当事人拒绝履行或者未全部履行的，对方当事人可以向人民法院申请执行；不符合法律规定的，裁定驳回申请，当事人可以通过调解方式变更原调解协议或者达成新的调解协议，也可以向人民法院提起诉讼。

2. 实现担保案件

申请实现担保物权，由担保物权人以及其他有权请求实现担保物权的人依照物权法等法律，向担保财产所在地或者担保物权登记地基层人民法院提出。人民法院受理申请后，经审查，符合法律规定的，裁定拍卖、变卖担保财产，当事人依据该裁定可以向人民法院申请执行；不符合法律规定的，裁定驳回申请，当事人可以向人民法院提起诉讼。

五、审判监督程序

审判监督程序，是指人民法院对已经发生法律效力的判决、裁定，依照法律规定由法定机关提起，对案件进行再审的程序，又称再审程序。

根据《民事诉讼法》的规定，审判监督程序的发生包括以下几方面：

（1）基于人民法院行使审判监督权而引起的再审。各级人民法院院长对已经发生法律效力的判决、裁定，发现确有错误、认为需要再审的，应当提交审判委员会讨论决定。最高人民法院对地方各级人民法院已经发生法律效力的判决、裁定，上级人民法院对下级人民法院已经发生法律效力的判决、裁定，发现确有错误的，有权提审或者指令下级人民法院再审。

（2）基于人民检察院行使检察监督权而引起的再审，即检察院提出抗诉的案件的再审人民检察院依照审判监督程序提出抗诉，应当具有法定的事实和理由。

①原判决、裁定认定事实的主要证据不足的。

②原判决、裁定适用法律确有错误的。

③人民法院违反法定程序，可能影响案件正确判决、裁定的。

④审判人员在审理案件时有贪污受贿、徇私舞弊、枉法裁判行为的。

抗诉的提出有两种情况：①最高人民检察院对各级人民法院已经发生法律效力的判决、裁定，上级人民检察院对下级人民法院已经发生法律效力的判决、裁定，可以直接提出抗诉。②地方各级人民检察院对同级人民法院已经发生法律效力的判决、裁定，只能提请上级人民检察院提出抗诉。人民检察院决定对人民法院的判决、裁定提出抗诉的，应当制作抗诉书。

（3）于当事人申请的再审。当事人申请再审应当具备法定的事由。

①有新的证据，足以推翻原判决、裁定的。

②原判决、裁定认定事实的主要证据不足的。

③原判决、裁定适用法律确有错误的。

④人民法院违反法定程序，可能影响案件正确判决、裁定的。

⑤审判人员在审理该案件时有贪污受贿、徇私舞弊、枉法裁判行为的。

⑥当事人对已经发生法律效力的调解书提出证据证明调解违反自愿原则，或者调解协议的内容违反法律的，可以申请再审。当事人申请再审，应当在判决、裁定发生法律效力后2年内提出。

六、督促程序

督促程序，是指对于以给付一定金钱或有价证券为内容的债务，人民法院根据债权人的申请，向债务人发出支付令，催促债务人限期履行义务的特殊程序。债权人申请支付令应具备的条件如下：

（1）请求给付的必须是金钱或有价证券。

（2）请求给付的金钱或者有价证券已到偿付期且数额确定。

（3）债权人与债务人没有其他债务纠纷的。

（4）支付令能够送达债务人。

申请支付令必须采用申请书方式。申请书应当写明请求给付金钱或者有价证券的数量和所根据的事实、证据。债权人提出申请后，人民法院应当在5日内通知债权人是否受理。人民法院受理申请后，经审查，债权人提供的事实和证据对债权、债务关系明确、合法的，应当在受理之日起15日内向债务人发出支付令；债务人应当自收到支付令之日起15日内清偿债务，或者向人民法院提出书面异议。债务人在法定期间内提出书面异议的，人民法院应当裁定终结督促程序，支付令自行失效，债权人可以起诉。若债务人在法定期间内既不提出异议又不履行支付令的，债权人可以向人民法院申请执行。

七、公示催告程序

公示催告程序，是指人民法院根据可以背书转让的票据持有人因票据被盗、遗失或者灭失而提出的申请，以公示方式，催告不明确的利害关系人在法定期间申报权利，逾期无人申报，经申请人的申请，做出除权判决的程序。

申请公示催告的条件如下：

（1）申请主体必须是依法享有票据权利的最后持票人。

（2）申请原因必须是可以背书转让的票据被盗、遗失或者灭失。

（3）必须是利害关系人处于不明状态。

（4）必须向票据支付地的基层人民法院申请。

（5）申请人应当向人民法院递交申请书，写明票面金额、发票人、持票人、背书人等票据主要内容和申请的理由、事实。

人民法院决定受理申请，应当同时通知支付人停止支付，并在 3 日内发出公告，催促利害关系人申报权利。公示催告期间，由人民法院根据情况决定，但不得少于 60 日。公示催告期间，转让票据权利的行为无效。利害关系人应当在公示催告期间内向人民法院申报权利，人民法院收到利害关系人的申报后，应当裁定终结公示催告程序，并通知申请人和支付人。申请人或者申报人可以向人民法院起诉。若逾期无人申报，人民法院根据申请人的申请，可以做出除权判决，宣告票据无效。判决应当公告，并通知支付人。自判决公告之日起，申请人可依据除权判决向支付人请求支付。

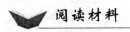 阅读材料

当事人约定采用简易程序审结合同纠纷案[①]

2010 年年底，原告昆山某物资公司与被告泰州某建筑公司签订钢材购销合同，合同履行期间，原告共向被告供应总价值 3500 余万元的钢材。截至 2012 年年底，被告尚结欠原告货款及违约金 300 余万元。经原告多次催要无果，根据双方管辖约定，原告于 2012 年 12 月底起诉至太仓法院。

因案件诉讼标的数额巨大，立案时以普通程序受理。但在案件审理中，承办法官发现该案案情并不复杂，如果简单适用普通程序审理，不仅需要较长的答辩期和举证期，也会影响双方的正常经营造成诉累，不利于案件的审理效果。根据新修订的民诉法，人民法院适用普通程序审理的案件，当事人可以约定适用简易程序，承办法官随即与双方当事人取得联系并就该规定进行了法律释明，双方一致同意适用简易程序审理该案。法官在接洽中了解到，该案极有调解的可能，被告对所欠货款金额并无异议，只是认为原告主张的违约金过高，并表示近期内即可付款。承办法官随即耐心细致地做双方的调解工作，在审查了合同违约金条款的基础上，向双方释明了违约金认定的合理范围，使双方对此有了合理的预判。经过多次沟通调解，最终促成双方在 2013 年 1 月 18 日达成了调解协议，被告一次性支付原告货款及违约金合计 230 余万元，并当场履行完毕。

---

① 摘选自：陆薇，《太仓适用新民诉法审结——买卖合同纠纷案》，《人民法院报》2013 年 1 月 22 日第 3 版。

第三节　执行程序

一、执行的概念

执行，就是人民法院按照执行根据，运用国家司法执行权，依照执行程序迫使被执行人实现已生效法律文书确定的内容的行为。执行程序，是指人民法院执行组织进行执行活动和申请执行人、被执行人以及协助执行人进行执行活动必须遵守的法律规范。

二、执行的申请和移送

（一）申请执行

申请执行是指生效法律文书中的实体权利人，在对方当事人不履行义务时，向人民法院申请强制执行的行为。申请人必须依据生效的法律文书，在执行时效内，向有管辖权的人民法院递交申请执行书。仲裁机构的裁决，一方当事人不履行时，当事人可以向人民法院申请执行。

（二）移送执行

移送执行是指人民法院审判员根据案情依法主动将生效的判决、裁定、支付令交付执行组织执行，从而引起执行程序发生的行为。移送执行适用于给付赡养费、扶养费、抚育费、抚恤金、医疗费和劳动报酬的法律文书。刑事法律文书中含有财产执行内容的法律文书以及审判人员认为其他确应移送执行的法律文书。其他一般案件由当事人申请执行，不适用移送执行。

三、执行措施

执行措施，是指人民法院根据《民事诉讼法》的规定，强制实现作为执行根据的法律文书的具体方法和手段。由于执行标的不同，执行的具体措施也各不相同。

（一）对动产的执行措施

1. 对被执行人存款的执行

对被执行人在银行等金融单位的存款，可采取查询、冻结、划拨存款的方法执行。人民法院采取这些措施时，需得到银行等有关单位的协助。对冻结、划拨存款的，人民法院应当做出裁定，发出协助执行通知书，银行等有关业务单位必须办理。

2. 对被执行人收入的执行

对被执行人收入的执行可采取扣留、提取的方法执行。人民法院做出裁定，发出协助执行通知书，有关单位必须按通知要求扣留或提取被执行人的收入，交权利人或由法院转交，不得以任何理由和方式拒绝。人民法院在采取这项措施时，应给被执行人及其所扶养的家属保留必要的生活费用。

3. 对被执行人财产的执行

对被执行人的财产、物品、债权的执行，可根据不同情况，分别采取查封、扣押、冻结、拍卖、变卖其财产的措施。人民法院在决定采取这些措施时，应当做出裁定，根据案件的需要和财产的情况，分别采用不同的方法。在执行时应以被执行人应当履行义务部分的财产为限，并保留被执行人及其扶养家属的生活必需品。

4. 搜查被执行人隐匿的财产

搜查是指在执行中，执行人员对不履行法律文书的义务并隐匿财产的被执行人的人身及其住所地或财产隐匿地进行搜索、查找的措施。这是民事执行程序中最严厉的强制手段之一，必须严格按照法定程序进行。

（二）对不动产的执行措施

对不动产的执行措施主要是强制迁出房屋和强制退出土地的执行措施，它是指人民法院的执行组搬迁被执行人在房屋内或特定土地上的财物，并将腾出的房屋和土地交给权利人的一种执行措施。

（三）对指定交付的财物、票证、行为的执行措施

1. 对指定交付的财物、票证的执行

交付财物、票证的执行，由执行人员传唤双方当事人当面交付或由执行人员转交。有关单位持有该财物或票证的，应按法院协助执行通知书转交，公民持有该财产或票证的，应按法院通知交出，拒不交出的，强制执行。

2. 对法律文书指定行为的执行

法律文书指定的行为包括作为和不作为。人民法院可以直接强制执行或委托有关单位和他人完成该行为，费用由被执行人负担。

3. 办理产权证照转移手续

产权证照是表示具有财产内容的各种证明文书和执照。执行这类案件时，人民法院应通知被执行人交出权利证书，拒不交出的，发出协助执行通知书，要求有关单位协助办理证照转移手续。

（四）执行的保障措施

1. 责令支付延期利息、迟延履行金

被执行人未按期履行给付金钱义务的，应当加倍支付迟延部分的债务利息。未按期履行给付金钱以外的义务的，应当支付迟延履行金。

2. 保留权利人的请求执行权

人民法院采取执行措施后，被执行人仍不能履行义务的，应当继续履行，债权人不因此丧失权利，在被执行人具备履行能力时，可以随时请求法院执行。

3. 申请参与分配和执行第三人的财产

执行程序开始后，已经取得执行依据或已经起诉的债权人发现被执行人的财产不能清偿所有债权的，可以申请参与分配。被执行人不能清偿债务但对第三人享有到期债权的，人民法院可依申请执行人的申请，通知该第三人向申请执行人履行债务。

四、执行中止和终结

（一）执行中止

执行中止是指在执行过程中，由于出现了某种特殊情况而使执行程序暂时停止，待情况消失后，执行程序再继续进行。根据《民事诉讼法》的规定，人民法院应裁定中止执行

的情形有：申请人表示可以延期执行；案外人对执行标的提出确有理由的异议；作为一方当事人的公民死亡，需要等待确定权利或义务的承受人；作为一方当事人的法人或其他组织终止，尚未确定权利义务承受人；人民法院认为应当中止执行的其他情形。

（二）执行终结

执行终结是指在执行过程中，由于出现了某种特殊情况，使执行程序无法或无须继续进行，从而结束执行程序，以后也不再恢复。根据《民事诉讼法》的规定，人民法院裁定终结执行的情形有：申请人撤销申请的；据以执行的法律文书被撤销的；作为被执行人的公民死亡，无遗产可供执行，又无义务承担人的；追索赡养费、扶养费、抚育费案件的权利人死亡的；作为被执行人的公民因生活困难，无力偿还借款，无收入来源，又丧失劳动能力的；人民法院认为应当终结执行的其他情形。

 阅读材料

强制执行案[①]

2009 年 8 月，怀远某公司与李某的煤矸石原料买卖合同货款纠纷案，经怀远法院判决，李某在判决生效后 10 日内向怀远某公司还清所有欠款 16 余万元。判决生效后，李某逾期没有履行义务，怀远某公司于 2010 年 6 月向法院申请执行。在怀远法院执行期间，怀远某公司查知李某曾为某水泥厂运送过一批原材料，某水泥厂尚欠李某材料款 22 万元，且此款已经到期。于是，怀远某公司向法院提出书面申请，要求执行李某对某水泥厂的到期债权。怀远法院查明得知李某除了到期债权外没有其他可供执行的财产，于是，根据怀远某公司的申请，向某水泥厂发出了"履行到期债务的通知书"。3 天后，某水泥厂向法院提交了书面异议，声称自己没有给付能力。但法院后来查明，就在提交异议的前一天，某水泥厂与李某私下签订了新的还款合同。双方约定，李某放弃某水泥厂所欠工程款中的 7 万元，余下的 15 万元由某水泥厂一次性还清。法院裁定追加某水泥厂为被执行人，而某水泥厂一直不履行法定义务，执行人员查封了某水泥厂的厂房。某水泥厂迫于经营压力，将 22 余万元交到了法院，法院将其发还给申请执行人怀远某公司。本案得以执结。

 思考题

一、名词解释

民事诉讼；回避制度；级别管辖；地域管辖；民事诉讼参加人；民事诉讼证据；财产保全；先予执行；民事诉讼强制措施；第一审程序；简易程序；第二审程序；特别程序；

---

① 摘选自：陈二伟，《一起买卖合同纠纷案强制执行剖析》，蚌埠法院网，http://bbzy.chinacourt.org/public/detail.php? id=8672。

审判监督程序；督促程序；公示催告程序；执行；执行中止；执行终结

二、问答题

1. 简述民事审判的基本制度。

2. 简述民事案件管辖的种类。

3. 简述民事诉讼证据的种类。

4. 简述我国民事诉讼的第一审程序。

5. 简述我国民事诉讼的执行程序。

参考文献

[1] 胡康生. 中华人民共和国合同法释义 [M]. 北京：法律出版社，1999.

[2] 王艳玲. 现代物流实务与法律 [M]. 北京：人民交通出版社，2001.

[3] 周艳军. 物流法律法规 [M]. 武汉：华中科技大学出版社，2009.

[4] 于定勇，郭红亮. 现代物流法律制度 [M]. 广州：暨南大学出版社，2003.

[5] 张瑜. 物流法规 [M]. 北京：对外经济贸易大学出版社，2004.

[6] 何红锋. 政府采购法详解 [M]. 北京：知识产权出版社，2002.

[7] 全国人大财经委.《中华人民共和国政府采购法》《中华人民共和国招标投标法》条文释义与理解适用 [M]. 北京：中国方正出版社，2002.

[8] 郑国华. 交通运输法教程 [M]. 北京：中国铁道出版社，2006.

[9] 张晓永，孙林，张长青，等. 交通运输法 [M]. 北京：北京交通大学出版社，清华大学出版社，2008.

[10] 司玉琢. 海商法 [M]. 北京：中国人民大学出版社，2008.

[11] 沈志先. 海事审判精要 [M]. 北京：法律出版社，2011.

[12] 吴焕宁. 国际海上运输三公约释义 [M]. 北京：中国商务出版社，2007.

[13] 吴焕宁. 鹿特丹规则释义 [M]. 北京：中国商务出版社，2011.

[14] 郭萍. 国际货运代理法律制度研究 [M]. 北京：法律出版社，2007.

[15] 赵维田. 国际航空法 [M]. 北京：社会科学文献出版社，2000.

[16] 黄力华. 国际航空运输法律制度研究 [M]. 北京：法律出版社，2007.

[17] 贺富永. 航空法学 [M]. 北京：国防工业出版社，2008.

[18] 孙忠霖. 货物运输法律知识 [M]. 呼和浩特：内蒙古人民出版社，1996.

[19] 叶红军. 国内水路货物运输规则、港口货物作业规则条文释义 [M]. 北京：人民交通出版社，2000.

[20] 张长青，郑翔. 铁路法研究 [M]. 北京：清华大学出版社，2012.

[21] 江新苗，邱润根，何旦喜. 仓储保管合同实务 [M]. 北京：水利水电出版社，2005.

[22] 曾立新. 海上保险学 [M]. 北京：对外经济贸易大学出版社，2001.

[23] 汪鹏南. 海上保险合同法详论 [M]. 大连：大连海事大学出版社，1996.

[24] 杨良宜，汪鹏南. 英国海上保险条款详论 [M]. 北京：大连海事大学出版社，1996.

[25] 加藤修. 国际海上运输货物保险实务 [M]. 周学业，王秀芬，译. 大连：大连海事大学出版社，1998.

[26] 黄敬阳. 国际货物运输保险 [M]. 北京：中国对外经济贸易出版社，1999.

[27] 姚新超. 国际贸易保险 [M]. 北京：对外经济贸易大学出版社，1997.

［28］於世成，杨召南，汪淮江．海商法［M］．北京：法律出版社，1997.

［29］应世昌．海上保险学［M］．上海：上海财经大学出版社，1996.

［30］中国国际货运代理协会．国际货物运输代理概论［M］．北京：中国商务出版社，2010.

［31］中国国际货运代理协会．国际海上货运代理理论与实务［M］．北京：中国商务出版社，2010.

［32］中国国际货运代理协会．国际航空货运代理理论与实务［M］．北京：中国商务出版社，2010.

［33］中国国际货运代理协会．国际陆路货运代理与多式联运理论与实务［M］．北京：中国商务出版社，2010.

［34］江伟．仲裁法［M］．北京：中国人民大学出版社，2012.

［35］江必新．新民事诉讼法理解适用与实务指南［M］．北京：法律出版社，2012.

［36］陈桂明．民事诉讼法［M］．北京：中国人民大学出版社，2013.